Karen Hamaker-Zondag
Elemente und Kreuze

AF558201

Karin Hamaker-Zondag bei IRIS

Reihe »Astrologische Deutung«
Band 1 Elemente und Kreuze
Band 2 Deutung der Planeten
Band 3 Deutung der Häuser
Band 4 Deutung von Aspekten und Aspektfiguren
Band 5 Häuserherrscher und Häuserbeziehungen

Das 12. Haus
Stundenastrologie
Die Yod-Figur

KAREN HAMAKER-ZONDAG

Elemente und Kreuze

Die Typenlehre C. G. Jungs in der Astrologie

BAND 1 DES FÜNFBÄNDIGEN LEHRWERKES

5. Auflage 2020

Karen Hamaker-Zondag
Elemente und Kreuze

© Deutsche Ausgabe: Neue Erde GmbH, Saarbrücken 2014
© World: Uitgeverij Schors, Amsterdam, Niederlande

Die Originalausgabe erschien unter dem Titel Elementen en Kruizen als basis van de horoscoop bei Uitgeverij Schors, 1979, Amsterdam, Niederlande. Die erste deutsche Ausgabe erfolgte 1991 im Hier & Jetzt Verlag.

Übersetzung: Hildegard Höhr und Theo Kierdorf
Lektorat: Rolf Schanzenbach
Umschlaggestaltung: Studio Paul Pollmann

Alle Rechte vorbehalten. Nachdruck, auch auszugsweise, sowie Verbreitung durch Funk, Film und Fernsehen, durch fotomechanische Wiedergabe, Tonträger und Datenverarbeitungssyteme jeder Art nur mit schriftlicher Genehmigung des Verlags.

Gesamtherstellung: Libri Plureos GmbH, Hamburg
Printed in Germany

ISBN 978-3-89060-641-5

IRIS ist ein Imprint bei Neue Erde.

Neue Erde GmbH
Cecilienstr. 29 · 66111 Saarbrücken · Deutschland · Planet Erde
www.neue-erde.de · info@neue-erde.de

INHALT

Vorwort zu Band 1 der Reihe »Astrologische Deutung«

Als ich zu Beginn der siebziger Jahre anfing, mich in die Astrologie zu vertiefen, geschah dies erst nur zögernd und mit dem Gefühl, daß «das alles doch gar nicht wahr sein» könne. Doch gleichzeitig faszinierte mich diese Lehre auch. Die folgenden Jahre standen im Zeichen des Astrologiestudiums und der Auseinandersetzung mit den psychologischen Werken Jungs. Oft boten sich für seine Aussagen astrologische Entsprechungen; oft waren Horoskop-Faktoren besser zu verstehen,

Die folgenden Jahre standen im Zeichen des Astrologiestudiums und der Auseinandersetzung mit den psychologischen Werken Jungs. Oft boten sich für seine Aussagen astrologische Entsprechungen; oft waren Horoskop-Faktoren besser zu verstehen, wenn ich sie an bestimmte psychische Phänomene koppelte, wie Jung sie beschrieben hatte. Doch gleichzeitig beschwor die Auseinandersetzung mit der Jungschen Psychologie die erste Krise des Astrologie-Studiums herauf. Zu jener Zeit waren viel weniger Astrologiebücher erhältlich als jetzt, und was ich lernte, fand ich unbefriedigend. Wenn ich las, daß Mars im Widder aggressiv ist, dies aber auch für die Sonne im Widder und den Mars im Skorpion und eine Mars/Uranus-Konjunktion gelten kann, wie konnte ich dann den Unterschied zwischen diesen Konstellationen verstehen? Oder war die Astrologie so oberflächlich?

Indem ich Planeten als psychische Energien auffaßte, von denen jede ihre eigene Dynamik hat und Teil all unserer psychischen Prozesse ist, begann ich Hintergründe und Unterschiede wahrzunehmen und begriff auch, warum Konstellationen, die in psychischer Hinsicht für verschiedene Menschen unterschiedliche Auswirkungen haben, äußerlich betrachtet gleiche Resultate zeitigen können. Später hatte ich verschiedene Träume, in denen ich den Zusammenhang zwischen Jungs Psychologie und der Astrologie «sah». Diese Traumserie resultierte in der »Astrologischen Deutungsreihe«. Die damals im Traum er«lebten» Zusammenhänge erwiesen sich in der Praxis als äußert wertvoll. Ich habe diese Einsichten mit viel Freude — nach praktischer Überprüfung, welche mich den größten Teil meiner Freizeit gekostet hat — zu Büchern verarbeitet.

Die Kombination von Jungscher Psychologie und Astrologie war ungemein fruchtbar — beide schienen wie füreinander geschaffen.

Ich brauchte der ursprünglichen astrologischen Tradition keine Gewalt anzutun, um sie mit der Psychologie Jungs verbinden zu können, und diese überstand die Verbindung, ohne etwas von ihrem Wert zu verlieren. Zusammen verschaffen uns beide einen ungemein erhellenden Schlüssel zu größerer Einsicht in uns selbst und andere.

In all den Jahren ist bei der Ausarbeitung aller Ideen, Einsichten und Erfahrungen mein Mann Hans eine große Stütze gewesen. Viele, viele Abende haben wir mit zutiefst stimulierenden Diskussionen verbracht. Jedes Manuskript hat er Wort für Wort durchgelesen, und seine konstruktive Kritik hat viel zur Lesbarkeit der Bücher beigetragen.

Amstelveen, Niederlande
10. Mai 1990
Karen M. Hamaker-Zondag

Kapitel 1

Elemente und Funktionstypen

Die Vierheit

Die Zahl 4 hat eine uralte symbolische Bedeutung, die wir schon in den frühesten Kulturen finden. In unserer konkreten Welt haben wir täglich mit dieser Zahl zu tun: Die vier Himmelsrichtungen, die vier Jahreszeiten, die vier Phasen des Mondes.[1] Auch in den verschiedenen religiösen Systemen taucht die Zahl 4 häufig auf, unter anderem in den vier Kasten Indiens, den vier Wegen der geistigen Entwicklung des Buddhismus oder bei den vier Evangelisten usw. Für die Alchimisten war die Zahl 4 oder auch das Prinzip der Vierheit Grundlage und Ausgangspunkt für die Herstellung des *Steins der Weisen*.[2]

C. G. Jung rechnet die Vierheit den Archetypen zu und sagt: *»Sie ist die logische Voraussetzung für jedes Ganzheitsurteil. Wenn man ein solches Urteil fällen will, so muß dieses einen vierfachen Aspekt haben. Wenn man zum Beispiel die Ganzheit des Horizontes bezeichnen will, so nennt man die vier Himmelsrichtungen. ... Die ideale Vollständigkeit ist das Runde, der Kreis, aber seine natürliche minimale Einteilung ist die Vierheit.«*[3]

Beziehen wir diese Aussage auf die Art, wie diese Idee im Tibetischen Buddhismus zum Ausdruck kommt, so können wir feststellen, daß die sogenannte *Stupa* (ein Symbol für die Struktur der Schöpfung in ihrer Totalität) aus fünf Stufen besteht, die fünf Elemente symbolisieren: Erde, Feuer, Wasser, Luft und Äther. Dem Element Äther kommt eine besondere Stellung zu: Es ist gleichzeitig der Ursprung und das Ziel der vier übrigen Elemente, die in der westlichen Welt bekannt sind. Somit läßt sich das Element Äther mit dem Kreis vergleichen, wie C. G. Jung es tat, oder psychologisch mit dem Begriff *Selbst*: die Totalität, aus der alles hervorgeht und in die alles zurückkehrt und deren konkrete Ausdrucksformen die Elemente Feuer, Erde, Luft und Wasser sind. Letztere stimmen sogar mit den vier Zuständen überein, in denen die Materie sich auf der Erde zu erkennen geben kann:

Erde ist die feste Form, Wasser die flüssige, Luft die gasförmige und Feuer das Plasma.[4]

Der Kreis, das Element Äther, das Selbst, der alchimistische Stein der Weisen usw. sind allesamt unterschiedliche Ausdrücke für den gleichen Sachverhalt, der in der Astrologie durch das Horoskop dargestellt wird — heutzutage als Kreis, früher jedoch als Quadrat!

Die vier Elemente können wir als «Eckpfeiler der Astrologie» auffassen; sie sind wesentliche Bestandteile des astrologischen Menschenbildes. Schon sehr früh hat man versucht, die Menschen in vier Gruppen einzuteilen, wobei die Einteilung nach Temperamenten wahrscheinlich die bekannteste ist: cholerisch, melancholisch, sanguinisch und phlegmatisch, in Übereinstimmung mit Kochs Farbtypen rot, blau, gelb und grün,[5] die wiederum den astrologischen Elementen Feuer, Erde, Luft und Wasser entsprechen. Dies alles hat nun C. G. Jung in einer modernen psychologischen Terminologie formuliert und in seinen vier psychologischen Funktionen erfaßt: Intuition, Empfinden, Denken und Fühlen.

»Unter psychologischer Funktion verstehe ich eine gewisse, unter verschiedenen Umständen sich prinzipiell gleichbleibende psychische Tätigkeitsform«, sagt C. G. Jung.[6]

Einfacher ausgedrückt: Die psychologische Funktion stellt eine essentielle psychische Orientierungsweise dar. Jeder Mensch kann sich auf eine der folgenden vier Arten orientieren:

Empfinden: Feststellen, daß etwas da ist. Man verläßt sich nur auf die sinnlichen Wahrnehmungen;

Denken: Feststellen, um was es sich handelt, um es in das eigene (mentale) Weltbild einzupassen;

Fühlen: Feststellen, ob etwas Lust- oder Unlustgefühle erzeugt, und es infolgedesen akzeptieren oder ablehnen;

Intuition: Auf irrationale Weise «wissen», woher etwas kommt und/oder wohin es führt, also sozusagen hinter die äußere Erscheinungsform schauen.

Mit Intuition ist hier nicht gemeint, was Astrologen normalerweise unter der uranischen Intuition verstehen. Dies ist eine Art blitzartigen Wissens, das sich auf die konkrete Welt bezieht. Bei der psychologischen Funktion der Intuition geht es um eine Haltung des Bewußtseins dem alltäglichen Leben gegenüber, wobei man oft ohne Überlegung von innen heraus handelt, sich auf den Strom der Ereignisse einstellt und sich von ihm tragen läßt.

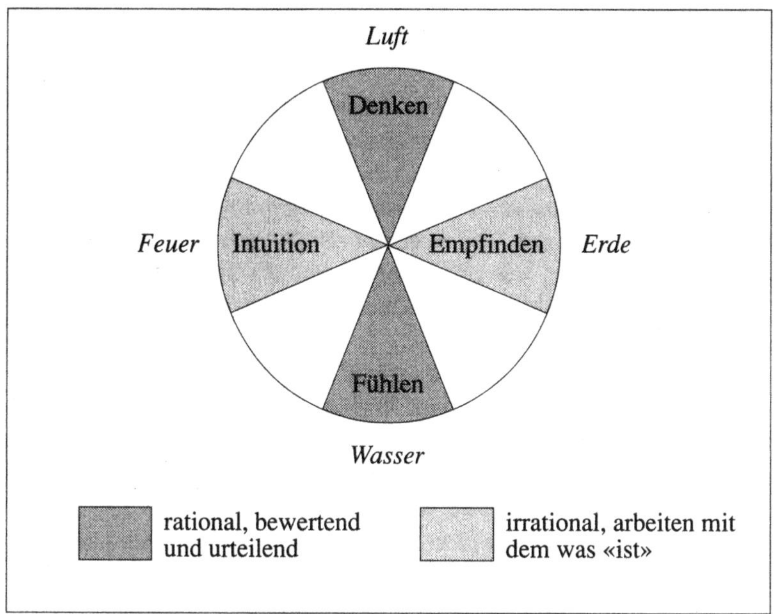

Diese psychologischen Funktionen bilden zwei Polaritäten. Auf der einen Seite stehen die rationalen Funktionen Denken und Fühlen. Wir nennen sie *rational*, weil sie beurteilen und mit Wertungen arbeiten. Das Denken unterscheidet «wahr» von «nicht wahr»; das Fühlen unterscheidet Lust von Unlust. Auf der anderen Seite gibt es die zwei sogenannten irrationalen Funktionen, das Empfinden und die Intuition, die *nicht-rational* genannt werden, weil sie mit bloßen Wahrnehmungen arbeiten, an die keine Bewertung geknüpft ist. Die Funktion der Empfindung nimmt die konkreten Dinge wahr, wie sie sind, die der Intuition arbeitet mit dem, was Jolande Jacobi *innere Wahrnehmung* nennt: Mit dem Sehen des Potentials, das in den Dingen liegt.[7]

Diese Einteilung in Gegensatzpaare enthält noch zwei weitere Polaritäten: das Denken gegenüber dem Fühlen und die Empfindung gegenüber der Intuition. Keine dieser Funktionen bezieht sich auf eine andere bzw. läßt sich von einer anderen herleiten.[8] C. G. Jung ist nach jahrelanger praktischer Erfahrung und nach einem ganzen Leben des Forschens auf empirischer Grundlage zur Formulierung seiner vier Grundfunktionen gekommen, die folgende Analogie zu den vier astrologischen Elementen aufweist:

— Das Element Feuer entspricht der intuitiven Funktion;
— das Element Erde entspricht der Empfindungsfunktion;

— das Element Luft entspricht der Denkfunktion;
— das Element Wasser entspricht der Gefühlsfunktion.

C. G. Jung sagt: »*Die Intuition ist neben der Empfindung ein Charakteristikum der infantilen und primitiven Psychologie. Sie vermittelt dem Kind und dem Primitiven gegenüber dem stark hervortretenden Empfindungseindruck die Wahrnehmung der mythologischen Bilder, der Vorstufen der Ideen. Die Intuition verhält sich kompensierend zur Empfindung und ist, wie die Empfindung, die Mutterstätte, von wo sich Denken und Fühlen als rationale (also mit Bewertungen arbeitende) Funktionen entwickeln.*«[9]
Die Abfolge von Feuer und Erde sowie Luft und Wasser als astrologische Elemente — vom Zeichen Widder im Horoskopkreis aus betrachtet — scheint mit dieser Äußerung übereinzustimmen. Daraus darf man übrigens keinesfalls ableiten, daß die Elemente Feuer und Erde den Elementen Luft und Wasser unterlegen wären — sie funktionieren nur anders. In den Horoskopen aller Menschen sind alle vier Elemente enthalten, und jedes dieser Elemente ist für die Entwicklung einer ausgewogenen Persönlichkeit notwendig.

Die vier Funktionen in der menschlichen Psyche

Obwohl der Mensch in der Anlage über alle vier Funktionen verfügt, mittels derer er sich im Hier und Jetzt orientiert — analog zu Längen- und Breitengrad hinsichtlich geographischer Ortsbestimmungen —,[10] lehrt die Erfahrung, daß er sich immer nur mittels einer dieser Funktionen orientiert und an die Wirklichkeit anpaßt. Bei der Entwicklung dieser einen Funktion spielt die individuelle Anlage eine wichtige, wenn nicht sogar die entscheidende, Rolle. So können wir in Familien manchmal die Neigung beobachten, die Funktionen zwischen den einzelnen Mitgliedern aufzuteilen: Ein Familienmitglied übernimmt die Rolle des Introvertierten, ein anderes die des Technikers, ein drittes die des Denkers usw. Die anderen Familienangehörigen vernachlässigen die betreffende Funktion, da das «spezialisierte» Mitglied auf diesem Gebiet «einfach besser» ist. Dies alles entwickelt sich unbewußt in einer Zeit, in der sich die Hauptfunktion noch auskristallisiert.[11] Diese Hauptfunktion entwickelt und differenziert sich immer stärker, und das Individuum lernt, sie immer umfassender seinem Bewußtsein verfügbar zu machen und willentlich zu lenken, auch wenn die Wahl der Hauptfunktion in den meisten Fällen ein unbewußter Prozeß gewesen ist. Die Hauptfunktion wird, weil sie sich stärker und schneller entwickelt als die anderen drei Funktionen, auch als differenzierte oder superiore Funktion bezeichnet. Sie bringt zum Ausdruck, welchem Typus man angehört: dem Denk-, Fühl-, Empfindungs- oder Intuitionstypus. Diese Typologie gibt die allgemeine Verhaltensform und eine allgemeine Art der Orientierung wieder.

»Der psychologische Typus ist sozusagen das Gerüst oder Skelett, das die spezifische Haltung gegenüber dem Stoff der Erlebnisinhalte präjudiziert und modifiziert.«[12]

In der menschlichen Psyche steht der superioren Funktion die unterlegene oder inferiore Funktion gegenüber. So lenkbar die superiore Funktion ist, so unberechenbar ist die inferiore. Zwischen der superioren und der inferioren Funktion liegen die übrigen beiden Funktionen, die sich zur Hilfsfunktion der superioren Funktion entwickeln können.

Vor allem die Studien Erich Neumanns[13] haben deutlich gemacht, daß das Unbewußte sowohl in der Evolution der Menschheit als auch bei der kindlichen Entwicklung die Ausgangsbasis darstellt.

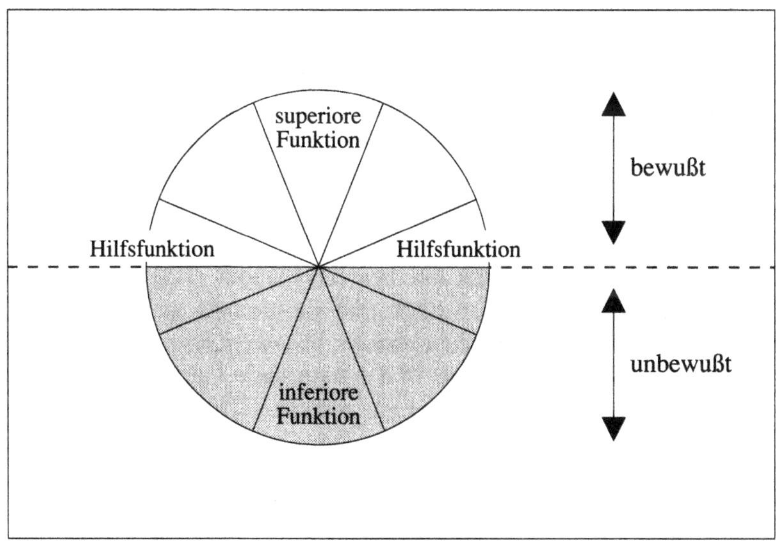

Aus dem Unbewußten entwickelt sich infolge der unterschiedlichsten Erfahrungen allmählich das Bewußtsein, das anfänglich noch formlos und wie eine Insel auf dem Ozean des Unbewußten schwimmt, später jedoch immer festere Formen annimmt. In der unbewußten Psyche liegt die Totalität der Persönlichkeit begründet: Alle vier Funktionen sind dort zu finden. Wie bereits gesagt wurde, kristallisieren sich diese Funktionen allmählich aufgrund einer bestimmten Anlage und einer wachsenden Anzahl von Erfahrungen aus, wobei schon bald eine Funktion zu dominieren beginnt und zur superioren Funktion bzw. zu der Funktion wird, die das Ich zur Organisation seines Bewußtseinsfeldes braucht.[14] Auch eine zweite und sogar eine dritte Funktion können dem Bewußtsein zugänglich gemacht werden, doch die inferiore Funktion wird immer dem Unbewußten angehören.

Dieses theoretische Modell bedeutet, daß der Mensch sich außer seiner typbestimmenden Hauptfunktion auch noch einer zweiten, relativ differenzierten Hilfsfunktion bedient. Die dritte Funktion ist für die meisten Menschen nur selten verfügbar, die vierte, die inferiore Funktion, ist dem Willen überhaupt nicht zugänglich.[15]

Astrologisch bedeutet dies, daß sich ein einziges Element (und damit auch dessen sensible Punkte wie beispielsweise die Planeten, die dieses Element enthält) vollständig entwickelt und zur Grundlage der allgemeinen Lebenseinstellung und der allgemeinen Verhaltensweise wird. Das Element, das gemäß der Theorie der Funktionstypen diesem superioren Element entgegengesetzt ist, wird sich dann als inferiore Funktion manifestieren. Die inferiore Funktion ist mit dem Unbewußten verbunden; sie ist langsam, unzuverlässig, beeinflußbar und unpräzise in der Anwendung. Ihre Äußerungsformen haben oft einen infantilen, archaisch-triebhaft-primitiven und häufig auch zwanghaften Charakter.[16] Aus diesem Grund kann man gelegentlich überraschende Launen und triebhafte Handlungen bei Menschen beobachten: Die inferiore Funktion ist dann (kurz) an die Oberfläche gekommen.

Aus der Unvereinbarkeit der beiden einander entgegengesetzten psychologischen Funktionen folgt, daß sie niemals gleichzeitig und gleich stark entwickelt auftreten können. Mit *einander entgegengesetzt* ist hier nicht das gemeint, was in der Astrologie Opposition genannt wird. Bei einer Opposition wird ein einzelnes Thema aus zwei verschiedenen Blickwinkeln betrachtet. Die Oppositionszeichen Krebs und Steinbock beispielsweise haben als Thema die Form gemeinsam, wobei jedoch Krebs die flüssige und Steinbock die feste Form symbolisiert. Das zentrale Thema kommt auf gegensätzliche Weise zum Ausdruck — der Ausgangspunkt jedoch ist der gleiche. Bei den vier psychologischen Funktionen ist der Ausgangspunkt immer völlig unterschiedlich — daraus resultiert die Unvereinbarkeit. So bilden die Elemente Luft und Wasser wie Feuer und Erde in der Astrologie keine

Opposition zueinander, was schon ein Hinweis auf die Tatsache ist, daß sie nichts miteinander gemein haben.

Ein Konflikt beispielsweise zwischen Luft und Wasser entspricht einem Konflikt zwischen Denken und Fühlen. Wenn dann das Element Luft — also die Denkfunktion — im Bewußtsein vorherrscht, entsteht das Problem, daß die Geschehnisse, die sich am besten vom Element Wasser (dem Fühlen) her verarbeiten ließen, mittels des Denkens angegangen werden, so daß die Fühlfunktion kaum entwickelt wird. Vielleicht versucht die betreffende Person, das Geschehen erst rational zu verarbeiten, um sich ihm dann vom Gefühl her zu nähern — das Denken wird jedoch die Vorherrschaft behalten. Wenn sich dann doch einmal die Fühlfunktion durchsetzt bzw. wenn das Wasserelement eine Betonung erfährt, können wir beobachten, daß ein als logischer Denker geltender Mensch plötzlich äußerst sentimental und überempfindlich reagiert. Über diesen Prozeß hat er keinerlei Kontrolle, da, wie bereits gesagt, die inferiore Funktion vom Willen nicht beeinflußt werden kann.

Die Tatsache, daß die superiore Funktion mehr oder weniger die inferiore dominiert, zeigt sich in den vielen Versuchen des menschlichen Bewußtseins, alle unbeherrschten Aktionen und Reaktionen der inferioren Funktion zu kanalisieren und zu organisieren. Die einfachsten Äußerungen der inferioren Funktion können sich inhaltlich so verändern, daß sie sich schließlich den Gegebenheiten der superioren Funktion anpassen. Ein ausgezeichnetes Beispiel hierfür liefert uns Marie-Luise von Franz, wenn sie beschreibt, wie der intuitive Typus seine inferiore Empfindungsfunktion zu benutzen versucht.[17] Diese Situation läßt sich direkt auf den astrologischen Feuertypus übertragen, der versucht, dem Erdanteil seines Horoskops gerecht zu werden. Ein solcher Mensch mag plötzlich den Wunsch haben, einen Stein zu bearbeiten oder mit Ton zu modellieren. Diese Dinge können oft der inferioren Empfindungsfunktion (Erde) des intuitiv orientierten Menschen (Feuer) zu stärkerem Ausdruck verhelfen, da der Betreffende dann mit konkretem Material in Berührung kommt. Vielleicht formt er aus diesem Klumpen Ton eine kindlich-unbeholfene Tiergestalt. Auf diese Weise erlebt der Betreffende, daß sich etwas in ihm «verbessert». Aber wahrscheinlich ergreift dann wieder seine intuitive (Feuer-) Funktion Besitz davon und gibt ihm ein: »Genau das ist es — das sollte in allen Schulen eingeführt werden«. Dies kennzeichnet dann wieder die intuitive Funktion: Sie erkennt in allen Möglichkeiten des Modellierens, wie diese Tätigkeit der Menschheit zum Heil gereichen könnte und wie sie schließlich sogar ein Weg der Gotteserfahrung sein könnte. Der intuitive Typus bringt stets die ganze Welt in alles hinein. Das einzige, woran er nicht mehr denkt, ist, noch eine weitere Figur zu modellieren. Die Hauptfunktion ist — in unserem Beispiel — wieder einmal mit ihm «durchgegangen», und nach einem kurzen und erfrischenden Kontakt mit der Erde hat er erneut den Boden unter den Füßen verloren.

Doch ist es für jeden Menschen von größter Wichtigkeit, sich seiner eigenen inferioren Funktion bewußt zu werden, auch wenn sich in der Praxis zeigt, daß diese dadurch noch nicht beherrschbar wird. Diese vierte, mit dem Unbewußten verbundene Funktion zieht, sobald an ihrer Bewußtmachung gearbeitet wird, die Inhalte des Unbewußten ganz mit sich. Sie bricht gleichsam mit ihren undifferenzierten Inhalten in das Bewußtseinsfeld ein und führt dadurch zu einer Wechselwirkung zwischen Bewußtsein und Unbewußtem und schließlich zu einer Möglichkeit der Synthese zwischen ihnen.[18] Das Agieren aus der inferioren Funktion heraus kann aufgrund dieser unbewußten, oft an Triebe gebundenen Inhalte in manchen Fällen eine Wirkung haben, die mit dem Begriff des «Elefanten im Porzellanladen» zu umschreiben ist.

Astrologisch gesehen hat die inferiore Funktion nichts damit zu tun, wie stark oder schwach ein Element besetzt ist. Sobald die Hauptfunktion sich auskristallisiert hat — diese steht allerdings sehr wohl im Zusammenhang mit einer starken Elementenbesetzung —, ist auch die inferiore Funktion festgelegt: die der Hauptfunktion entgegengesetzte Funktion. Wohl aber läßt sich die Kraft, mit der die inferiore Funktion sich von Zeit zu Zeit dem Bewußtsein aufdrängt, aus der Besetzung des entsprechenden Elements herleiten.

Wenn im Horoskop alle vier Elemente gleich stark vertreten sind, steht dem Betreffenden ein lang andauernder innerer Kampf bevor, weil die vier Bewußtseinsfunktionen um die Vorherrschaft kämpfen. Die Elemente, die sich nicht zur superioren Funktion entwickeln konnten, werden sich dann immer wieder klar manifestieren, das eine etwas mehr, das andere etwas weniger greifbar für das Bewußtsein. Die Tatsache, daß die vier Funktionen — bzw. die vier Elemente — einander ausschließen, bedeutet, daß man nicht gleichzeitig mehr als eine Grundhaltung einnehmen kann. Wohl aber vermag der Mensch die verschiedenen Funktionen in gewissem Maße nacheinander auszubilden. Steht einem Menschen nämlich zunächst die Hauptfunktion — zum Beispiel das Denken (Luft) — und daneben die Funktionen Intuition und Empfindung (Feuer und Erde) zur Verfügung, und weiß er von der vierten, der inferioren (unterlegenen) Funktion zumindest, welcher Art sie ist und welche Auswirkungen sie zeigen kann, dann erfaßt er einen Gegenstand natürlich zuerst mittels des Verstandes (Luft), kann dann jedoch mit der Intuition (Feuer) dessen inneres Potential «erspüren», ihn daraufhin mit der Empfindung «abtasten» (Erde) und schließlich noch mit dem Fühlen das Angenehm- oder Unangenehm-Sein bewerten (Wasser).[19]

Im vorherigen Beispiel sind wir von der Vorherrschaft des Elements Luft bzw. der Denkfunktion ausgegangen. In diesem Fall ist dann zwangsläufig das Wasserelement die inferiore Funktion. Die beiden dazwischenliegenden Elemente — hier Erde und Feuer — können sich, weil sie halb bewußt sind, zu sogenannten Hilfsfunktionen entwickeln.

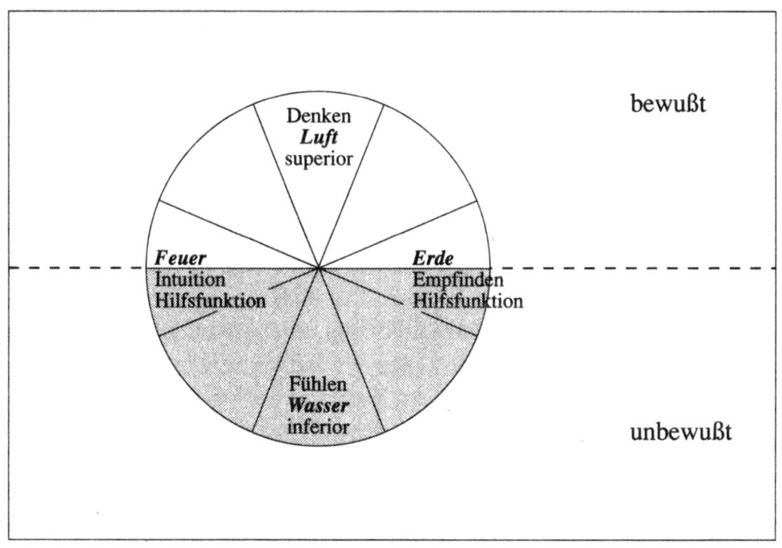

Die acht psychologischen Typen bei C. G. Jung

In seinem Werk *»Psychologische Typen«*[20] führt C. G. Jung zwei Arten von Einteilungen der menschlichen Psyche ein. Die erste besteht in der Unterscheidung nach den beiden Arten, wie sich ein Individuum an äußere Umstände anpaßt, die zweite in den vier Arten, wie das Bewußtsein Erfahrungen und Ereignisse verarbeitet und ihnen Form gibt. Die erste Unterteilung wird durch die Begriffe *introvertiert* und *extrovertiert* bezeichnet, die zweite durch die bereits im vorangegangenen Abschnitt behandelten psychologischen Funktionen des Denkens, Fühlens, Empfindens und der Intuition.

Jung stellte schon früh fest:

»Wenn wir einen menschlichen Lebensverlauf betrachten, so sehen wir, wie die Schicksale des einen mehr bedingt sind durch die Objekte seiner Interessen, während die Schicksale eines anderen mehr durch sein eigenes Inneres, durch sein Objekt bedingt sind.«[21]

Für das Subjekt ist das Objekt etwas außerhalb von ihm Befindliches — es steht für Personen, Dinge und Ereignisse, die sich außerhalb des Individuums (außerhalb des Subjekts) befinden, jedoch einen Teil seiner subjektiv wahrnehmbaren Welt ausmachen. Der oben festgestellte Unterschied zwischen den Faktoren, die das Schicksal eines Menschen bestimmen, ergibt sich aus dem Unterschied zwischen Introversion und Extroversion — dieser resultiert letztendlich aus einer unterschiedlichen Anpassung.

Für den introvertierten Menschen stellt sein Subjekt (sein Inneres) das Zentrum von allem dar, und Objekte (alles, was sich außerhalb von ihm befindet und abspielt) haben nur in dem Maße Bedeutung, in dem sie ihn in Aufruhr versetzen können. Das sich ihm von außen aufdrängende Objekt tritt als Reiz auf und bringt einen psychischen Prozeß in Gang. Dieser Prozeß, der eine Folge der fortwährenden Konfrontation zwischen der inneren, subjektiven Welt und der objektiven Wirklichkeit ist, kann als ein Mittel gesehen werden, um ein gewisses Gleichgewicht zwischen Innerem und Äußerem zu entwickeln. Der Introvertierte versucht immer zu verstehen, was er wahrnimmt und was sich vor ihm entfaltet — mit dieser subjektiven Bestrebung versucht er, die Außenwelt gleichsam an sein eigenes Inneres anzupassen.

Beim Extrovertierten verläuft dieser Prozeß in gewisser Weise genau umgekehrt. Für den Extrovertierten ist das Objekt — also alles, was von außen auf ihn zukommt — das, worum sich alles dreht. Er mißt seinem eigenen Subjekt — seinem eigenen Inneren — keinen großen Wert bei. Die Zeit und die Umgebung sind seine Kriterien, und auf sie ist sein Inneres ausgerichtet. Er tut, was die Außenwelt von ihm verlangt und lebt nach Anforderungen und Maßstäben dessen, was in seiner Zeit als objektive Wirklichkeit bezeichnet wird. Er braucht den Kontakt zur Außenwelt und die Außenwelt selbst als Ausdrucksmittel. Der Extrovertierte strebt danach, sein eigenes subjektives Inneres an äußere, objektive bzw. «tatsächliche» Umstände anzupassen. Diese Anpassung hat jedoch auch ihre Grenzen, da auch das Subjekt (das Innere) Anforderungen stellt. Konflikte zwischen Innerem und Äußerem spiegeln sich dann in der Art der Anpassung. Insoweit äußere Umstände eine Folge des inneren Zustandes sind, wird der Extrovertierte auch mit den Anforderungen seines eigenen Inneren konfrontiert. Da das eigene Subjekt so weitgehend verdrängt ist, trägt es die Charakteristiken des Unbewußten, wenn es an die Oberfläche gelangt. Der freundliche, nach außen orientierte Mensch kann plötzlich durch unberechenbare subjektive Handlungen Mitmenschen gegen sich aufbringen. Mittels der Reaktionen dieser Personen, die für ihn als Objekt fungieren, wird ihm durch die Außenwelt eine Korrektur seiner selbst quasi aufgezwungen.

Wegen seiner starken Bezugnahme auf die Außenwelt ist der extrovertierte Typus von dieser abhängig, was die Anerkennung und die Entfaltung seiner Möglichkeiten betrifft, während der introvertierte Typus aufgrund seiner Selbstbezogenheit die Entwicklung seiner individuellen Möglichkeiten in stärkerem Maße selbst in der Hand hat.[22]

»Der eine sieht alles unter dem Gesichtswinkel seiner Auffassung, der andere unter dem des objektiven Geschehens. Diese gegensätzlichen Einstellungen sind zunächst nichts anderes als gegensätzliche Mechanismen... Jeder Mensch besitzt beide Mechanismen als Ausdruck seines natürlichen Lebensrhythmus, den Goethe wohl nicht zufällig mit den physiologischen Begriffen der Herztätigkeit bezeichnet hat. Eine rhythmische Abwechslung beider psychischer Tätigkeitsformen dürfte dem normalen Lebensverlauf entsprechen.«[23]

Jung vertritt also die Ansicht, daß der Mensch nicht lebenslänglich an ein und derselben Anpassungsweise nach außen hin festhalten muß und daß Extroversion und Introversion einander abwechseln können. Doch er fügt hinzu:

»Die komplizierten äußeren Bedingungen, unter denen wir leben, sowohl wie die vielleicht noch komplizierteren Bedingungen unserer individuellen psychischen Disposition erlauben aber selten einen gänzlich ungestörten Ablauf der psychischen Lebenstätigkeit. Äußere Umstände und innere Disposition begünstigen sehr oft den einen Mechanismus und beschränken oder hindern den anderen. Daraus entsteht auf natürliche Weise ein Überwiegen des einen Mechanismus. Wird dieser Zustand in irgendeiner Weise chronisch, so entsteht daraus ein Typus, nämlich eine habituelle Einstellung, in welcher der eine Mechanismus dauernd vorherrscht, allerdings ohne den anderen je völlig unterdrücken zu können.«[24]

Niemand ist völlig extrovertiert oder völlig introvertiert. Wenn das so wäre, dann wäre der Mensch nicht in der Lage, den sich ständig verändernden Forderungen des Lebens gegenüberzutreten — er würde möglicherweise in einer Nervenheilanstalt landen.[25] Daß ein bestimmter Typus besonders ausgeprägt ist, bedeutet immer nur, daß einer der beiden Mechanismen dominiert. Im allgemeinen verändert sich der Mensch nicht sehr; er bleibt seinem Einstellungstypus treu. Aber die Einstellung des Bewußten vermag sich in kurzen Zeiträumen stark zu verändern, wie verschiedene Untersuchungen gezeigt haben.[26]

Diese Einstellung des Bewußtseins ist also etwas völlig anderes als die Bewußtseinsfunktion. Während der Funktionstypus die Art der spezifischen Erfassung und Formung des Erlebnismaterials angibt, charakterisiert der Einstellungstypus, die Extro- und Introversion, die allgemeine psychologische Haltung, d.h., die Richtung der allgemeinen psychischen Energie.[27]

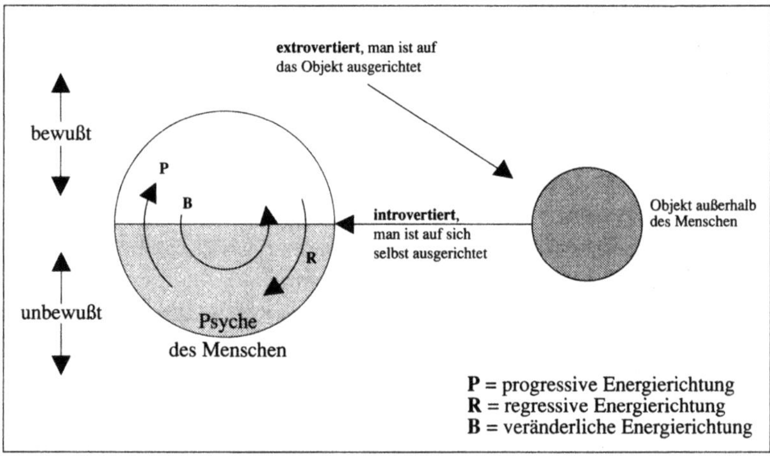

Die Einstellungstypen beruhen darauf, wie die psychische Energie zum Ausdruck kommt, die sich auf die Wechselwirkung zwischen der Psyche (dem Subjekt) und der Außenwelt (dem Objekt) bezieht; sie geben vor allem die Haltung des bewußten Teils der Psyche wieder. Die beiden Einstellungstypen — der introvertierte und der extrovertierte — sind gleichwertig und verhalten sich kompensatorisch: Sie ergänzen einander. Der Mensch hat die Neigung, sein bewußtes Leben auf eine entweder extrovertierte oder introvertierte Weise zu führen; sein Unbewußtes tendiert dazu, die entgegengesetzte Möglichkeit zu betonen. Bei einem extrovertiert — also vorwiegend außengerichtet — eingestellten Bewußtsein ist der unbewußte Teil der Psyche introvertiert und bezieht alles (natürlich unbewußt) auf sich selbst. Diese unbewußte subjektive Haltung kann von Zeit zu Zeit durchbrechen, mit allen archaischen, primitiven Charakterzügen, die dem Unbewußten zu eigen sind, wodurch beispielsweise *»aus dem positiv bezogenen, mit aller Welt in Einklang stehenden Menschen ... ein egozentrisches, kritisierendes, nörgelndes Individuum, das von Mißtrauen erfüllt ist und bei allem und jedem die persönlichsten Motive vermutet«*,[28] wird.

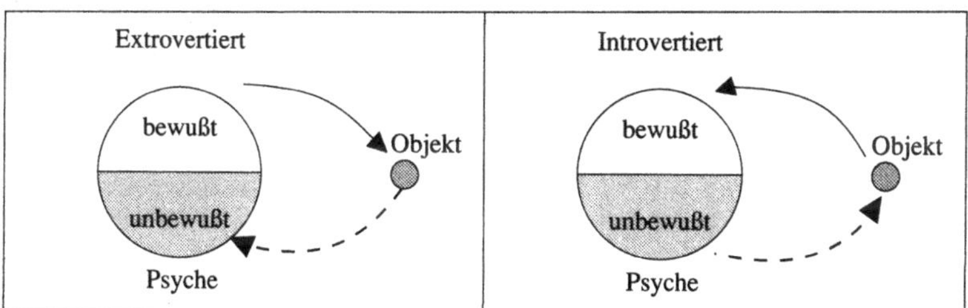

Dieses gesamte System von bewußter Haltung und unbewußter Rückkopplung hängt eng mit den vier Bewußtseinsfunktionen zusammen. So wird die Hauptfunktion, die im bewußten Teil der Psyche liegt, die Merkmale der Einstellung dieses Bewußtseins aufweisen, also entweder extrovertiert oder introvertiert sein. Die dieser entgegengesetzte inferiore Funktion besitzt die entgegengesetzten Einstellungsmerkmale. Wir nehmen als Beispiel das Denken als die Hauptfunktion eines Menschen, mit einer introvertierten Einstellung. Dies bedeutet, daß die Gefühlsfunktion inferior ist und daß sie extrovertierte Merkmale aufweist. Auch hier sehen wir wieder das Prinzip, das in der Psyche eines Menschen beide Mechanismen wirksam sind und daß sich der Typus, wenn er sich herausbildet, nur durch ein relatives Vorherrschen einer der Einstellungsarten auszeichnet.

Diese beiden Einstellungen des Bewußtseins ergeben in Verbindung mit den vier Bewußtseinsfunktionen die acht Jungschen Typen: Jede Bewußtseinsfunktion scheint sich nach außen auf zwei Arten manifestieren zu können. So sind es tatsächlich die vier Grundkategorien der vier Funktionen, die innerhalb der Psyche die Art der Verarbeitung bestimmen, und die, wie wir noch sehen werden, eng mit der Bedeutung der astrologischen Elemente verbunden sind. Wie diese Funktionen sich der Außenwelt präsentieren — ob als introvertiert oder als extrovertiert —, hängt sowohl von der Anlage als auch von den Umständen ab, wobei letztere ein viel variablerer Faktor sind als die — im astrologischen Sinne — die Anlage bestimmenden Elemente. Deshalb ist der

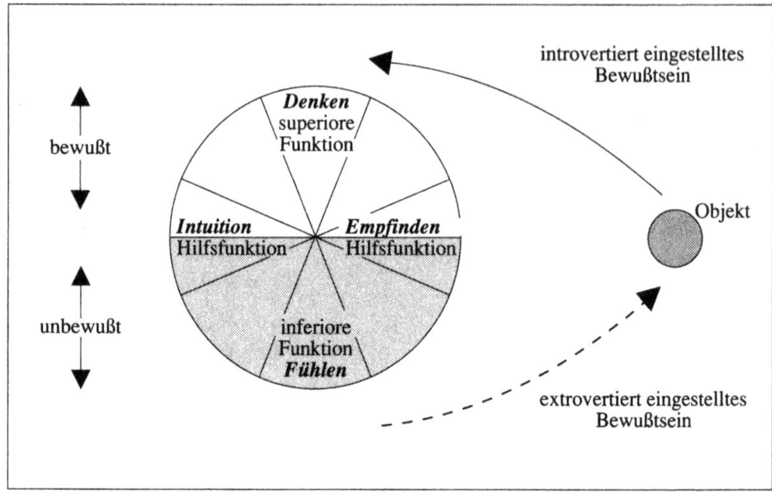

Ausgangspunkt unserer astrologischen Typenlehre die Übereinstimmung zwischen Element und Bewußtseinsfunktion. Die Herleitung dieser Übereinstimmung wird im folgenden Abschnitt behandelt.

Feuer und Intuition

Der Feuertypus, zu dem die Zeichen Widder, Löwe und Schütze gehören, tritt der Welt voller Enthusiasmus und voller Vertrauen entgegen. Impulsivität und kreativer Ausdruck in Verbindung mit einer schier unerschöpflichen Energie und einer nie versiegenden Aktivität verleihen diesem Typus einen schöpferischen, oft scharfsinnigen, mitreißenden und begeisterten Charakter, der Kraft und Inspiration ausstrahlt, was jedoch im ungünstigen Fall in Aufdringlichkeit, Aggressivität, Tollkühnheit und Extravaganz umschlagen kann.

Der Feuertypus ist spontan und voller Selbstvertrauen, er bezieht aufgrund seiner starken Selbstbezogenheit Motivation aus seinem eigenen Inneren. Das hat zur Folge, daß er beispielsweise nur schwer zuhören kann und den eigenen Standpunkt sehr ehrgeizig, eifrig und unbekümmert verteidigt. Mit einem auffälligen Mangel an Takt stürmt er auf die Welt der äußeren Erscheinungen und auf die Welt der Gefühle zu. Dadurch kann er — wie auch durch seine Ungeduld und durch seinen Freiheitsdrang — in destruktiver Weise tätig werden, und es kommt nicht selten vor, daß er — wenn auch ohne Absicht — auf den Gefühlen anderer herumtrampelt.

Die Willenskraft des Feuertypus ist bemerkenswert, ebenso sein Mut und sein Durchsetzungsvermögen, wobei letzteres mit einem Mangel an Selbstbeherrschung, einer Abneigung gegen Routine und einer unaufhörlichen Jagd nach Neuem einhergehen kann und sich dann in einer weniger angenehmen Form präsentiert. Hat er jedoch ein Ziel vor Augen, bleibt er seinem Ideal treu.

Die Vergangenheit spielt für diesen Menschen nur eine sehr untergeordnete Rolle: Sein ganzes Wesen ist auf die Zukunft ausgerichtet, der er erwartungsvoll entgegensieht. Neue Chancen werden immer wieder aufgegriffen, er kennt kaum Angst, wenn es darum geht, Gefahren zu trotzen; manchmal werden diese Gefahren gar nicht wahrgenommen oder erst im nachhinein erkannt. Der Feuertypus vertraut in nahezu kindlicher Weise darauf, daß alles schon gut ausgehen wird, was oft auf einer falschen Einschätzung oder einer Unterschätzung materieller Faktoren beruht. Deshalb kann dieser Typus auch eine kindliche Hilflosigkeit an den Tag legen und sich trotz seines starken Bedürfnisses, Dinge zu dramatisieren, auf sehr einfache Weise ausdrücken. Für ihn ist es essentiell, in einer bunten Welt von Idealen und Phantasien zu leben, und nur zu oft jagt er Idealen und Traumbildern nach, die völlig wirklichkeitsfremd sind. Im besten Fall kann sich ein Mensch dieses Typus zu einem brillanten, originellen Geist entwickeln, der seinem eigenen inneren Lebensweg treu bleibt. Andererseits neigt dieser Typus auch dazu, sich mit irrealen Dingen zu beschäftigen, die er bis zur völligen Erschöpfung so rasch wie möglich voranzutreiben versucht. Neben einem fordernden Auftreten können Stolz und Arroganz die negativen Züge des Elements Feuer sein.

Von seinem Wesen her ist Feuer jedoch ehrlich, warm, kraftvoll, energisch, unbekümmert, selbstbewußt, inspiriert, vital, spontan und loyal; es «brennt» sozusagen seine Probleme aus.

Auffällig ist die Übereinstimmung zwischen dem Feuertypus der klassischen Astrologie und dem intuitiven Typus, wie er in der Psychologie beschrieben wird. Das essentielle Wesen des intuitiven Typus läßt sich folgendermaßen charakterisieren:

»Das Eigentümliche an der Intuition ist, daß sie weder Sinnesempfindung, noch Gefühl, noch intellektueller Schluß ist, obschon sie auch in diesen Formen auftreten kann.«[29]

Die Wahrnehmungen werden auf unbewußtem Wege vermittelt, es ist eine Art instinktiven Erfassens von dem, was ist, und dem, was geschieht. Dieses intuitive Wissen hat den Charakter von Sicherheit und Gewißheit und drückt sich in Bildern von Beziehungen und Verhältnissen aus, die mit Hilfe anderer Funktionen — nämlich Empfinden, Denken und Fühlen — überhaupt nicht oder nur auf großen Umwegen erreicht werden können. Der intuitive Prozeß ist hauptsächlich unbewußt und läßt sich deshalb nur schwer in Worten ausdrücken. Der intuitive Typus selbst wird für seine Umgebung um so unverständlicher und/oder irrationaler, je mehr die intuitive Funktion Nachdruck erhält; die Einstellung des Bewußtseins ist dann zu stark auf das kollektive Unbewußte gerichtet oder von diesem bestimmt, was der Bewußtwerdung entgegensteht.

Den intuitiven Typus kennzeichnet eine gewisse Erwartungshaltung und eine Unvoreingenommenheit und naive Anschauung des Lebens. Das Entdecken von Möglichkeiten ist für einen Menschen dieses Typus ein solch beherrschender Antriebsmotor, daß ihm dies im Extremfall zum Verhängnis werden kann. Das Bestreben, alle sich bietenden Möglichkeiten zu nutzen, gründet vor allem auf der Tatsache, daß durch das Erschauen von Möglichkeiten die Erwartung, die so essentiell für ihn ist, am stärksten befriedigt wird. Überall und in jeder Situation werden Auswege und neue Möglichkeiten gesucht. Das Bestehende wird nach kurzer Zeit als einengend und freiheitsbeschränkend empfunden, was zur Folge hat, daß der intuitive Typus schon bald nach etwas anderem Ausschau hält, um sich vom Alten zu befreien. Jedes Objekt kann Mittel zur Befreiung sein, wird aufgegriffen, jedoch als überflüssiger Ballast abgeworfen, sobald es seine Dienste erfüllt hat. Der intuitive Typus findet sich nicht dort, wo die Wirklichkeitswerte herrschen, sondern dort, wo neue Möglichkeiten vorhanden sind, die dankbar und meist mit großem Enthusiasmus wahrgenommen werden.

Die Umgebung spielt im bewußten Leben des intuitiven Typus eine untergeordnete Rolle, und um die Moral dieser Umgebung kümmert er sich kaum, so daß er meist als rücksichtsloser Abenteurer gilt. Auch er hat eine Moral, doch ist diese weder vom Gefühl noch vom Intellekt bestimmt. Er hat eine eigene Moral, die in der Treue zu seiner Anschauung und der willigen Unterwerfung unter ihre Macht gründet. Alles kann neuen Möglichkeiten geopfert werden, und am liebsten verweilt der intuitive Typus in der Welt, die hinter den konkreten Formen liegt. Dies führt oft zu prophetischen und tiefen Einsichten in das allgemeine Weltgeschehen.

Vor allem jedoch stellt dieser Typus nur selten den Zusammenhang zwischen seinen Einsichten und sich selbst her, oft infolge eines Mangel an rationalem Denken. Jung sagt dazu:

»Die merkwürdige Indifferenz des extravertierten Intuitiven in bezug auf äußere Objekte hat auch der Introvertierte in bezug auf innere Objekte. Wie der extravertierte Intuitive immerfort neue Möglichkeiten wittert und diesen unbekümmert sowohl um das eigene wie um das Wohl und Wehe der anderen nachgeht, achtlos über menschliche Rücksichten hinwegtritt und in ewiger Veränderungssucht kaum Erbautes wieder niederreißt, so bewegt sich der Introvertierte von Bild zu Bild, allen Möglichkeiten des gebärenden Schoßes des Unbewußten nachjagend, ohne den Zusammenhang der Erscheinung mit sich herzustellen.«[30]
Das Wahrnehmen und die Gestaltung der Wahrnehmung stellt für den intuitiven Typus eindeutig das größte Problem dar. Wenn die intuitive Funktion eine alles beherrschende Rolle spielt, kann der Betreffende sich völlig von der greifbaren und stofflichen Wirklichkeit entfremden, vor allem dann, wenn er introvertiert veranlagt ist. Das, was verdrängt wird, ist dann gerade die Funktion der Empfindung dieser stofflichen Dinge, wodurch wir beim extrovertierten Typus die Tendenz beobachten können, sich zwanghaft an bestimmte Objekte oder Personen zu binden, was völlig im Widerspruch zu seinem bewußten Freiheitsdrang steht.

Bei den stärker introvertierten Typen sehen wir als unbewußte Reaktionen einen maßlosen, unwiderstehlichen Hunger nach stark sinnlichen Eindrücken und/oder eine übertriebene, besitzergreifende Bindung an unpassende Objekte. Die harte Wirklichkeit ist das einzige Mittel, das den intuitiven Typus und, allgemeiner, auch den irrationalen Menschen aus dem Rausch der inneren Ekstase holen kann. Letzteres gilt vor allem für den introvertiert eingestellten Typus, bei dem «das Feuer nach innen schlägt».

Erde und Empfindung

Für den Erdtypus, zu dem die Zeichen Stier, Jungfrau und Steinbock gehören, spielt das Hier und Jetzt, die materielle Welt und die wahrnehmbare Realität die alles beherrschende Rolle. Es ist die Welt der Formen, die mit den physischen Sinnen wahrgenommen und mit einem praktischen Intellekt verstanden wird, in der sich dieser Typus am wohlsten fühlt und mit der er vertraut ist. Erde geht mit praktischen und soliden Wesensmerkmalen und mit Zuverlässigkeit einher. Erdtypen verfügen daher auch über Eigenschaften wie Durchsetzungsvermögen — das bis zur Halsstarrigkeit reichen kann —, Fleiß, Geduld, Vorsicht und Selbstbeherrschung. Erde ist passiv und empfänglich, was zur Folge hat, daß dieser Typus nicht ohne Motivation und Inspiration von anderen auskommen kann, die ihn immer wieder zur Aktivität anregen und ihm dazu verhelfen, die gesammelten Eindrücke auch zu verarbeiten. Sein Dasein erhält daher größtenteils auch nur dann einen Sinn, wenn andere seinem Weltbild Leben einflößen. Außerdem tendiert er stark dazu, mit der Materie zu verschmelzen und sich im Besitz zu verwurzeln; oft identifiziert sich dieser Typus mit seinem Besitz oder mit dem, was die Außenwelt aufgrund einer bestimmten Rolle oder Aufgabe, die er darin zu erfüllen hat, von ihm erwartet.

Seine Zurückhaltung — die zum Teil daraus resultiert, daß er nur schwer in Bewegung kommt — und seine Beharrlichkeit sind die Ursachen für eine konservative Haltung. Aufgrund dieser Förmlichkeit und der Tendenz, sich mit dem zu identifizieren, was die Außenwelt von ihm erwartet, versteht es der Erdtypus hervorragend, in der materiellen Welt zurechtzukommen. Ein meist auffälliger Charakterzug von ihm ist sein Unvermögen, die abstrakte und theoretischere Seite der Dinge zu sehen und zu begreifen.

Fester Boden unter den Füßen ist für ihn essentiell, und das Erwerben von Dingen, die ihm einen Halt zu bieten vermögen, ist eine fast zwingende Notwendigkeit, weil er nur so eine gewisse Sicherheit aufbauen zu können glaubt.

Unterschiedliche Dinge, Ereignisse und Tatsachen in einen Zusammenhang zu bringen ist ihm wesensfremd, was zur Folge hat, daß ihm der tiefere Sinn einer Sache oder einer Situation oft entgeht. Er ist der Typus des praktischen Wissenschaftlers, der effizient und sachkundig die Bereiche untersucht, die der konkreten Welt angehören. Die größten Gefahren stellen sein begrenztes Vorstellungsvermögen und seine häufig ziemlich starr anmutende Sichtweise dar. Andererseits ist dieser Typus in der Lage, hart zu arbeiten, vor allem in einer geordneten und von Routine bestimmten Umgebung.

Durch seinen Mangel an Initiative, verbunden mit einem Mißtrauen und einer Unsicherheit allem gegenüber, was sich seiner sinnlichen Wahrnehmung entzieht, ist dieser Typus meist bescheiden, nachgiebig und verträglich und — wenn eine Vertrauensbasis besteht — in gewissem Sinne auch fügsam. Seine Trägheit, sein Sicherheitsbedürfnis und seine Zurückhaltung bewirken auch, daß er seine Energie nicht willkürlich, unüberlegt und spontan verschwendet. Hat er ein Ziel, so ist er in der Lage, seine Energie effektiv darauf zu richten, und diese Zielgerichtetheit ermöglicht es ihm, etwas über einen langen Zeitraum und mit großer Zähigkeit zu verfolgen. Sein Konzentrationsvermögen und seine Fähigkeit, die eigenen Kräfte zu konservieren, sind dementsprechend stark entwickelt. Die bewußte Effizienz und Zielstrebigkeit können ihn jedoch in seinem Selbstausdruck hemmen, doch wenn es ihm gelingt, diese Hürde zu überwinden, ist der Weg frei für die Entfaltung seiner Kreativität und seines Selbstausdrucks im materiellen Bereich. Wegen seines gut entwickelten Sinns für Formen ist das Gestalten und Entwerfen konkreter Dinge eine der Stärken dieses Typus.

Der Körper — die stoffliche Hülle des Lebens — spielt eine wichtige Rolle, vor allem die Gesundheit und das körperliche Wohlergehen. Das Regenerationsvermögen dieses Typus ist bemerkenswert. Auch körperliches Erleben — die Sinnlichkeit — ist für den Erdtypus immer ein wichtiger Teil des Lebens.

Wenn wir den Erdtypus der Astrologie mit dem Empfindungstypus der Jungschen Psychologie vergleichen, dann sehen wir, daß bei beiden eine ausgesprochen sinnliche Bindung an Objekte vorliegt. Unbewußte Wahrnehmung oder Intuition kommt hier kaum zum Zuge, und das wichtigste Wertkriterium für den Empfindungstypus ist die Intensität der Empfindung, die ein Objekt bei ihm auslöst.
»Es gibt keinen anderen menschlichen Typus, der an Realismus dem extravertierten Empfindungstypus gleichkäme. Sein objektiver Tatsachensinn ist außerordentlich entwickelt...«, sagt C. G. Jung. *»Sein Erlebnis wird in gewissen Fällen überhaupt nicht zu dem, was den Namen Erfahrung verdient.«*[31]
Dieser ausgeprägte Sinn für das Konkrete kann zwar als sehr vernünftig aufgefaßt werden, doch der Empfindungstypus selbst muß dies nicht unbedingt sein. Auch irrationale «Zufälle» infolge subjektiven Wahrnehmens spielen beim Empfindungsprozeß eine Rolle.

Das Leben ist auf den konkreten Genuß gerichtet: Alles, was tastbar und wirklich ist, wird aufgegriffen. Sowohl seine Bestrebungen als auch seine Moral sind auf Lebensgenuß ausgerichtet, was jedoch keineswegs mit roher Sinnlichkeit gleichgesetzt werden kann, da sich das Empfinden auch zu großer ästhetischer Reinheit entwickeln kann. Gewöhnlich läßt sich ein fortwährendes Bedürfnis beobachten, — auch außergewöhnliche — Dinge zu empfinden und das auszukosten, was das Leben bringt, ohne daß die Neigung bestünde, über das Geschehene nachzudenken oder das Geschehen zu beherrschen. Immer muß der Impuls von außen kommen, denn das, was von innen kommt, wird aufgrund seiner Unwirklichkeit und Ungreifbarkeit nicht erkannt oder nicht verstanden. C. G. Jung sagt:

»Tastbare Wirklichkeit läßt ihn unter allen Umständen aufatmen... Sein Ideal ist die Tatsächlichkeit, er ist rücksichtsvoll in dieser Beziehung. Er hat keine Ideen/Ideale, darum auch keinen Grund, sich irgendwie gegen die tatsächliche Wirklichkeit fremd zu verhalten.«[32] Jung weist darauf hin, daß der Empfindungstypus sogar dem Stil zuliebe gewisse Opfer auf sich nimmt. Äußerlichkeiten wie Kleidung, gutes Essen und Trinken, verfeinerter Geschmack usw. sind für ihn wichtig.

Obwohl eine rein empfindende Haltung alles, was ihr begegnet, ohne Urteil und wahllos annimmt (es handelt sich ja um einen nicht rationalen Typus), läßt sich bei einer negativen Entwicklung oft beobachten, daß die bejahende Haltung in Haarspalterei umschlägt und daß die Moral öde und rigide wird, während der Glauben, gleich welcher Konfession, in eine abergläubische und an magische Formen gebundene Religiosität entartet.

Auch beim introvertiert eingestellten Empfindungstypus steht das äußere Objekt im Zentrum der Aufmerksamkeit, doch dieses dient im Falle der Introversion nur als Reiz, um weitere innere Prozesse in Bewegung zu setzen, die völlig von der physischen Realität entfremdet sein können. Der introvertierte Empfindungstypus kann sich nur schwer äußern und legt oft eine auffällige Nüchternheit, Ruhe, Selbstbeherrschung und Passivität an den Tag. Er erweckt den Eindruck, als ob die Welt der äußeren Formen und Geschehnisse keinerlei Wirkung auf ihn hätte. Dieser Eindruck entsteht, weil die Reaktionen, die äußere Reize erzeugen, infolge einer stark introvertierten Haltung weniger gut vorhersehbar sind: Es findet ein eindeutig subjektiver Prozeß statt, der alle objektiven Empfindungen sofort in großem Maße färbt. Das heißt nicht, daß dieser Typus auf diese objektive Empfindung verzichten könnte.

Durch diesen subjektiven Prozeß kann das Handeln eines introvertierten Empfindungstypus oft etwas wirklichkeitsfremd wirken und zu einer wohlwollenden Art von Neutralität führen, wobei die betreffende Person immer bestrebt ist, zu beruhigen und vermittelnd zu wirken. Sie wird immer versuchen, alles auszugleichen, zu beschwichtigen und den Frieden zu erhalten; sie zeigt keinen Enthusiasmus, keine starke Melancholie oder ähnliches, und das Ungewöhnliche wird, so gut es geht, «auf die richtige Formel gebracht», wie C. G. Jung sagt;[33] auf die Umgebung kann dies ziemlich bedrückend wirken. Dieser Mensch hat jedoch keine anderen Absichten, als die Einwirkungen der Außenwelt, die er ja so sehr braucht, zu kanalisieren oder zu dämpfen, da er diese in vielen Fällen unbewußt als eine Bedrohung seiner selbst erlebt. Oft lassen sich solche Menschen mißbrauchen und rächen sich dann in unpassenden Situationen durch heftigen Widerstand und durch besonderen Starrsinn.

Der Empfindungstypus kann bewußten Ausdruck in Form von künstlerischer und schöpferischer Arbeit finden, im Umgang mit und im Herstellen von Formen und Erscheinungen, wobei die Sinne selbst so stark wie möglich angesprochen werden: Sie sind ja das wichtigste Werkzeug im Kontakt zwischen der Innen- und Außenwelt. Empfinden ist etwas Vorgegebenes, das nicht den Gesetzen der Vernunft unterworfen ist, wie es bei den Bewußtseinsfunktionen des Denkens und des Fühlens der Fall ist.

Luft und Denken

Ausgehend vom Zeichen Widder im Horoskop, kommt nach dem Erd- das Luftelement, das Tatsachen und Geschehnisse rational zu verstehen und Beziehungen herzustellen versucht. Der Schwerpunkt des Lufttypus liegt vor allem beim Denken in abstrakten Formen, Theorien, Ideen und Begriffen, welches mit einer auffälligen Objektivität und geistigen Beweglichkeit einhergeht. Sein sprachliches Ausdrucksvermögen ist groß. Das ist von großer Wichtigkeit für diesen Typus, da außer dem Denken auch die Kommunikation und der Austausch von Ideen mit anderen einen unverzichtbaren Teil seines Lebens darstellt.

Im Kontakt mit anderen ist der Lufttypus in erster Linie vermittelnd, harmonisierend, freundlich und umgänglich. Da jedoch das gesellschaftliche Leben und Harmonie so wichtig für ihn sind und er um jeden Preis den Frieden erhalten will, mangelt es ihm oft an Beständigkeit und Kontinuität. Deshalb läßt sich auch eine gewisse Unbeständigkeit im Denken und Handeln feststellen, die aus einem gewissen Maß an Unpersönlichkeit resultiert und daraus, daß der Lufttypus so schnell den Gedanken anderer folgen und sich in sie hineinversetzen kann. Dadurch entsteht leicht der Eindruck einer opportunistischen Haltung. Hinzu kommt die Tendenz, zu sehr in der Welt der Ideen bzw. der Träume zu verweilen, so daß die Realität und das praktisch Realisierbare trotz der häufig überragenden intellektuellen Fähigkeiten und trotz des stark entwickelten Verstandes leicht aus den Augen verloren werden.

Wegen des starken Bedürfnisses, alles an den Gesetzen der Logik zu messen und auf logische Zusammenhänge hin zu untersuchen, wirkt dieser Typus oft kühl und emotionslos. Am liebsten baut er ein System auf, in das er alle Erfahrungen — einschließlich unerklärlicher Gefühlsangelegenheiten — einordnet, auf das er sich beziehen und mit dessen Hilfe er objektivieren und relativieren kann. Der Lufttypus hat daher auch keine Schwierigkeiten, sich von den täglichen kleinen Sorgen zu lösen.

Wenn die intellektuelle Ausrichtung zu stark betont wird, können wir beobachten, daß für tiefere Emotionen immer weniger Raum bleibt. Auch die Begrenzungen des Körpers werden kaum akzeptiert: Das ganze Leben spielt sich in der eigenen abstrakten und ideellen Welt ab.

Die Inspiration kommt auch beim Lufttypus von außen. Er schöpft sie aus dem Kontakt und Austausch mit anderen. Menschen dieses Typus sind sehr empfänglich; sie sind auf neue Inspirationen und Kenntnisse angewiesen, um den Prozeß des Denkens und der Kommunikation am Leben zu halten. Der Menschentypus, der dem Element Luft zugeordnet wird, ist flexibel in Gedanken, Wort und Gebärde, aktiv, emsig, lebendig, lernbegierig, mitteilsam und vor allem verbindend, weshalb dieses Element auch das der «Vereinigung» genannt wird. Eine gewisse dualistische Haltung läßt sich jedoch nicht übersehen.

Um zu beschreiben, wie der Denktypus sein Weltbild und das Bild von sich selbst aufbaut, benötigt C. G. Jung mehr Raum als bei den anderen Typen. Auch beim Denktypus unterscheidet er zwischen einer introvertierten und einer extrovertierten Variante. Den extrovertierten Denktypus beschreibt er folgendermaßen:
»Dieser wird also, der Definition gemäß, ein Mensch sein, der das Bestreben hat — natürlich nur, insofern er ein reiner Typus ist —, seine gesamte Lebensäußerung in die Abhängigkeit von intellektuellen Schlüssen zu bringen, die sich in letzter Linie stets am objektiv Gegebenen, entweder an objektiven Tatsachen oder an allgemeingültigen Ideen, orientieren.«[34]

Über den introvertierten Denktypus schreibt Jung:
»Er wird, wie der Extravertierte, seinen Ideen folgen, aber in umgekehrter Richtung, nicht nach außen, sondern nach innen. Er strebt nach Vertiefung und nicht nach Verbreiterung.«[35]
Zentral ist für beide der Denkprozeß, und das Denken kann sowohl aus subjektiven und/oder unbewußten Quellen gespeist werden als

auch aus objektiven Daten, die uns unsere Sinne vermitteln. Bei diesem Denken ist immer eine Norm der Ausgangspunkt des Urteilens. Sahen wir beim extrovertierten Denktypus, daß er seine Norm der Außenwelt entlehnt, so entnimmt der introvertierte Denker die Norm seinem Inneren und ist daher rein subjektiv.

Beim Denktypus entspringen alle mehr oder weniger wichtigen Handlungen intellektuell reflektierten Motiven: Alle Handlungen sind intellektuellen Schlüssen untergeordnet, wobei der extrovertierte Denker sich an seiner Umgebung und an der Außenwelt orientiert. Anhand der Normen, die er dieser entlehnt, werden Bewertungen vorgenommen. Diese — ebenfalls beim introvertierten Typus zu beobachtende — oft ridige Formel kann als Resultat eine strenge Moral bewirken, von der nicht abgewichen wird. Alles, was dieser Formel widerspricht, ist unvollkommen und falsch. Wenn dieser Typus diese intellektuelle Formel überbetont und das ganze Leben damit zu erfassen versucht, entwickelt er sich zum halsstarrigen Dogmatiker und zum selbstgerechten Kritiker, der sich selbst und andere in die Zwangsjacke eines Systems zu pressen versucht. Dies kann für die Gefühlswelt ernste Folgen haben. Gefühle lassen sich nicht in Denkkonstruktionen fassen, und dies nicht nur, weil sie mit der inferioren Funktion des Denktypus verknüpft sind, sondern auch, weil sie im allgemeinen subjektiv sind und sich der Logik entziehen. Es besteht die Gefahr, daß der Denktypus — sowohl der extrovertierte als auch der introvertierte — seine gefühlsmäßige Seite entweder verdrängt oder zu sehr rationalisiert, wodurch Leidenschaften, religiöse Gefühle und Erfahrungen usw. oft ein eigenes unbewußtes Leben führen.

Häufig sehen wir, daß die bewußte Lebenshaltung des Denktypus mehr oder weniger unpersönlich ist, völlig in Übereinstimmung mit seinen bewußten Formeln, und daß dadurch persönliche Interessen darunter zu leiden haben: Die eigene Gesundheit, die soziale Position, die Familie usw. werden nur zu schnell vernachlässigt, um dem Ideal und der Formel gemäß leben zu können. Wird dies zu weit getrieben, können wir beobachten, daß eine ausgesprochene Tendenz zu Ressentiments entsteht, so daß Kritik an der persönlichen Formel mit Mißtrauen und Argwohn betrachtet und als Böswilligkeit aufgefaßt wird. Es gibt jedoch keine Formel, die die ganze Wirklichkeit abzudecken vermag. Theorien altern und sind irgendwann überholt — die Wirklichkeit verändert sich ständig. Der Lufttypus wappnet sich oft gegen den Zweifel, der von innen kommt oder sich von außen einschleicht, indem er Zuflucht im Fanatismus sucht, was jedoch im Grunde nichts anderes ist als Überkompensation von Zweifel.

Das Denken selbst ist ein schöpferischer Prozeß, der — ausgehend von Objekten in der Wirklichkeit — zu neuen Tatsachen oder zu allgemeinen Schlußfolgerungen führt, wobei das Urteil eine Synthese ist. C. G. Jung gibt als eines der Charakteristiken extrovertierten Denkens an, daß dieses nie abwertend oder destruktiv ist, sondern daß es immer wieder einen zerstörten Wert durch einen neuen ersetzt. Dieses Schöpferische ist auch beim introvertierten Typus zu finden, kommt jedoch weniger stark zum Ausdruck; vielmehr können wir bei diesem ein Denken beobachten, das sich leicht im Erschaffen von Theorien um der Theorie willen verliert. Die gedankliche Rekonstruktion realer Tatsachen ist für den introvertierten Denker weniger interessant; er gestaltet lieber das vage Bild zu einer klaren Idee aus, wodurch Tatsachen lediglich als Beweismaterial für das eigene Denken gesammelt werden und nicht um ihrer selbst willen. Das Erschaffen von Fragestellungen und Theorien ist mindestens so wichtig wie das Eröffnen von Perspektiven und das Durchdringen der Dinge bis zu ihrem Wesen.

So, wie der extrovertierte Denker in den vielen von ihm zusammengetragenen Tatsachen ersticken und deren Sinn übersehen kann, läuft der introvertierte Denker Gefahr, in der Vielzahl seiner Theorien zu versinken und die Tatsachen zu negieren oder sie nach dem eigenen (Phantasie-)Bild umzuformen. Das Durchdenken von Problemen hat zur Folge, daß der Denktypus es sich oft unnötig schwer macht.

Allgemein gesagt, können wir also beim Denktypus ein von Objekten abhängiges Denken feststellen: Gegebene Vorstellungen werden in einen (begrifflichen) Zusammenhang gebracht, und diese Zusammenhänge bestimmen mittels eines Prozesses des Urteilens die Lebensart, ohne zu berücksichtigen, ob sich dies in Übereinstimmung mit dem befindet, was in Wirklichkeit getan oder angestrebt wird. Das Leben in einer Gedankenwelt der Begriffe und/oder Theorien ist eines der Hauptmerkmale dieses Typus, was zur Folge hat, daß es auf praktischem Gebiet und im Bereich der Gefühle zu einer gewissen Verwahrlosung kommen kann.

Wasser und Fühlen

Gefühle und tiefe Emotionen sind kennzeichnend für die Zeichen Krebs, Skorpion und Fische, die dem letzten Element, dem Element

Wasser, zugeordnet werden. Die starke Sensibilität und die Verletzlichkeit des Wassertypus können emotionale Wechselhaftigkeit und Instabilität verursachen. Dieser Typus läßt sich leicht von seiner Umgebung beeinflussen, was nicht als Schwäche angesehen werden sollte, sondern vielmehr die Folge seiner emotionalen Empfänglichkeit und seiner Tendenz ist, sich in die Gefühle anderer hineinzuversetzen. Einem ausgeprägten Wassertypus kann man oft anmerken, mit wem er zuletzt gesprochen oder welches Buch er zuletzt gelesen hat. Das Einfühlungsvermögen dieses Typus ist so groß und oft so unbewußt, daß er sehr schnell Standpunkte und Haltungen von anderen übernimmt.

Trotz alledem verfügt der Wassertypus oft über eine immense Kraft, die sich nicht so sehr im physischen Bereich, sondern vielmehr im Geistigen äußert: Über einen längeren Zeitraum kann man beobachten, daß der Wassertypus nicht von seinen Zielen abläßt und über ein ausgeprägtes Vermögen verfügt, den Dingen auf den Grund zu gehen.

Im Inneren des Wassertypus sind — oft unbewußte — psychische oder «okkulte» Kräfte am Werk, so wie auch die vielen Triebfedern und Motivationen dieses Typus in erster Linie unbewußt sind, weshalb er von irrationalen Ängsten und Überempfindlichkeiten geplagt werden kann und stark auf Menschen und Atmosphären reagiert. Äußerlich mag der Wassertypus ruhig erscheinen, in seinem Inneren jedoch kann ein Sturm wüten. Eine der Ursachen hierfür ist die eben genannte Unbewußtheit der eigenen Motive. Eine andere Ursache ist die Tatsache, daß Wasser selbst keine Form hat, sich jedoch gerne Gestalt geben läßt. Die Formen, die es annimmt, stimmen demzufolge nicht immer mit dem eigentlichen Wesen des Wassertypus überein. Die Bewußtwerdung der eigenen Bedürfnisse und Triebfedern und die Notwendigkeit, diesen Gestalt zu verleihen, ist meist ein schmerzhafter und langwieriger Prozeß, weshalb mit dem Wasserelement oft Leiden und Untätigkeit assoziiert werden.

Dieser Typus liebt Einsamkeit, Stille und Frieden, trotz der Tatsache, daß Beziehungen und menschliche Werte eine so wichtige Rolle für ihn spielen: Die Fähigkeit, Menschen zusammenzubringen und ihre Bedürfnisse zu verstehen, ist groß; sie ist verbunden mit einem tiefen Einfühlungsvermögen und Mitgefühl mit allen Leidenden. Unbewußt verfügen diese Menschen über große Weisheit und Einsicht; sie können von ihren alles beherrschenden Gefühlen und Emotionen aus zu einer allumfassenden Liebe zur Schöpfung gelangen.

Die Liebe zum Mitmenschen und vor allem zu den Menschen des eigenen kleinen Kreises kann groß sein, doch bei weniger entwickelten Wassertypen haftet dieser Liebe häufig etwas Besitzergreifendes und Sentimentales an, was trotz der meist sympathischen und wohlwollenden Haltung auf andere oft erstickend wirkt. Das Bedürfnis zu beschützen und beschützt zu werden, tritt deutlich zutage. Wird dieses Bedürfnis nicht erfüllt, können sich die Frustrationen in Ängstlichkeit oder Argwohn bzw. Mißtrauen äußern, bis der Wassertypus sich seiner instinktiven Reaktionen bewußt geworden ist.

In seinem tiefsten Inneren ist der Wassertypus fordernd, verlangend und erwartend, manchmal begehrend, was sich in dem Wunsch nach Genuß und nach Erfahrungen oder aber als Raffgier und Habsucht äußern kann. Aufsaugen, Aufnehmen, Auflösen — alle diese Begriffe sind charakteristisch für sein Verhalten. Der Wassertypus sieht durch sein Verlangen nach Fühlen und Einfühlen oft die Form der Dinge nicht und läßt diese deshalb auch außer acht; dadurch kann er zum Kern vorstoßen. Da dies ein rein gefühlsmäßiger Prozeß ist, kann er seine Schlüsse selten begründen; er tut sich mit der Logik und mit dem Denken sehr schwer. Infolge der völligen Subjektivität des Fühlens ist eine objektive Betrachtung des Lebens für ihn ausgeschlossen, obwohl gerade dies so wichtig wäre, um sich der eigenen Handlungen bewußt zu werden. Solange dies nicht gelingt, droht der Wassertypus aufgrund seiner tiefen Emotionalität und aufgrund seines großen Verständnisses für die Gefühle anderer der Umgebung und den Umständen zum Opfer zu fallen, was nicht zuletzt auch die Folge seines eigenen Altruismus ist.

Obwohl C. G. Jung selbst sagt, daß sich der Gefühlsprozeß eigentlich nicht intellektuell darstellen läßt, da er nicht rationalisiert und in Begriffen beschrieben werden kann, hat er selbst dennoch einige diesbezügliche Versuche unternommen. Zunächst einmal stellt er fest, daß das Fühlen ein rein subjektiver Prozeß ist, der zwischen dem Ich und einem gegebenen Wesenszug stattfindet, wobei diesem ein bestimmter — bejahender oder zurückweisender — Wert («Lust» oder «Unlust») zugeschrieben wird. Das dazugehörige Lust- oder Unlustgefühl bildet hier die Grundlage für ein Werturteil: dem rationalen Element dieser Funktion.

Beim Fühlen treten Stimmungen auf, die aus dem Unbewußten resultieren können, aber auch von früheren Erfahrungen. Das extrovertierte Fühlen orientiert sich an der Außenwelt und entnimmt dieser seine Normen und Werte bezüglich dessen, was gut und schlecht, schön und häßlich ist. In gewissem Sinne ist es an traditionellen bzw. allgemeingültigen Werten orientiert. Ein Nicht-Gefühlstypus wird diese Haltung manchmal als unecht empfinden, doch das ist unzutreffend: Wenn der extrovertierte Gefühlstypus etwas häßlich finden würde, das allgemein als schön gilt, hat er das *Gefühl*, sich damit gegen die allgemeine Gefühlssituation zu stellen, und das ist für ihn unerträglich. C. G. Jung nennt diese Erscheinung beim (extrovertierten) Typus «einen Akt der Einpassung» und keine Lüge.[36] Ohne diese Art des Fühlens gäbe es seiner Meinung nach kein schönes und harmonisches Gefühlsleben, und die unterschiedlichsten sozialen, philantropischen und kulturellen Einrichtungen könnten ohne die Unterstützung dieses Typus nicht existieren.

Wenn die fühlende Haltung übermäßig ausgeprägt ist, kann dies zu einer Art sterilen Pose oder Schauspielerei entarten: Das Fühlen wird flatterhaft und unzuverlässig, und von echtem Fühlen ist nichts mehr zu spüren. Oft liegen einem solchen Fall unbewußte egozentrische Motive zugrunde.

Bei extrovertierten Gefühlstypen befinden sich die Gefühle in völliger Übereinstimmung mit äußeren Werten, beispielsweise, wenn eine Frau einen Mann liebt, weil dieser nach gesellschaftlichen Maßstäben zu ihr «paßt». Ein weiteres Nachdenken findet hier zumeist nicht statt. Das Fühlen ist dabei echt, birgt jedoch die Gefahr in sich, daß die Persönlichkeit sich völlig im jeweiligen Gefühl auflöst: Jeder störende Gedanke wird schon an der Schwelle des Bewußtseins wieder ins Unbewußte «zurückgeschickt». Das soll übrigens nicht heißen, daß Menschen dieses Typs nicht denken können. Nur wird das Denken, das die gefühlsmäßige Haltung stören könnte, gar nicht erst zugelassen.

Da jedoch im Leben unterschiedliche und oft widersprüchliche Gefühlssituationen einander beständig abwechseln können, besteht die Gefahr, daß dieser Typus sich zutiefst in die jeweilige Situation einfühlt und sozusagen mit ihr verschmilzt. Das ist die Quelle vieler Konflikte: Es gibt zuviele Situationen, in denen sich die Persönlichkeit auflöst, obwohl sich längst nicht alle Situationen mit der Basis des Ichs vereinbaren lassen. Das eine Mal ist der Betreffende dies, das nächste Mal etwas völlig anderes — zumindest scheinbar, denn in Wirklichkeit ist eine solche Mannigfaltigkeit der Persönlichkeit überhaupt nicht möglich.

Die Basis des Ichs bleibt stets mit sich selbst identisch und tritt deshalb in einen deutlichen Gegensatz zu den wechselnden Gefühlszuständen. Auf einen Beobachter kann dies wirken, als sei die betreffende Person starken Stimmungsschwankungen und Launen ausgesetzt, während es sich in Wahrheit lediglich um Variationen des eigentlichen Ichs des Gefühlstypus handelt. Die Launen können im Unbewußten des Betreffenden soviel Widerstand hervorrufen, daß die Möglichkeit der Überkompensation zunimmt und daß der Betreffende Dinge auf eine Weise äußert, wie er es eigentlich nicht meint. Ändert sich die Situation nur ein wenig, dann verfällt das doch so wankelmütige Ich in die entgegengesetzte Haltung — der Betreffende nimmt den entgegengesetzten Standpunkt ein. Dies alles geschieht in völliger Aufrichtigkeit, so daß der (extrovertierte) Gefühlstypus nicht nur Gefahr läuft, sich durch diese unbeständige Haltung von sich selbst zu entfremden, sondern auch von seiner Umgebung, während er doch den starken Drang hat, einen intensiven Gefühlskontakt zu seiner Umwelt herzustellen. 37

Auch der eher introvertiert eingestellte Gefühlstypus wird oft von der Umgebung nicht verstanden, und zwar nicht aufgrund einer vermeintlichen Standpunktlosigkeit, sondern wegen seiner ausgeprägten Verschlossenheit, die sogar den Anschein von Gleichgültigkeit erwecken kann. Die Tiefe des Fühlens läßt sich nur erahnen, ist jedoch wegen der stillen und schwer zugänglichen Haltung für einen Außenstehenden unergründlich. Das Fühlen verbirgt sich oft hinter einer kindlichen und/oder nichtssagenden Maske, und nach außen wird der Eindruck erweckt, der Betreffende sei von einem innerlich harmonischen und ruhigen Wesen. Nichts ist weniger wahr. Doch weil der introvertierte Gefühlstypus große Schwierigkeiten hat, seine Gefühle zum Ausdruck zu bringen, erscheint er nach außen hin oft kalt, unbeteiligt und gefühllos.

Wenn der Gefühlstypus die eigenen inneren Vorgänge weniger gut im Griff hat, kann es zu Überkompensationen kommen in Form von anmaßender Herrschsucht, Eitelkeit, tyrannischer «Zwängerei» (wie C. G. Jung sagt) und Dominanz, was von der Umgebung manchmal als eine nicht näher zu erklärende Bedrückung erfahren wird. Auch das Denken nimmt dann primitive Züge an, was sich in «Konkretismus und Tatsachensklaverei» (Jung) äußern kann. Wenn dieser Typus auf der anderen Seite *denkt*, er könne fühlen, was andere denken, ist er sich nicht im klaren, daß ein völlig subjektiver Prozeß im Gange ist. Eine argwöhnische Haltung, Mißtrauen, Intrigieren usw. sind dann charakteristisch für ihn. Die Intensität und die Tiefe des Erlebens und des Fühlens, auf welcher Ebene auch immer, läßt sich jedoch mit Worten kaum beschreiben.

Mensch und Element

Es gibt sehr viele Mischformen, in denen die oben beschriebenen vier Typen zum Ausdruck kommen können; im Horoskop zeigt sich dies in der Art, wie die Elemente besetzt sind. Nachdem die Übereinstimmungen zwischen den empirischen Beobachtungen C. G. Jungs, die er in seiner Typenlehre dargelegt hat, und den Elementen der Astrologie so deutlich geworden sind, können wir uns das Wissen über die Dynamik der Typen zunutze machen, um einen genaueren Einblick in die Wirkungsweise der Elemente im Horoskop zu erhalten.

Dies muß jedoch keineswegs bedeuten, daß eine starke Besetzung eines Elements auch tatsächlich die betreffenden Merkmale im Individuum in der Weise zum Ausdruck bringt, wie sie in der vorangegangenen Beschreibung der Typen dargestellt worden ist. Durch bestimmte Umstände kann eine bestimmte Funktion bzw. ein bestimmtes Element, das in der Anlage deutlich im Horoskop zu erkennen war, unterdrückt oder, falls es die wichtigste Funktion ist, von einem anderen, weniger wichtigen Element zeitweise oder endgültig abgelöst werden. Das wichtigste Element wird dann nicht die schöpferischen Merkmale aufweisen, wie diese in dem mehr oder weniger reinen Typus zum Ausdruck kommen, sondern es wird weniger gut beherrschbar und in seiner Ausdrucksweise unbewußter. Auch kann es sein, daß ein Funktionstypus so stark betont ist, daß das Bild durch unbewußte Überkompensationen verwischt wird. In anderen Fällen sehen wir eine solche Streuung von Elementen, daß eine Typenbestimmung auf den ersten Blick schwierig wird. Oder es ist zu beobachten, daß zwei einander entgegengesetzte Elemente — wie zum Beispiel Denken-Luft und Fühlen-Wasser — stark betont sind, wodurch sich in der Psyche des betreffenden Menschen ein Kampf zwischen den beiden Funktionen um die Vorherrschaft abspielt. Dies kann uns einen tiefen Einblick in die Spannungen geben, die diese Person in und um sich herum erzeugt.

Für den Astrologen sind die Elemente der Schlüssel, mit dem er die Möglichkeiten und Kapazitäten eines Menschen sowie auch die möglichen Konflikte in seiner Psyche zu bestimmen vermag. Aufgrund dieser Informationen kann er Hinweise bezüglich dessen geben, wie der Mensch seinem Leben entsprechend seiner psychischen Struktur Gestalt geben kann. Das, was der Betreffende bis dahin daraus gemacht hat, läßt sich jedoch nur schwer aus dem Horoskop ableiten. Dies gilt insbesondere dann, wenn die Elementenverteilung Anlaß zu vielen Konflikten zu geben scheint. Es ist möglich, daß jemand aufgrund bestimmter Erfahrungen seine Anlage nicht verwirklichen kann, sondern stattdessen ein weniger starkes Element ausbildet.

Eine Entwicklung, die den angeborenen Qualitäten stark entgegengesetzt ist, kann den Anlaß für Neurosen bieten. Sigmund Freud nannte eine Neurose eine «Disharmonie in der Organisation des Ichs». C. G. Jung geht einen Schritt weiter und sagt, daß *»die Neurose ein Stoppzeichen vor einem falschen Weg und ein Mahnruf zum persönlichen Heilungsprozeß«*[38] ist. Wir können in diesem Zusammenhang zwei Prozesse unterscheiden, die zu einer Neurose führen können:

1. Die superiore Funktion wird zu stark betont, wodurch die anderen Element sich nicht oder kaum entwickeln können und die entgegengesetzte, inferiore Funktion immer zwanghafter Überkompensationen produziert. Infolgedessen wird das Handeln von der superioren Funktion aus durch nicht beherrschbare, aus dem Unbewußten stammende regulierende Aktionen beeinträchtigt. Die zu starke Differenzierung mit ihrem zwanghaften Charakter ist etwas, was vor allem in der zweiten Lebenshälfte so große Probleme erzeugen kann, daß die Auflösung dieser einseitigen Entwicklung dann zu einer zwingenden Notwendigkeit wird.

2. Eine schwere Neurose kann auch entstehen, wenn ein Mensch eine ausgeprägte Anlage für eine bestimmte Funktion hat, diese jedoch aus irgendeinem Grunde nicht entwickelt, sondern stattdessen eine Hilfsfunktion oder sogar seine eigentlich inferiore (unterlegene) Funktion zu seiner superioren (Hauptfunktion) macht. Die verwendete und entwickelte Funktion wird immer primitive und archaische Züge aufweisen. Und weil sie zumindest teilweise unbeherrschbar ist, wird sie die betreffende Person oft in ernste Schwierigkeiten bringen. Es gibt genügend Beispiele für Menschen, die, übrigens aus einer völlig aufrichtigen Haltung heraus, immer wieder genau das tun, was nicht getan werden sollte, wodurch die Dinge völlig anders verlaufen als erwartet. Ist in einem Horoskop ein bestimmtes Element sehr stark vertreten und ist im Charakter der betreffenden Person dieses Element nur wenig entwickelt, dann kann dies ein Hinweis für eine falsch «gewählte» und entwickelte superiore Funktion sein. Meist erfolgt solch eine Wahl unbewußt; sie ist in vielen Fällen eher das Resultat einer Kombination aus Erziehung, äußeren Umständen, der Kultur, in der ein Mensch groß geworden ist, und der eigenen Anlage. Die Anlage

ist jedoch der ausschlaggebende Faktor, ob sich eine Neurose hinsichtlich der «Wahl» der Hauptfunktion entwickelt oder nicht.

Das Schema mit den Elementen als Repräsentanten der psychologischen Funktionen ist einer der grundlegenden Faktoren der psychologischen Astrologie, was übrigens in verschiedenen astrologischen Werken bestätigt wird. So sagt A. E. Thierens in seiner *»Kosmologie«* folgendes:
»Menschen, deren Kraft in den Feuerzeichen liegt, unterschätzen oft den Wert der Erdzeichen, die ihnen doch das Grundmotiv, die Substanz und die Gelegenheit zur Gestaltung ihrer Initiative geben, eine Unterschätzung, die wiederum natürlich aus dem Gefühl des Selbst-Determiniertseins entsteht.«[39]
Ein besseres Beispiel für die Gegensätzlichkeit der intuitiven und der Empfindungsfunktion läßt sich wohl kaum finden.

Der Einblick in und das Verstehen der Elemente und ihrer psychischen Wirkungsweise ist die Voraussetzung für eine treffende Deutung eines Horoskops oder für eine stimmige Beurteilung eines Beziehungs-Horoskops; außerdem kann uns dies die Augen dafür öffnen, daß die Wirklichkeit auf unterschiedliche Weisen betrachtet werden kann und daß der andere mit einer anderen Wahrnehmung der Wirklichkeit ebenso «recht haben» kann wie wir selbst.[40] Wir brauchen jede dieser Betrachtungsweisen, um selbst zu einem Zustand des Gleichgewichts zu gelangen.

Kapitel 2

Die Basis des Horoskops

Psychische Totalität

Ein Zentralbegriff der Komplexen Psychologie ist die *psychische Totalität*, die sowohl den bewußten als auch den unbewußten Teil unserer Psyche umfaßt. Beide Teile verhalten sich komplementär zueinander, d. h., sie sind einander entgegengesetzt und ergänzen einander gleichzeitig in jeder Hinsicht. Der Mensch identifiziert sich meist nur mit dem bewußten Teil seiner Psyche, dem Teil, der «Ich» sagt, und macht sich dabei nicht klar, wie wichtig die Rolle ist, die sein persönliches und sein kollektives Unbewußtes spielen. Auf vielerlei Weise — ohne daß der Betroffene darauf Einfluß nehmen könnte — drängt sich das Unbewußte in jedem Augenblick des Tages auf. Manchmal machen uns «Freudsche Fehlleistungen» darauf aufmerksam, daß in uns nicht nur das dem Bewußtsein Zugängliche wirkt, und manchmal erweisen sich unerklärliche Eingebungen als äußerst hilfreich.

Schon Immanuel Kant beschäftigte sich mit der Frage, ob der Mensch ein Unbewußtes hat, obgleich er dies in andere Begriffe kleidete. In seiner *»Anthropologie«* schreibt er:
»...daß das Feld unserer Sinnesanschauungen und Empfindungen, deren wir uns nicht bewußt sind, ob wir gleich unbezweifelt schließen können, daß wir sie haben, d. i. 'dunkeler' Vorstellungen im Menschen (und so auch in Tieren) unermeßlich sei, die klaren dagegen nur unendlich wenige Punkte derselben enthalten, die dem Bewußtsein offen liegen; daß gleichsam auf der großen Karte unseres Gemüts nur wenige Stellen 'illuminiert' sind, kann uns Bewunderung über unser eigenes Wesen einflößen: denn eine höhere Macht dürfte nur rufen: Es werde Licht!, so würde auch ohne Zutun des Mindesten gleichsam eine halbe Welt ihm vor Augen liegen ... So ist das Feld 'dunkeler' Vorstellungen das größte im Menschen.«[1]

Mit seinem «Feld dunkeler Vorstellungen» meint Kant zweifellos das gleiche wie der Psychoanalytiker, der vom Unbewußten im Menschen spricht. Das Unbewußte kann dem Menschen im Laufe seines Lebens niemals völlig bewußt werden, sondern bestenfalls Teile desselben. Deshalb sagte Kant: Wie sehr sich der Mensch auch bemüht, alles mit dem Licht des Bewußtseins zu durchdringen — das Bewußtsein ist doch immer nur imstande, und auch dies nur theoretisch, vielleicht die Hälfte unserer Psyche zu erfassen: die halbe Welt.

Jedoch können wir viel über die Struktur des Unbewußten erfahren, indem wir die unterschiedlichsten Verhaltensweisen von Menschen, ihre Assoziationen, Emotionen und viele andere Dinge untersuchen. Die zahllosen Ausdrucksformen des Unbewußten (Träume, Phantasien, Versprecher etc.) lassen uns allmählich eine Struktur des Unbewußten erkennen. Allerdings ist auch auf diese Weise das Unbewußte nie vollständig mit unserem Bewußtsein zu erfassen, weil es autonom, ganz und gar selbständig, funktioniert. Goethe sagte einmal zu Riemer:

»Der Mensch kann nicht lange im bewußten Zustande oder im Bewußtsein verharren; er muß sich wieder ins Unbewußtsein flüchten, denn darin lebt seine Wurzel.«[2]

Hier sehen wir, daß bereits Goethe zwischen dem Bewußten und dem Unbewußten des menschlichen Geistes unterschied. Auch eine psychologisch orientierte Astrologie muß natürlich das Unbewußte einbeziehen, will sie zu einem ausgewogenen Gesamtbild kommen.

Durch das Bewußtsein lernt der Mensch seine Umwelt zu erfassen und zu verstehen. Deshalb ist — zumindest in unserer westlichen Kultur — dieser Teil der Psyche auf die Anpassung an die äußere Wirklichkeit ausgerichtet. Das Unbewußte hingegen zielt auf die Anpassung an die innere Wirklichkeit.

Das Bewußtsein und die vier Elemente

Das Bewußtsein des Menschen enthält eine unendlich große Zahl von Inhalten, die wir so ordnen können, daß eine deutliche und charakteristische Struktur erkennbar wird. Allgemeine Verhaltensweisen und -muster treten hervor, welche bestimmten Gruppen von Individuen zu eigen sind.[3] Diese Verhaltensmuster stehen in direktem Zusammenhang mit der jeweiligen Art der bewußten Anpassung an die Wirklichkeit: mit der entsprechenden psychischen Funktion, d.h., mit einer speziellen Art, die Welt der Erscheinungen zu betrachten und zu erfassen. Insgesamt lassen sich vier unterschiedliche elementare

Bewußtseinsprozesse unterscheiden, die in auffälliger Weise den vier Elementen der astrologischen Tradition ähneln.

Empfinden: Etwas als solches wahrnehmen und feststellen, wie es beschaffen ist; ob es beispielsweise hart, scharf, warm usw. ist. Dies entspricht dem Element Erde.

Denken: Das Wahrgenommene hinterfragen; es in den bestehenden Bezugsrahmen einordnen. Dies entspricht dem Element Luft.

Fühlen: Untersuchen und/oder erfahren, welche Lust- und Unlustgefühle das Wahrgenommene erweckt, aus welchem Grund es angenommen bzw. abgelehnt wird. Fühlt es sich beispielsweise angenehm oder unangenehm an, schmeckt es gut oder schlecht usw. Dies entspricht dem Element Wasser.

Intuition: Wissen oder «untersuchen» (unbewußt), woher das Wahrgenommene stammt und/oder wie es sich weiterentwickelt. Oft wird dabei das Objekt als solches nicht einmal bewußt wahrgenommen, sondern es handelt sich um eine Art «intuitives Erfassen» der Hintergründe. C. G. Jung bezeichnete dies als eine Form indirekten Wahrnehmens. Diese Funktion entspricht dem Element Feuer.

Wie die einzelnen Funktionen auf ein und dasselbe Objekt reagieren, hat C. G. Jung einmal an folgendem Beispiel illustriert:

1. *Das Empfinden:* Es ist rot und glänzend, funkelt, duftet und hat eine bestimmte Form.
2. *Das Denken* läßt mich dieses Objekt als ein mit Rotwein gefülltes Glas erkennen.
3. *Das Gefühl* qualifiziert das Ganze entweder als hocherfreulich oder, falls ich Abstinenzler sein sollte, als abscheuliches «Gift».
4. *Die Intuition* verrät mir überdies, daß es ein «Pommard 1937» und ein Weihnachtsgeschenk des Freundes XY meines Gastgebers sein könnte.[4]

Dabei ist zu Punkt 4 vielleicht noch anzumerken, daß sich die Vermutungen des intuitiven Typus — wie Jung immer wieder betonte — allenfalls in der Hälfte der Fälle als zutreffend herausstellen. Es ist jedoch nicht wichtig, daß das, was vermutet wurde, sich auch tatsächlich als richtig erweist, sondern daß es sich um eine bestimmte *Art* des Umgangs mit den Erscheinungen der Umgebung handelt. Der intuitive Typus schaut — ohne sich dessen bewußt zu sein — hinter die Dinge und nimmt das Konkrete und die Erscheinung als solche nicht bewußt wahr, während zum Beispiel der Empfindungstypus sich ständig vergegenwärtigen wird, wie die Erscheinung oder das Objekt nun aussieht und in welcher Form sie bzw. es sich zeigt. Wenn man also von einer bestimmten Bewußtseinsfunktion spricht, so bedeutet dies kein Qualitätsurteil; es bringt lediglich die spezielle Sichtweise dieser bestimmten Bewußtseinsfunktion zum Ausdruck.

Nur in ihrer Gesamtheit vermitteln diese vier Funktionen ein vollständiges Bild einer Situation bzw. ermöglichen das vollständige Erfassen eines Objekts. In der Astrologie bedeutet dies, daß die vier Elemente zusammen ein abgerundetes Ganzes bilden, eine Totalität, die es theoretisch möglich macht, *alle* Aspekte eines bestimmten Gegenstandes zu betrachten, zu durchdringen und zu erfahren.

Da jedoch immer nur eine einzige Funktion im Bewußtsein superior oder überlegen sein kann — d.h., es kann immer nur eine einzige Hauptorientierung geben —, können wir anhand der vier Elemente vier psychologische Typen unterscheiden. Diese Grundtypen können nur einen sehr groben Eindruck vermitteln, da in einem Horoskop die verschiedensten Faktoren eine Vermischung der Grundtypen zur Folge haben können. Wir haben es folglich immer in mehr oder weniger starkem Maße mit Mischtypen zu tun: Die bewußte Orientierung oder das überlegene bzw. superiore Element der meisten Menschen besteht aus einer Kombination zweier Elemente oder psychologischer Funktionen, wobei allerdings stets ein Element oder eine Funktion dominiert (siehe hierzu speziell »Deutungsregeln für die Besetzung der Elemente« in diesem Kapitel). Die vier psychologischen Grundtypen sind dennoch sehr wichtig, da sie zeigen, wie ein bestimmter Mensch seine Beziehung zur Welt gestaltet, wie er die Welt erlebt, beurteilt und betrachtet. Ich werde im folgenden noch einmal kurz auf die Hauptmerkmale der vier Elemente bzw. der vier Funktionstypen (Feuer, Erde, Luft und Wasser) eingehen.[5]

Der Feuer- oder intuitive Typus

Die Feuerzeichen Widder, Löwe und Schütze leben gänzlich in einer Realität, die sich hinter der konkret-stofflichen Form verbirgt. Für den Feuertypus spielen Begriffe wie *Zukunft, Möglichkeiten, Entdecken* und *Dynamik* eine große Rolle. Er betrachtet das Leben und alle damit verbundenen stofflichen und nicht-stofflichen Erscheinungen von innen; er erspürt intuitiv, wie alles zusammenhängt oder zusammenhängen könnte. Die Welt ist für ihn eine Art Märchen voller phantastischer Möglichkeiten, in dem er eine wichtige Rolle spielt.

Menschen mit einer starken Feuerbetonung leben ganz aus der Tiefe ihres eigenen Inneren. Sie sind sehr selbstbezogen und wirken daher auf andere Menschen oft egoistisch und unsensibel, was ihnen nur selten bewußt ist. Der Feuermensch lebt nach seinen eigenen Moralvorstellungen, und er bleibt seinen eigenen Auffassungen treu, solange diese ihm Perspektiven und Möglichkeiten bieten. Routinearbeiten sind ihm unerträglich, sie lähmen seine Spontanität und behindern ihn außerdem in seinem kaum zu bremsenden Schaffensdrang.

Aufgrund seiner ziemlich offenen und erwartungsvollen, manchmal naiv anmutenden Haltung läßt der Feuertypus sich in viele Dinge ein — auf der Suche nach deren Möglichkeiten und Bedeutung. Infolge dieser Orientierung des Bewußtseins kann er tiefe Einsichten in verborgene Zusammenhänge gewinnen, wobei die konkreten Fakten für ihn von untergeordneter Bedeutung sind. Den Problemen des alltäglichen Lebens und simplen praktischen Fragen steht er oft hilflos gegenüber, da er sich in seiner Vorstellung schon längst *hinter* dem Konkreten befindet und das Stoffliche selbst gar nicht wahrnimmt.

Der Erd- oder Empfindungstypus

Die Zeichen Stier, Jungfrau und Steinbock verhalten sich genau entgegengesetzt zu den drei Feuerzeichen. Stand für die Feuerzeichen der Blick hinter die Erscheinungen im Mittelpunkt, so ist bei den Erdzeichen das Wahrnehmen und das Sehen konkreter Dinge und Tatsachen zentral. Letztere tasten mit ihren Sinnen alles Erreichbare ab und prüfen dessen konkreten Wert. Pragmatismus und Effizienz kennzeichnen diesen Typus — was er nicht mit seinen Sinnen wahrnehmen kann, existiert für ihn nicht. Deshalb hat er auch kaum Zugang zur Phantasiewelt der Feuerzeichen, die für jene so wirklich ist wie für die Erdzeichen die Welt des Konkreten.

Das Bewußtsein des Erdtypus ist auf konkretes Erfahren ausgerichtet, weshalb äußerlich schöne Dinge ihm sehr wichtig sind. «Schön» ist ja etwas, das konkret wahrgenommen und anschließend beurteilt werden kann. Die Suche nach immer neuen Möglichkeiten, die für den Feuertypus so charakteristisch ist, jagt dem Erdtypus Angst ein. Ihm erscheint es zutiefst gefährlich, das, was er an Konkretem aufgebaut und erworben hat (Besitz und Sicherheit), für etwas aufs Spiel zu setzen, von dem er sich nicht einmal eine Vorstellung machen kann bzw. will. Aus seinem Sicherheitsbedürfnis heraus baut der Erdtypus lieber auf einer konkreten, soliden und praktischen Grundlage stetig an einer Zukunft, die ihm in jeder Hinsicht Halt zu bieten vermag. Geradlinig, mit viel Energie und ungeheurer Zähigkeit verfolgt er seine Ziele.

Weil er in der Welt der konkreten Dinge Halt sucht, läuft der Erdtypus Gefahr, essentielle Zusammenhänge zu übersehen. Dies kann zur Folge haben, daß er seine Erfahrungen nicht oder nur schwer auf einen Nenner zu bringen vermag. Andererseits verfügt er gerade wegen seines Festhaltens am Konkreten und Stofflichen über ein ausgezeichnetes Gefühl für Formen und Proportionen.

Der Luft- oder Denktypus

Was der Erdtypus vernachlässigt — die Fakten in einen Zusammenhang einzuordnen —, ist die starke Seite der Luftzeichen Zwillinge, Waage und Wassermann. Im Element Luft ist das abstrakte Denken wie beispielsweise beim Entwickeln von Theorien und Ideen betont. Das Bewußtsein ist in diesem Fall auf eine möglichst objektive Betrachtung und Verarbeitung der Erscheinungen und Ereignisse, die es wahrnimmt und erlebt, ausgerichtet. Über die Ergebnisse dieser Betrachtungen sprechen Menschen, die diesem Typus angehören, gerne mit anderen, was den Luftzeichen den Ruf eingetragen hat, über besondere kommunikative Fähigkeiten zu verfügen. Wegen seiner Vorliebe für logisch-sprachliche Kommunikation ist der Lufttypus häufig flexibel in Wort und Gestik. Diese Flexibilität schlägt allerdings manchmal in Unbeständigkeit um.

Der Lufttypus untersucht das Verhalten seiner Umgebung — wie auch sein eigenes — nach logischen Kriterien. Deshalb laufen Menschen, bei denen das Luftelement betont ist, Gefahr, alles rational erklären zu wollen. Sie machen auf ihre Mitmenschen oft einen kühlen und gefühllosen Eindruck und zwängen ihr Leben häufig in eine Zwangsjacke starrer Maximen, in der für Gefühlswerte kein oder nur wenig Platz ist. Der gefühlsmäßige Umgang mit den Dingen fällt ihnen schwer, denn Gefühle können nun einmal nicht rationalisiert und ebensowenig in Worte gefaßt werden. Das Gefühlsleben ist die schwache Seite des Luft- oder Denktypus.

Das Bewußtsein des Lufttypus ist darauf ausgerichtet, alle Vorstellungen und Objekte so objektiv wie möglich in einen Zusammenhang zu bringen. Aufgrund der so gefundenen Zusammenhänge gestaltet dieser Typus sein Leben. Er hat kein Auge für den Wirklichkeitsgehalt seiner Gedankenbilder und Theorien, denn sie bilden für ihn die Wirklichkeit, *seine* Wirklichkeit, so, wie die Welt der Phantasie für den Feuertypus die Wirklichkeit ist. Da der Lufttypus sich gerne in Abstraktionen verliert, ist er auch nicht unbedingt besonders praktisch veranlagt.

Der Wasser- oder Fühltypus

Wo sich das Element Luft am schwersten tut, entfalten die Wasserzeichen Krebs, Skorpion und Fische ihre größte Kraft. Diese Zeichen nehmen ihre Umwelt hauptsächlich auf rein gefühlsmäßige Weise wahr und bewerten und urteilen dementsprechend. Für die Wasserzeichen spielt der logische Zusammenhang — der für die Luftzeichen zentral ist — kaum eine Rolle. Für sie ist am wichtigsten, welches Gefühl eine Person, ein Objekt oder eine Situation hervorruft. Auf dieser Grundlage beurteilen sie alles und jeden.

Für das Bewußtsein ist das Fühlen ein schwer faßbarer Prozeß, auch dann, wenn es als superiore Funktion vorherrschend ist. Fühlen erzeugt eine bestimmte Form von «Bewußtsein im Nachhinein», weil Wasserzeichen sich (ungewollt) so sehr in andere einzufühlen und zu dem jeweils anderen zu werden vermögen, daß sie sich für gewöhnlich erst später über ihre eigene Identität klar werden — und zwar anhand dessen, was sie *nicht* sind.

Eine tiefe emotionale Anteilnahme am Geschehen ist kennzeichnend für Wasserzeichen, auch wenn dies für andere Menschen nicht immer zu erkennen ist. Manchmal sind sie so verletzlich, daß sie sich hinter einer Maske der Ausdruckslosigkeit verbergen. Deshalb wirken Menschen des Wassertypus auf andere auch keineswegs immer «warmherzig» und «einfühlsam». Der Wassertypus kann andererseits so sehr in den Prozeß des Fühlens verstrickt sein, daß ihm die Außenwelt lediglich als Impulsgeber dient, mittels dessen er seinen inneren Prozeß in Gang bringt oder hält. Auch aus diesem Grunde kann sich das Element Wasser «kalt anfühlen».

Das auf der Funktion des Fühlens beruhende Bewußtsein benötigt ständig Impulse von außen. Deshalb wirken Wasserzeichen oft fragend und verlangend, «aufsaugend» und «umhüllend». Durch ihren

Gefühlskontakt zur Außenwelt können sie buchstäblich Dinge erfühlen, die den Kern einer Sache treffen, obwohl diese sich nicht erklären lassen. Wasserzeichen fällt es für gewöhnlich sehr schwer, Schlußfolgerungen in Worte zu fassen.

Jedes Element verfügt über eine spezielle ausgebildete Fähigkeit, über eine ihm eigene Betrachtungsweise, die es meisterlich beherrscht. Keines der vier Elemente ist mehr oder weniger wert als ein anderes, und jedes ist notwendig. Wie ich bereits sagte, bilden die vier Elemente zusammen eine Totalität. Erst wenn wir in der Lage sind, uns einem Objekt vom Denken, vom Fühlen, vom Empfinden und von der Intuition her zu nähern, können wir uns ein umfassendes Urteil bilden. Häufig jedoch ist das Bewußtsein einer Funktion bzw. einem Element oder einer Mischung aus zwei Funktionen oder Elementen verhaftet, während die übrigen Elemente vom Unbewußten aus wirken. Deshalb vermag das menschliche Bewußtsein zumeist keine wirklich umfassende Betrachtungsweise zu leisten. Das menschliche Urteilsvermögen ist immer vom Wesen des Betreffenden geprägt, wie sehr sich dieser auch um Objektivität bemühen mag. Wenn wir erkennen, welche Elemente in unserem eigenen Bewußtsein dominieren, kann uns das viel über unsere eigene Sicht der Welt enthüllen, über die «Brille», durch die wir die Welt sehen.

Im Horoskop jedes Menschen sind alle vier Elemente enthalten, weil der gesamte Tierkreis die Grundlage eines jeden Horoskops ist. Doch sind die Beziehungen der Elemente zueinander von Horoskop zu Horoskop sehr unterschiedlich, und für gewöhnlich treten ein oder zwei Elemente besonders hervor. Dies entspricht den Erkenntnissen der Psychologie, die zu dem Schluß gekommen ist, daß im menschlichen Bewußtsein eine einzige Funktion vorherrscht (die superiore oder Hauptfunktion), welche in vielen Fällen durch eine (manchmal auch durch zwei) wichtige Hilfsfunktionen unterstützt wird.

Um die Besetzung der Elemente zu ermitteln, reicht es nicht festzustellen, wieviele Planeten in welchem Element stehen — damit würden wir außer acht lassen, daß bestimmte Planeten für das Bewußtsein bedeutsamer sind als andere. Wir dürfen nicht aus dem Auge verlieren, daß die Elemente jeweils einer bestimmten Haltung unseres Bewußtseins entsprechen, wodurch automatisch die persönlichen Planeten größeres Gewicht erhalten. Kennen wir erst einmal das im Bewußtsein vorherrschende Element (bzw. die beiden vorherrschenden Elemente), so wissen wir damit auch, daß die übrigen Elemente mit dem Unbewußten des Betreffenden verbunden sind. In den Beispielen auf den folgenden Seiten werden wir uns noch näher mit dieser Thematik befassen.

Zu den persönlichen Faktoren des Horoskops zählen vor allem Sonne, Mond, Merkur und der Aszendent. Auf eine etwas andere Weise sind auch die Himmelsmitte (MC) und die Position des Herrschers des Aszendenten zu berücksichtigen, doch sind sie ersteren untergeordnet und nur in Zweifelsfällen von ausschlaggebender Bedeutung. Auch Venus und Mars sind persönliche Planeten — sie sind in etwa der Himmelsmitte und dem Herrscher des 1. Hauses vergleichbar. Die Planeten Jupiter und Saturn nehmen eine Zwischenposition ein, während die hinter Saturn liegenden Planeten Uranus, Neptun und Pluto eindeutig als unpersönlich zu bezeichnen sind. Sie repräsentieren ganze Zeitalter, die unter dem Einfluß eines Zeichens stehen, und bringen eher charakteristische Merkmale des Zeitgeschehens als individuelle Eigenschaften zum Ausdruck. Natürlich können sie auch dem menschlichen Charakter eine bestimmte Färbung geben — allerdings nur, wenn sie im Horoskop eine besonders hervorgehobene Position einnehmen. In jedem Fall jedoch ist ihre Bedeutung unpersönlich und noch größtenteils mit dem Unbewußten der menschlichen Psyche verbunden. Ihre Reaktionen sind bis zum gegenwärtigen Zeitpunkt unkontrollierbar bzw. unbeherrschbar. Manchmal äußern sie sich sehr abrupt (Uranus); sie entziehen sich in unserer Zeit noch der Kontrolle des menschlichen Bewußtseins und Willens.

Wenn in einem Horoskop ein bestimmtes Element mit vier Planeten besetzt ist — zum Beispiel Saturn, Uranus, Neptun und Pluto (ein sehr hypothetischer Fall!) — und ein anderes Element nur mit zwei — beispielsweise Sonne und Mond —, dann übt letzteres auf das Bewußtsein in jedem Fall einen größeren Einfluß aus; es dominiert die Weltsicht des Betreffenden, hat also einen stärkeren Einfluß als das Element, das mit den unpersönlichen Planeten besetzt ist. Natürlich wirkt sich auch das Element mit den unpersönlichen Inhalten aus, doch *wie* es dies tut, hängt von seiner Beziehung zu dem Element ab, in dem Sonne und Mond stehen.

Das Ich wird im Horoskop durch die Sonne symbolisiert. Verallgemeinernd gesagt, identifiziert sich das Ich mit einer bestimmten psychologischen Funktion (bzw. mit einem bestimmten astrologischen Element). Folglich ist das Element, in dem die Sonne steht, stets von großer Bedeutung; es zeigt jedoch nicht zwangsläufig die vorherrschende Funktion des Bewußtseins an — darüber muß der

Rest des Horoskops Aufschluß geben. Jedoch kann man nach meiner Erfahrung ohne Einschränkung sagen, daß der Sonne bezüglich der Elementenbesetzung eine besondere Rolle zukommt.

Die Besetzung der Elemente

Eine Grundregel der Astrologie besagt, daß die Planeten in den Zeichen die *Anlage* widerspiegeln, während die Planeten in den Häusern über die (Lebens-)*Umstände* Aufschluß geben. Die Umstände lassen den Menschen im Laufe seines Lebens bestimmte Erfahrungen machen, durch die er Gelegenheit erhält, seinen Charakter in einigen Punkten zu korrigieren, was dann oft unbewußt geschieht. Wenn sich jemand oft genug die Finger am Herd verbrennt, wird er schließlich vorsichtig mit Herdplatten umgehen, auch wenn er noch so leichtsinnig ist. Durch Erfahrung lernt er auf schmerzhafte Weise, daß er etwas an seinem Verhalten (bzw. an seiner Einstellung oder an seinem Charakter) ändern muß, wenn er sich nicht immer wieder verletzen will.

Es sind die astrologischen Häuser, die das Erfahrungsspektrum widerspiegeln, dem sich ein Mensch im Laufe seines Lebens gegenübersieht. Die Umstände konfrontieren ihn mit Erfahrungen, die ihm die Chance geben, im Laufe seines Lebens in den verschiedenen Lebensbereichen ein seiner Person entsprechendes Verhalten zu entwickeln. Dieses muß keineswegs irgendwelchen allgemein akzeptierten Maßstäben entsprechen. Das Horoskop zeigt, was einem Menschen wesenseigen ist, nicht, in welchem Maße diese Inhalte der herrschenden Moral entsprechen.

Da die Häuser die vielen Entwicklungsmöglichkeiten widerspiegeln, die sich dem Menschen bieten, müssen auch sie im Schema der Elementenbesetzung berücksichtigt werden. Die Häuser spiegeln nicht nur unsere Umstände und Erfahrungsmöglichkeiten wider, sondern stellen gleichzeitig einen wesentlichen Bestandteil unserer Psyche dar. Wenn die traditionelle Astrologie aufgrund von Erfahrungswissen sagt, daß mit der Stellung eines Planeten in einem Haus eine Betonung eines Lebensbereiches einhergeht, so muß es in der Psyche des Menschen «etwas» geben, das eine Auseinandersetzung mit diesem Bereich bewirkt. Hier wird die Gültigkeit des uralten Gesetzes «wie oben, so unten» bzw. «wie innen, so außen» bestätigt. Was wir an psychischen Faktoren in uns tragen, spiegelt sich in unseren Umständen wider. Somit sind die Häuser, die in den Umständen zum

Ausdruck kommen, der Spiegel unserer inneren Welt, durch den wir sehr viel über uns selbst erfahren können.[6]

So, wie wir die Zeichen des Tierkreises den vier Elementen zuordnen, können wir dies auch mit den zwölf Häusern tun, und zwar folgendermaßen:

Element	**Zeichen / Nummer**	**Haus**
	Widder (1)	1. Haus
FEUER	Löwe (5)	5. Haus
	Schütze (9)	9. Haus
	Stier (2)	2. Haus
ERDE	Jungfrau (6)	6. Haus
	Steinbock (10)	10. Haus
	Zwillinge (3)	3. Haus
LUFT	Waage (7)	7. Haus
	Wassermann (11)	11. Haus
	Krebs (4)	4. Haus
WASSER	Skorpion (8)	8. Haus
	Fische (12)	12. Haus

Die Zahlenfolge der Feuerhäuser stimmt also mit derjenigen der Feuerzeichen überein, die der Erdhäuser mit derjenigen der Erdzeichen usw. Meiner Erfahrung nach wird der Einfluß der Planeten in den Häusern, was die Besetzung der Elemente betrifft, mit zunehmendem Alter stärker.

Um ein Schema der Elementenbesetzung zu erstellen, analysieren wir Horoskop 1 auf Seite 53 (Fred).

Elemente	in den ***Zeichen***	in den ***Häusern***	gesamt
Feuer	♃ ♇	♇ ☿	4
Erde	☿ ☉ ♂ ♄ MC	☉ ♂ ♄ ♆	9
Luft	♀ ♆	♀	3
Wasser	♅ AS ☽	☽ ♃ ♅	6

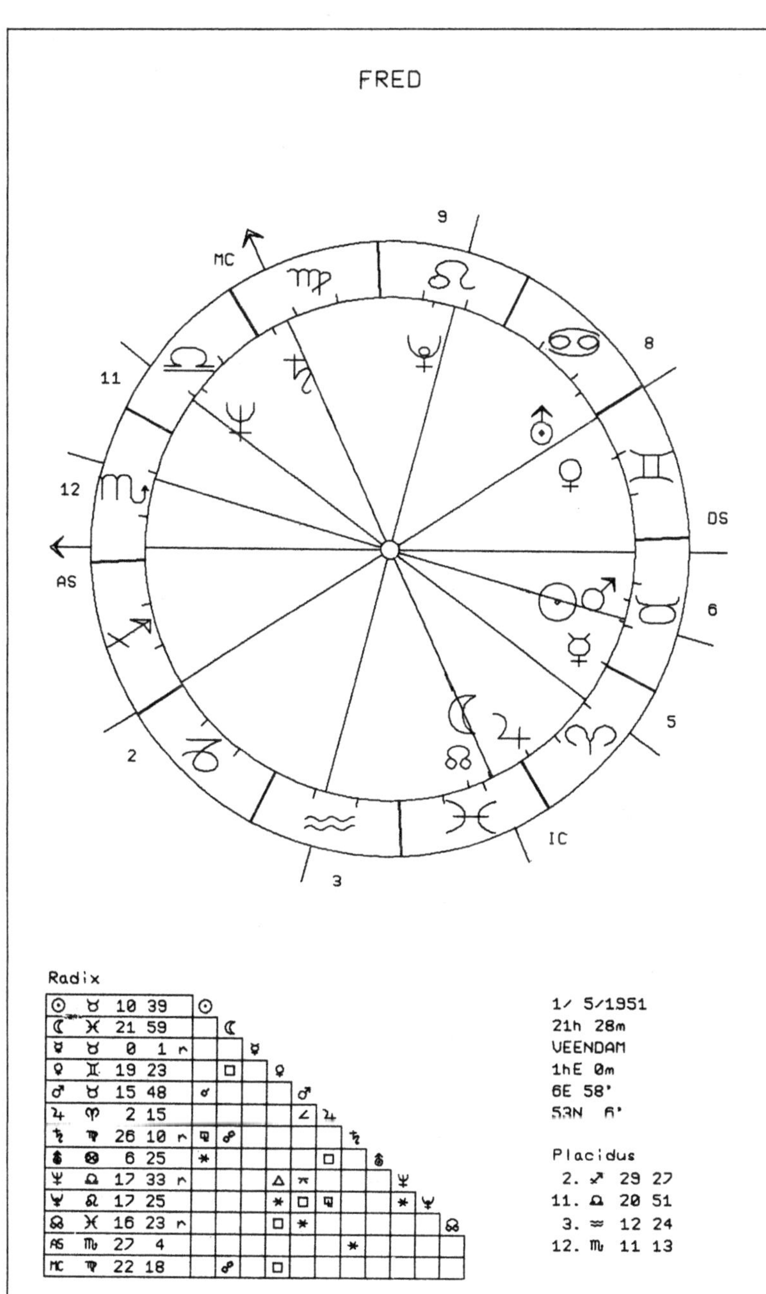

					☉	☽	☿	♀	♂	♃	♄	♅	♆	♇	☊
☉	♉	10	39												
☽	♓	21	59												
☿	♉	0	1	r											
♀	♊	19	23			□									
♂	♉	15	48		☌										
♃	♈	2	15						∠						
♄	♍	26	10	r	⚼	☍									
♅	♋	6	25		✱					□					
♆	♎	17	33	r				△	⚻						
♇	♌	17	25					✱	□	⚼			✱		
☊	♓	16	23	r				□	✱						
AS	♏	27	4								✱				
MC	♍	22	18			☍		□							

1/ 5/1951
21h 28m
VEENDAM
1hE 0m
6E 58'
53N 6'

Placidus
2. ♐ 29 27
11. ♎ 20 51
3. ♒ 12 24
12. ♏ 11 13

Wir tragen hinter jedem Element die Symbole der darin befindlichen Planeten ein und anschließend die Symbole der Planeten, die in den dazugehörigen Häusern stehen. Wir können die Zahl der Planeten in den Zeichen und Häusern zusammenzählen, doch dürfen wir dabei nicht vergessen, daß es sich bei dem Ergebnis um eine quantitative, keinesfalls um eine qualitative Größe handelt. Wenn sich viele Planeten im gleichen Element befinden, und wenn es sich dabei hauptsächlich um unpersönliche Planeten handelt, so bedeutet das noch lange nicht, daß das betreffende Element auch das im Bewußtsein vorherrschende ist. Die Tabelle dient vielmehr dazu, daß wir uns mit ihrer Hilfe schnell eine Übersicht über die Besetzung der Elemente bezüglich der persönlichen und weniger persönlichen Faktoren verschaffen können.

Beim Anfertigen der Tabelle sind folgende Punkte zu beachten:

1. In der Spalte «Zeichen» tragen wir auch die Position des Aszendenten (gekennzeichnet durch AS) und der Himmelsmitte (MC) ein. In der Spalte «Häuser» ist dies nicht möglich, weil Aszendent und MC ja die Spitzen der Häuser 1 und 10 bilden.

2. Insgesamt müssen in der Tabelle zweimal zehn Planeten (einschließlich Sonne und Mond) eingetragen sein und jeweils einmal AS und MC, was die Endsumme 22 ergibt. Bei einem anderen Ergebnis ist uns beim Eintragen ein Fehler unterlaufen. Die Endsumme 22 ermöglicht also eine rasche Kontrolle.

3. Manchmal steht ein Planet sehr nahe an der Spitze des nachfolgenden Hauses, wie es in Horoskop 1 beim Mond der Fall ist. Planeten in einer solchen Position werden dem dann folgenden Haus zugerechnet. Deshalb wird der Mond in diesem Beispiel nicht dem 3., sondern dem 4. Haus zugeordnet. Als allgemeine Regel kann man formulieren:

a) Wenn ein Planet weniger als vier Grad von der Spitze eines *Eckhauses* entfernt steht, geht man davon aus, daß er seine Wirkung im Eckhaus entfaltet. Eckhäuser sind das 1., 4., 7. und 10. Haus.
b) Ist ein Planet weniger als drei Grad von der Spitze eines der übrigen Häuser entfernt, so entfaltet er seine Wirkung in dem folgenden Haus.

Ein wesentlich kleinerer Orbis wird zugrundegelegt, wenn es sich um einen rückläufigen Planeten handelt wie zum Beispiel Neptun in Horoskop 1. Neptun ist weniger als drei Grad von der Spitze des 11. Hauses entfernt; da er jedoch rückläufig ist, wird er dem 10. Haus zugeordnet. Nur wenn er genau an der Spitze gestanden hätte, wäre er dem 11. Haus zugerechnet worden.

Ich möchte allerdings einschränkend hinzufügen, daß diese in der Praxis durchaus nützliche Regel mit einem gewissen Maß an Unsicherheit konfrontiert, da die Geburtszeit bei diesem Verfahren genau bekannt sein muß. Schon eine geringe Abweichung kann zur Folge haben, daß ein Planet einem falschen Haus zugeordnet wird. Deshalb ist hier mit Vorsicht vorzugehen.

Diese Regel ist im übrigen ausschließlich auf die Häuser und nicht in bezug auf die Zeichen anzuwenden. Für die Planeten in den Zeichen gilt: *Wie nahe sie auch an der Grenze zum nächsten Zeichen stehen mögen, sie werden stets demjenigen zugeordnet, in dem sie tatsächlich stehen.* Für eine verfeinerte Interpretation wird man natürlich auch Übergangspositionen berücksichtigen, doch für das Schema der Elementenbesetzung ist von ausschlaggebender Bedeutung, in welchem Zeichen ein Planet *tatsächlich* steht.

Deutungsregeln für die Besetzung der Elemente

Wenn wir unser erstes Beispielhoroskop, das von Fred, genauer anschauen, fällt bezüglich der Anlage (Planeten in den Zeichen) sofort auf, daß das Element Erde stark mit persönlichen Faktoren besetzt ist, nämlich mit Sonne, Merkur, der Himmelsmitte und mit Mars. Untersuchen wir die Umstände (Planeten in den Häusern), so stellen wir fest, daß sich Sonne und Mars auch dort im Element Erde befinden, was den Vorrang dieses Elements noch unterstreicht. Ebenfalls gut vertreten, wenn auch weniger als Erde, ist das Element Wasser: Hier stehen in der Anlage Aszendent und Mond als persönliche Faktoren (Uranus ist kein persönlicher Faktor). Der Mond bleibt auch bezüglich der Umstände im Element Wasser, so daß auch dieses hervorgehoben wird.

Merkur, in der Anlage dieses Horoskops ein Erd-Planet, wechselt in bezug auf die Umstände zum Element Feuer. Trotzdem ist das Element Feuer bei den persönlichen Planeten nur sehr schwach vertreten wie auch — sowohl in der Anlage als auch in den Umständen — das Element Luft, in dem sich nur Venus befindet. Nur selten befinden sich alle Planeten in den Umständen im gleichen Element wie in der Anlage; häufiger ist es, daß einige Planeten in der Anlage und in den

Umständen im gleichen Element stehen. Abschließend können wir sagen, daß das Element Erde in diesem Horoskop dominiert und am stärksten betont ist und daß das Element Wasser an zweiter Stelle folgt.

Für Horoskop 2 auf Seite 57 (Marilyn Monroe) ergibt sich folgende Besetzung der Elemente:

Elemente	in den ***Zeichen***	in den ***Häusern***	gesamt
Feuer	♀ AS ♆	♆ ⛢	5
Erde	MC	♀	2
Luft	☿ ☉ ☽ ♃	☉ ☿ ♃ ☽	8
Wasser	♇ ♄ ♂ ⛢	♄ ♂ ♇	7

Hier bietet sich uns ein völlig anderes Bild. Zweifellos ist bei Marilyn Monroe Luft das wichtigste Element, da hier die meisten persönlichen Faktoren zu finden sind. Auch bezüglich der Umstände verbleiben diese im Luftelement. Die anderen drei Elemente sind ungefähr gleich stark vertreten: Wasser enthält zwar die meisten Planeten, doch handelt es sich vorwiegend um solche, die sich nicht so sehr auf den Einzelnen wie auf ganze Generationen auswirken. Feuer enthält Venus und den Aszendenten in der Anlage, doch Venus äußert sich in Erd-Umständen, während dieses Element ansonsten kaum besetzt ist. Ein zweites bedeutsames Element tritt hier nicht eindeutig zutage.

In diesen beiden Beispielhoroskopen ist es ziemlich einfach, das für das Bewußtsein wichtigste Element zu bestimmen. In vielen anderen Horoskopen jedoch liegen die Dinge wesentlich komplizierter. Die persönlichen Faktoren sind oft so breit gestreut, daß der Astrologe auf den ersten Blick kaum ein dominierendes Element erkennen kann. Wenn beispielsweise die Sonne im Widder (Feuer), der Mond im Stier (Erde) und Merkur in den Fischen (Wasser) steht und wenn der Aszendent Waage (Luft) ist, stehen die vier wichtigsten persönlichen Faktoren in der Anlage in verschiedenen Elementen. Die Stellung der Planeten in den Häusern gibt in solchen Fällen weiteren Aufschluß. Der Astrologe weiß dann, daß ein wichtiger persönlicher Faktor zeitlebens stark mit dem Unbewußten der betreffenden Person verbunden bleibt, welche Bewußtseinsfunktion oder welches Element sich auch schließlich als am stärksten herausstellen mag. Dies hat natürlich spezielle Konsequenzen für die Charakterstruktur.

MARYLIN MONROE

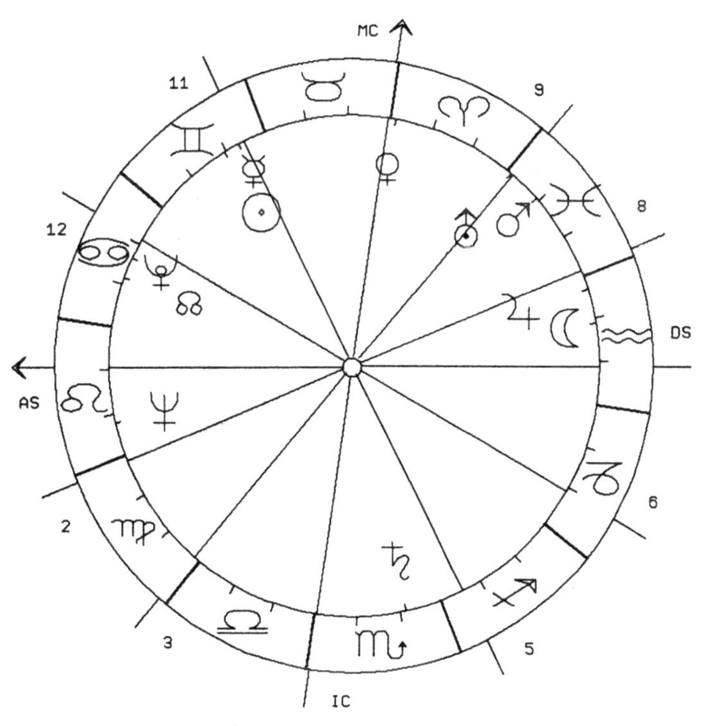

Radix

			☉	☽	☿	♀	♂	♃	♄	♅	♆	♇	☊
☉	♊	10 26											
☽	♒	18 53											
☿	♊	6 46	☌										
♀	♈	28 45											
♂	♓	20 44		⚺									
♃	♒	26 51				✱							
♄	♏	21 27 r		□			△						
♅	♓	29 0				⚺							
♆	♌	22 14		☍			⚻		□				
♇	♋	13 24						Q					
☊	♋	18 16 r		⚻			△						
AS	♌	8 45	✱		✱								
MC	♉	0 32				☌							

1/ 6/1926
17h 9m
LOS ANGELES
0hE 0m
118W 15'
34N 4'

Placidus
2. ♍ 1 25
11. ♊ 5 25
3. ♍ 28 26
12. ♋ 8 51

Ich möchte dies anhand einer kurzen Erläuterung der vier Bewußtseinsfunktionen der Jungschen Psychologie — insofern diese für die Astrologie von Bedeutung sind — verdeutlichen. Hierbei kann an die Stelle des Begriffs *Bewußtseinsfunktion* auch der Begriff *Element* in seiner strengen astrologischen Bedeutung gesetzt werden.

Wie bereits in Kapitel 1 erläutert, unterscheiden wir die vier Bewußtseinsfunktionen Denken, Fühlen, Empfinden und Intuition, welche zwei Paare bilden: Denken und Fühlen (die eine Situation beurteilen) und Empfinden und Intuition (die eine Situation wahrnehmen). Das erste Paar (Denken und Fühlen, also Luft und Wasser) wird als bewertend bezeichnet. C. G. Jung nennt diese Funktionen «rational», was etwas verwirrend klingt. Der bewertende oder rationale Funktionstypus beschäftigt sich viel stärker mit der Beurteilung eines Objekts oder einer Situation aufgrund der Bedeutung (Denken) oder des Werts (Fühlen) derselben als mit dem Objekt oder der Situation selber.

Die anderen beiden Funktionen werden wahrnehmend oder «irrational» genannt (wobei der Begriff irrational hier lediglich beschreibend und keinesfalls wertend zu verstehen ist). Sowohl Empfinden (Erde) als auch Intuition (Feuer) beziehen sich viel stärker auf das Objekt selbst: Das Empfinden nimmt die Form wahr bzw. wie etwas aussieht, während die Intuition erkennt (im Sinne eines inneren Schauens), woher das Objekt kommt oder wohin es sich entwickeln kann. Anders ausgedrückt: Die Intuition sieht eher die Beziehung der Dinge zueinander in einem von der Zeit unabhängigen Zusammenhang, viel stärker als die Dinge selber, wodurch die Veränderung der Form stärker wahrnehmbar wird.

Es ergibt sich folgendes Schema der Elementen- bzw. Funktionspaare:

Denken	— Luft	rational/bewertende
Fühlen	— Wasser	Funktion (bzw. Element)
Empfinden	— Erde	irrational/wahrnehmende
Intuition	— Feuer	Funktion (bzw. Element)

Innerhalb dieser paarweisen Zuordnung können wir noch eine andere, besonders wichtige Beziehung feststellen. Die Funktionen, die ein Paar bilden, sind einander hinsichtlich ihrer Art der Weltsicht genau entgegengesetzt. Der Empfindungstypus beispielsweise wird sich immer mit dem konkret Wahrnehmbaren des jeweiligen Augenblicks beschäftigen und schon allein deshalb über jegliche Formveränderungen dieses Objektes in Vergangenheit und Zukunft «hinwegsehen» müssen, weil er sonst in die Beziehung hinübergleitet, in der das Objekt zu anderen — nicht realen, aber potentiellen — Objekten oder Situationen steht. Der ebenfalls diesem Paar angehörende intuitive Typus verhält sich genau entgegengesetzt zum Empfindungstypus. Beide nehmen jedoch wahr — wobei allerdings der Brennpunkt der Wahrnehmung des einen sich so kraß von dem des anderen unterscheidet, daß wir von einem polaren Gegensatz sprechen können (dabei ist es unwesentlich, ob man sich der eigenen Funktion tatsächlich bewußt ist).[7]

Bei der Unterteilung der Bewußtseinsfunktionen sind zwei Polaritäten im Spiel, denn Fühlen und Denken (Wasser und Luft) sind einander ebenso entgegengesetzt wie Empfinden und Intuition (Erde und Feuer). Astrologisch bedeutet dies, daß die Elemente Luft und Wasser — wie auch Erde und Feuer — in einer starken Spannung zueinander stehen, da sie psychische Gegensätze beschreiben. Wenn in einem Horoskop zwei Elemente stark betont sind, die zum gleichen Gegensatzpaar gehören, so erzeugt dies eine Art «elementare Spannung»: Da die beiden Elemente miteinander unvereinbar und einander entgegengesetzt sind, kann nur eine einzige Funktion vom Bewußtsein richtig genutzt werden, während die andere notgedrungen dem Unbewußten verhaftet bleibt. Etwas mehr innere Harmonie oder zumindest weniger innere elementare Spannung weisen die Horoskope auf, in welchen sich zwei Elemente herauskristallisieren, die einander nicht entgegengesetzt sind.

Im Freds Horoskop haben wir eine starke Erde/Wasser-Anlage vorgefunden. Da Erde und Wasser keine polaren Gegensätze sind, ist die innere Spannung hier nicht groß. Im Horoskop von Marilyn Monroe hingegen gibt es eine starke Luft-Anlage, wobei von den übrigen drei Elementen Wasser die meisten Faktoren enthält. Obgleich diese unpersönlich sind, verursachen sie große Schwierigkeiten, da sie den Bewußtseinsfaktoren der Luft entgegengesetzt sind.

Zusammenfassung: Nachdem wir die Besetzung der Elemente eines Horoskops festgestellt und das eventuell dominierende Element bestimmt haben, erkennen wir, ob es in der Grundstruktur des Charakters tiefliegende «elementare» Spannungen gibt, die von den vorherrschenden, jedoch gegensätzlichen Elementen erzeugt werden, oder ob die vorherrschenden Elemente sich in einem Zustand der Harmonie befinden. Das Vorhandensein einer mehr oder weniger starken Spannung ist später bei der Analyse der Aspekte von größter Wichtigkeit.

Wir können nun die Beziehung zwischen den einzelnen Elementen folgendermaßen darstellen:

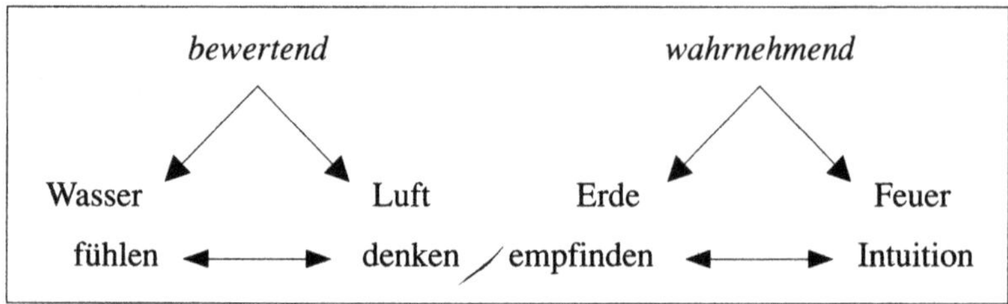

Die einander gegenüberliegenden Elemente befinden sich stets in einem Spannungsverhältnis zueinander, während die flankierenden Elemente mit diesem harmonieren. So ist die Beziehung von Wasser zu Luft gespannt; Wasser harmoniert jedoch mit Erde oder Feuer.

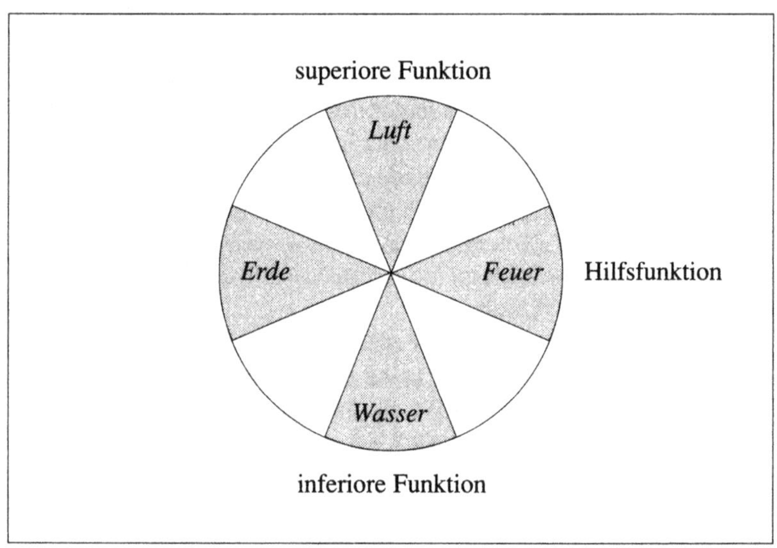

Wasser besitzt allerdings eine größere Affinität zur Erde als zum Feuer, weil diese beiden nach innen gekehrt sind, während Feuer sehr überschwenglich und nach außen gerichtet ist. Doch besteht zwischen Feuer und Wasser keine so große Spannung wie zwischen Feuer und Luft — Feuer vermag das Element Wasser eher zu «verstehen» als das diesem entgegengesetzte Element Luft. Das Element Feuer kann Wasser ein ganzes Stück in dessen Traumwelt folgen — welche frei von Abstraktionen und voller Phantasien und Möglichkeiten ist —, ohne sich selbst Gewalt anzutun. Das Element Luft hingegen, das genaue Gegenteil des Wassers, vermag dieser Haltung keinerlei Verständnis entgegenzubringen, da sich Luft hauptsächlich an Logik und Theorien orientiert.

In meiner Praxis ist es hin und wieder vorgekommen, daß bestimmte Konfliktaspekte in einem Horoskop, die aus einander nicht entgegengesetzten Elementen gebildet wurden — beispielsweise ein Quadrat von den Zwillingen (Luft) zur Jungfrau (Erde), — deutlich übertroffen wurden von Konfliktaspekten, die entgegengesetzten Elementen entsprangen, beispielsweise durch ein Quadrat zwischen Jungfrau (Erde) und Schütze (Feuer). Wenn wir beurteilen wollen, wie stark sich die einzelnen Aspekte und andere wichtige Deutungsfaktoren im Horoskop auswirken, so müssen wir immer die Besetzung der Elemente als Hintergrund unserer Deutung miteinbeziehen. Die Besetzung der Elemente ist einer der grundlegenden Faktoren des Horoskops.

Das Ausmaß der inneren «elementaren» Spannung zu bestimmen (die übrigens keinesfalls negativ beurteilt werden darf, da sie der Motor unseres Wachstumsbestrebens ist), ist der erste Schritt bei der Deutung der Elementenbesetzung. Mit Hilfe der stärksten Bewußtseinsfunktion oder auch des stärksten Elements passen wir uns in unserer Kindheit auf eine bestimmte Weise an die Außenwelt an und reagieren auf sie. Das stärkste Element muß deshalb auch schon in der Anlage relativ stark sein — die für das Bewußtsein wichtigen Planeten müssen in den Zeichen dieses Elements stehen. Je älter wir werden, um so größer wird der Einfluß der Häuser und um so stärker kann sich die Gesamtheit aller Faktoren auswirken. In der Kindheit jedoch wirken sich hauptsächlich die Planeten der Anlage aus.

In unseren beiden Beispielhoroskopen bleibt das Element, das in der Anlage dominierte, infolge der Betonung der Häuser des gleichen Elements auch später im Leben stark. Bei einer derartigen Betonung eines Elements können wir davon ausgehen, daß der Betreffende die Haltung, die er entsprechend seiner Anlage schon in seiner Kindheit unbewußt entwickelte, sein gesamtes weiteres Leben beibehalten und alles, was ihm auf seinem Weg begegnet, aus dieser Perspektive betrachten wird.

Die Bewußtseinsfunktion, die sich immer weiter entwickelt und die für unsere bewußte Sicht der Welt bestimmend ist, wird in der Jungschen Psychologie als superiore Funktion oder Hauptfunktion bezeichnet. Entsprechend können wir in der Astrologie von einem superioren Element oder einem Hauptelement sprechen. In Freds

Horoskop ist dies in der Anlage (Zeichen) und in den (Lebens-)Umständen (Häuser) das Element Erde, im Horoskop von Marilyn Monroe ist Luft das superiore Element. In diesen beiden Horoskopen haben sich die jeweils superioren Elemente Erde und Luft schon in der Kindheit entwickelt. Eine solche Entwicklung vollzieht sich in Form einer immer weiter fortschreitenden Differenzierung: Das superiore Element unterscheidet sich immer stärker von den übrigen Funktionen oder Elementen, indem wir und weil wir es immer besser und reiner nutzen. Das Element wirkt sich schließlich so natürlich aus, daß wir uns nicht einmal bewußt sind, daß wir in der für das Element kennzeichnenden Weise handeln. Ein Lufttypus beispielsweise wird völlig automatisch, ohne auch nur einen Augenblick lang «nachzudenken», alles, was ihm begegnet, sofort unter dem Blickwinkel seiner Denk-Kriterien betrachten und behandeln.

Gegenüber der deutlich entwickelten superioren Funktion steht eine Funktion oder ein Element, das mit dem unbewußten Teil der Psyche verbunden ist, weshalb es sich der Herrschaft des Willens und des Bewußtseins entzieht. Wir nennen diese Funktion inferior; sie wird astrologisch durch das Element repräsentiert, das dem superioren Element entgegengesetzt ist. Wenn also Feuer das superiore Element ist, wird Erde zum inferioren; ist Luft das superiore Element, dann wird Wasser zum inferioren usw.

In Freds Horoskop ist das Element Erde das superiore, woraus folgt, daß das Element Feuer mit dem Unbewußten verbunden ist. Die Planeten, die in den Feuerzeichen stehen, wirken daher aus dem Unbewußten: Jupiter (im Widder) und Pluto (im Löwen). Nun symbolisiert Pluto in der menschlichen Psyche etwas vom Bewußtsein nicht Beherrschbares, das mit dem Unbewußten assoziiert wird. Es ist jedoch wichtig zu wissen, daß Pluto Teil des inferioren Elements ist. Pluto kann sich in der Psyche auf unterschiedliche Weise äußern, beispielsweise in Form von Machtbedürfnis oder -demonstration, in geistigen Kraftproben und ähnlichem — um nur einige der vielen möglichen Auswirkungen zu nennen. Steht Pluto nun im Horoskop eines Menschen im inferioren Element, so wird sich dieser nur sehr schwer bewußt, daß er diese Eigenschaften hat. Außerdem ist es kennzeichnend für eine Auswirkung des Unbewußten, daß sie in den ungelegensten Augenblicken ins Bewußtsein einbrechen und dort «störend» wirken kann. Tritt dies ein, so kann sich ein ansonsten ruhiger und sensibler Erde/Wasser-Mensch plötzlich in einen erbitterten Machtkampf verstricken und zum Erstaunen aller ungeahnte Hartnäckigkeit entwickeln.

Es ist auch wichtig zu wissen, daß die Psyche immer einen Gleichgewichtszustand anstrebt und daß dem Unbewußten in diesem Zusammenhang eine kompensierende Funktion zukommt. Je stärker das Bewußtsein und je fester das Bild ist, das man von sich selbst aufgebaut hat, um so stärker äußert sich das Unbewußte mittels unbewußter Gegenreaktionen. Das Ausmaß, in dem diese Gegenreaktionen Störungen verursachen, hängt von der Bereitschaft oder vom Vermögen des Bewußtseins ab, derartige Impulse zu verarbeiten oder zu integrieren. Wenn nun in einem Horoskop zwei einander entgegengesetzte Elemente stark vertreten sind, muß, wenn sich das eine als superiore Funktion entwickelt, das andere zwangsläufig zum inferioren Element werden. Wenn das inferiore Element ebenfalls stark vertreten ist, sind die unbewußten inneren Reaktionen besonders heftig und können das Bewußtsein permanent unter Beschuß halten.

Im Horoskop von Marilyn Monroe sehen wir, daß dem Element Luft eine starke Wasserbesetzung gegenübersteht, obgleich dieses Element kaum persönliche Faktoren enthält. Doch die Faktoren, die innerhalb des Elements Wasser ihre Wirkung entfalten, bilden auf unterschiedliche Weise einen mächtigen Gegenpol zum Bewußtsein. Wird eine solche Polarität zu stark, kann die inferiore Funktion zwanghafte Handlungen initiieren, deren Ursprung dem Betroffenen möglicherweise verborgen bleiben. Bei einer starken Luft/Wasser-Polarität beispielsweise, mit Luft als superiorem Element, nimmt jemand seine Welt aus der Perspektive seiner Denkstrukturen wahr und verarbeitet alles von dieser Position aus, doch aufgrund seines starken Wasserelements ist er ebensosehr vom Unlogischen und Emotionalen fasziniert und läßt sich vielleicht sogar von sentimentalen Gefühlen mitreißen. Plötzliche Gefühlswallungen, das unbegründbare Gefühl, daß trotz der rationalen Weltsicht irgend etwas fehlt, sentimentale Verliebtheiten und ähnliches sind allesamt Ausdrucksweisen, durch die diese andere Seite immer wieder zutage tritt. Sie nagt an den Fundamenten des Gebäudes, mit dem man sich identifiziert (in diesem Fall dem Element Luft) und läßt Zweifel und Unsicherheit zurück.

Manchmal können wir beobachten, daß solch ein Mensch das «oberirdische» Gebäude seines Denkens abzusichern versucht: Er zerbricht sich über den Verlauf der Ereignisse den Kopf, versucht die Welt in noch exakteren Gedankenstrukturen zu erfassen und wird dadurch mental immer unflexibler. Diese geringer werdende Beweglichkeit seines Bewußtseins ruft gleichzeitig heftige unbewußte Gefühlsreaktionen hervor, die das Bewußtsein in noch stärkerem Maße als zuvor so lange überfluten, bis — mit oder ohne Krise — ein Gleichgewichtszustand zwischen Bewußtsein und Unbewußtem wiederhergestellt wird — was oft erst eintritt, nachdem die vollkommene Unzulänglichkeit des eigenen Gedankengebäudes in allen seinen Formen erfahren und akzeptiert worden ist.

Menschen mit einer solchen Funktionsverteilung steuern ihr Leben im Grunde nicht von ihrem Bewußtsein her — sofern dies überhaupt möglich ist —, sondern sie «werden» in Wahrheit von ihrer inferioren Funktion «gelebt», in diesem Fall vom Element Wasser. C. A. Meier hat hierzu gesagt:

»Denn die per definitionem inferiore Funktion ist uns oft, wenigstens bei unserem Partner, viel auffälliger als die differenzierte. Bei einem ausgeprägtem Denktypus fällt uns zum Beispiel sein mißliches Gefühlsleben viel schneller auf als sein tadelloses Denken.«[8]

Es ist eine zunächst überraschende, aber häufig zu beobachtende Tatsache, daß der vom Element Feuer bestimmte Mensch sich über materielle Angelegenheiten aufregt, während der Erdtypus in der gleichen Situation wegen seiner speziellen Ausrichtung auf das konkrete Leben keinen Grund zur Aufregung sieht. Solch ein Verhalten entsteht, wenn das Element Feuer stark betont ist (wenn es zum Beispiel Sonne und Mond enthält), aber gleichzeitig auch das Element Erde mit wichtigen persönlichen Faktoren besetzt ist (z.B. Merkur und Aszendent). Wenn Feuer zum superioren bzw. zum Hauptelement wird, erzeugt das auf das Erwerben von Sicherheiten gerichtete Element Erde vom Unbewußten aus starke Gegenreaktionen, und zwar jedesmal, wenn das Feuerelement ein großes Bedürfnis nach Freiheit, verrückten Abenteuern und ähnlichem überkommt. So kann ein Geschäftsmann, bei dem diese Besetzung der Elemente vorliegt, hinter seinem Schreibtisch die phantastischsten und kühnsten Pläne schmieden, bei deren Verwirklichung aber doch — will er schlaflose Nächte vermeiden — der Sicherheit Vorrang geben «müssen».

Ein anderes Beispiel dafür, wie sich eine starke Spannung zwischen Feuer und Erde bei einem Feuertypus äußern kann, ist die Aussage: »Ich würde gerne auf Teilzeitarbeit überwechseln, um mehr Zeit und Freiheit für mich selbst zu haben, aber dazu brauche ich mindestens einen Hunderttausender als Sicherheit auf der Bank!« Ein Astrologe würde dazu vielleicht sagen, daß die Erklärung für diesen Satz in der Erdcharakteristik des Horoskops dieses Menschen zu suchen ist, ohne daß er dabei das Verhältnis zwischen Bewußtsein und Unbewußtem erwähnt. Zu dieser oft gehörten Begründung möchte ich anmerken, daß man, wenn man die wesentlichen Merkmale der superioren und der inferioren Funktion außer acht läßt, lediglich das Vorhandensein psychischer Faktoren konstatieren kann, die durch ein bestimmtes Element eingefärbt werden, während ihre Funktionsweisen innerhalb der Psyche — deren Beschreibung ja eigentlich das Ziel einer Charakteranalyse ist — völlig unklar bleiben. Zunächst ist auf diese Weise nicht festzustellen, woher das deutlich erkennbare zwanghafte Verhalten rührt, das nur mit unbewußten Impulsen in Verbindung gebracht werden kann. Das vom Willen lenkbare Bewußtsein unterliegt diesen Zwängen ja nicht; das ungreifbare, nicht lenkbare Unbewußte dagegen läßt sehr wohl die Frage nach diesen Impulsen aufkommen.

Andererseits verleiht die Polarität zwischen der superioren und der inferioren Funktion der menschlichen Motivation wesentlich mehr Tiefe: Der Mensch muß nun herausfinden, inwieweit er bestimmte Dinge wirklich will und in welchen Punkten er so empfindlich ist, daß er bei der kleinsten Störung außer sich gerät. Der folgende Ausspruch von Toni Wolff ist nur allzu wahr:

»Die Problematik der typologischen Gegensätzlichkeit ist sehr häufig — bei tüchtigen und der Außenwelt angepaßten Menschen in der Regel — der eigentliche, wenn auch unbewußte Grund einer Neurose und damit auch das Problem, das in solchen Fällen in der psychologischen Analyse am Anfang die größte Rolle spielt.«[9]

Bis jetzt war nur von Horoskopen von Erwachsenen die Rede, die ihr Leben — zumindest zum Teil — schon gemäß ihrer Umstände ausgerichtet haben, und bei denen wir schon die Gesamtbesetzung des Horoskops in unsere Interpretation miteinbeziehen können. Ein Kind lebt, wie ich schon früher angedeutet habe, im Prinzip viel stärker entsprechend seiner Anlage (also entsprechend den Planeten in den Zeichen); es wird noch nicht so sehr von den Planeten in den Häusern, von den Umständen, beeinflußt. Sein schützendes Elternhaus wird es ja — im allgemeinen jedenfalls — so weit wie möglich vor extremen Umständen bewahren.

Besteht nun zwischen Anlagen und Umständen eine starke Diskrepanz, so ist auch dies ein Faktor, der zu einem gewissen Maß an Spannung beiträgt. So unterliegt beispielsweise ein Feuer-Planet in einem Erd-Haus einer stärkeren Veränderung als bei einer Stellung in einem Luft- oder Wasser-Haus.

Spannungen innerhalb der Elementenbesetzung können deshalb auf verschiedene Arten entstehen:

1. In der Gesamtbesetzung sind zwei einander entgegengesetzte Elemente stark, von denen sich eines, wenn das andere zum superioren Element wird, nur in der Sprache des Unbewußten äußern kann.

2. Die Gesamtbesetzung kann harmonisch erscheinen, was aber nicht auf Stabilität hindeuten muß. Die verschiedenen Planeten, aus deren Stellung sich die Gesamtbesetzung ergibt, müssen sich vielleicht auf «fremdem Terrain» äußern — beispielsweise die in einem Wasser-Haus stehende Sonne in einem Luft-Zeichen. Diese polare Spannung zwischen Anlage und Umständen kann dazu führen, daß der Betreffende schließlich eine andere, für ihn vorher unwesentlichere Funktion zur Hauptfunktion entwickelt, wobei die tatsächliche Anlage verdrängt wird. Erziehung und andere äußere Faktoren können hierbei von zentraler Bedeutung sein, obwohl natürlich nicht jedes markante Ereignis zu einer so eingreifenden Veränderung wie zur Ausbildung einer neuen superioren Funktion führen muß.

3. Ein bestimmtes Element kann — sowohl in der Anlage als auch in den Umständen — in einem Horoskop völlig fehlen. Das muß für die betreffende Person jedoch kein Hindernis sein — dieses Element ist für ihre psychische Anlage von keiner Bedeutung, und wahrscheinlich verspürt dieser Mensch keine Notwendigkeit, seine Energie auf die Lebensbereiche zu richten, die dieses Element repräsentiert. Ob in einem solchen Falle das Leben in den fraglichen Bereichen reibungslos verläuft, hängt vom übrigen Horoskop ab (von den Aspekten, den Häuserbeziehungen usw.). Doch möchte ich ausdrücklich darauf hinweisen, daß jemand, in dessen Horoskop ein bestimmtes Element fehlt, dies nicht als störend erleben muß und ein völlig «normales» Leben führen kann. (Manchmal scheint die Umgebung eines solchen Menschen mehr Schwierigkeiten mit dem Fehlen des Elements zu haben als der Betreffende selbst!)

4. Ein bestimmtes Element kann in der Anlage vertreten sein, ohne daß es die Möglichkeit hat, sich in den Umständen zu äußern. In einem solchen Fall werden die betreffenden Faktoren nur schwer zum Ausdruck kommen können. Die Notwendigkeit dazu wird dringlicher, je mehr persönliche Faktoren daran beteiligt sind — beispielsweise Sonne, Merkur und Aszendent in Erd-Zeichen, während die Erd-Häuser leer sind. Dies verstärkt die Möglichkeit,

daß sich der Betreffende zu einem anderen Funktionstypus als demjenigen entwickelt, der eigentlich seiner Anlage entsprechen würde.

5. Ein bestimmtes Element ist in der Anlage nicht vorhanden, tritt jedoch in den Umständen mehr oder weniger stark in den Vordergrund. In diesem Fall können die Lebenserfahrungen einen korrigierenden Einfluß auf den Charakter haben, was allerdings oft mit erheblichen Schwierigkeiten verbunden ist. Wenn beispielsweise Luft in der Anlage völlig fehlt, jedoch einige Planeten in den Luft-Häusern stehen, so bedeutet dies, daß die Kontaktfähigkeit in der Anlage wenig entwickelt ist, diese sich jedoch durch Erfahrungen mit Freunden, Bekannten und/oder Partnern ausbilden kann — wobei hier natürlich das übrige Horoskop berücksichtigt werden muß.
6. Bei manchen Horoskopen sind die Elemente so breit gestreut, daß der Astrologe bezüglich des superioren Elements kaum zu einer schlüssigen Interpretation kommen kann. In solchen Fällen hat vermutlich die Person große Schwierigkeiten bei der Ausbildung einer superioren Funktion. Wenn beispielsweise Sonne im Widder, Mond im Stier, Merkur in den Fischen und der Aszendent in der Waage steht, können wir davon ausgehen, daß der Betreffende mit dieser Anlage in seiner Kindheit mit großen inneren Widersprüchen zu kämpfen hatte. Vier wichtige persönliche Faktoren befinden sich in vier verschiedenen Elementen: Das bedeutet — wie schon zu Beginn dieses Unterkapitels beschrieben —, daß immer ein wichtiger persönlicher Faktor vom Unbewußten aus wirkt. In solchen Fällen habe ich oft feststellen können, daß das Element, in dem die Sonne steht, besonders wichtig wird oder zumindest eine besondere Rolle übernimmt.

Superiores und inferiores Element: Möglichkeiten und Schwierigkeiten

Im vorangegangenen Unterkapitel haben wir die Beziehung zwischen dem superioren und dem inferioren Element behandelt. Dabei sind wir davon ausgegangen, daß sich ein Element deutlich herauskristallisiert. In der Praxis ist das jedoch nicht immer der Fall: Wenn zwei nicht gegensätzliche Elemente jeweils eine wichtige Rolle für das Bewußtsein spielen, weil sie mit persönlichen Faktoren besetzt sind, kann ein Mischtypus entstehen, der Merkmale beider Bewußtseinsfunktionen bzw. Elemente in sich trägt. Meist erhält schließlich doch eines der beiden Elemente größeres Gewicht, was zur Folge hat, daß das zweite die Rolle einer wichtigen Hilfsfunktion übernimmt. Dies kann natürlich bei gegensätzlichen Elementen wie Luft-Wasser und Feuer-Erde niemals der Fall sein! Es kann sich nie ein Mischtypus aus zwei Elementen bilden, von denen eines inferior ist und vom Unbewußten aus wirkt. Die Besetzung der Elemente, die sich von den persönlichen Planeten herleitet, sagt ja zuallererst etwas über unser Bewußtsein aus.

Schematisch dargestellt, können wir dies wie folgt wiedergeben:

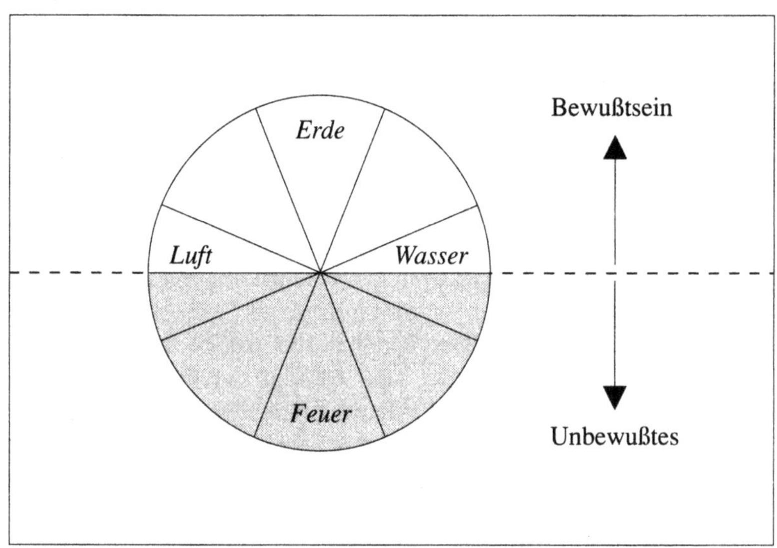

Ist beispielsweise das Element Erde die superiore Funktion, muß Feuer zwangsläufig im unbewußten Teil der Psyche liegen. Als Hilfsfunktion können sich (nacheinander) die übrigen beiden Elemente Luft und Wasser entwickeln.

Die Besetzung der Elemente in Freds Horoskop stimmt mit dem obigen Beispiel überein. Erde ist superior, Feuer inferior. Durch die starke Wasserbesetzung übernimmt dieses Element die Hilfsfunktion, d.h., es bleibt zwar hinsichtlich seiner Äußerungsweise dem Element Erde untergeordnet, doch sind die Merkmale des Elements Wasser direkt in Freds Bewußtsein und seinen Verhaltensweisen wiederzufinden. Wir können ihn als Erde/Wasser-Typus bezeichnen, wobei die Betonung auf dem Element Erde liegt.

Im Horoskop von Marilyn Monroe, dem zweiten Beispielhoroskop, läßt sich nicht so leicht ein zweites Element ausmachen, das für das Bewußtsein von Bedeutung ist. Bei Marilyn Monroe überwiegt eindeutig das Element Luft. Wasser, das ebenfalls stark besetzt ist, reagiert als inferiores Element mit starken unbewußten Gefühlsimpulsen. In diesem Horoskop können nur die Elemente Feuer und Erde zu Hilfsfunktionen werden, da diese sich nicht mit Luft, ihrer superioren Funktion, im Widerstreit befinden.

Obwohl die «positive» Seite der inferioren Funktion in der psychologischen Literatur ausgiebig behandelt wurde, scheinen viele Menschen ihr gegenüber doch eine gewisse Angst oder Abneigung zu verspüren, als würde es sich um etwas «Schlechtes» handeln. Es ist allerdings auch nicht einfach, sich unter einer Funktion, die unser Bewußtsein vor so viele und so große Probleme stellt, etwas Positives vorzustellen, das in bestimmten (schwierigen) psychischen Situationen sogar unsere Rettung sein kann.

Eine der klarsten Darstellungen der Funktion des inferioren Elements oder, psychologisch, der inferioren Funktion, findet sich in *»Zur Typologie C. G. Jungs«* von Marie-Luise von Franz und James Hillmann. Dort wird folgendes Bild von ihrer Rolle entworfen:[10]

»Die inferiore Funktion ist das Tor, durch das alle Bilder des Unbewußten ins Bewußtsein dringen. Unser Bewußtseinsbereich ist wie ein Raum mit vier Türen, es ist die vierte Türe, durch die der Schatten, der Animus oder die Anima[11] und die Verkörperung des Selbst[12] hereinkommen. Sie treten nicht so häufig durch die anderen Türen ein, was im gewissem Sinne selbstverständlich ist: Die inferiore Funktion ist so nah dem Unbewußten und bleibt so barbarisch, minderwertig und unentwickelt, daß sie ganz natürlich den schwachen Punkt im Bewußtsein bildet, durch den die Bilder des Unbewußten hereinbrechen können. Im Bewußtsein wird dies als der schwache Punkt erlebt, als die unangenehme Sache, die einen nie in Ruhe lassen kann und immer Schwierigkeiten bereitet. Jedesmal, wenn man meint, man habe ein gewisses inneres Gleichgewicht gefunden, einen festen Standpunkt, geschieht innerhalb oder außerhalb etwas, was wieder alles über den Haufen wirft. Diese Macht kommt immer durch die vierte Türe herein, die nicht geschlossen werden kann, im Gegensatz zu den anderen drei Türen des inneren Raumes. Aber an der vierten Türe funktioniert das Schloß nicht, und wenn man am wenigsten darauf vorbereitet ist, wird dort wieder das Unerwartete hereinkommen. Gott sei Dank, könnte man hinzufügen, sonst würde der ganze Lebensprozeß versteinern und

in einer falschen Art von Bewußtheit stagnieren. Die minderwertige Funktion ist die ewig blutende Wunde der bewußten Persönlichkeit, aber durch sie kann das Unbewußte immer hereinkommen und so das Bewußtsein erweitern und eine neue Einstellung hervorbringen. Solange man noch nicht die anderen Funktionen, die zwei Hilfsfunktionen, entwickelt hat, werden auch sie offene Türen sein. In einem Menschen, der nur eine Hauptfunktion entwickelt hat, werden die zwei Hilfsfunktionen in der gleichen Weise wie die inferiore Funktion wirken und in Verkörperungen des Schattens, des Animus oder der Anima erscheinen. Wenn es einem gelungen ist, drei Funktionen zu entwickeln, drei der inneren Türen zu verschließen, verbleibt immer noch das Problem der vierten Türe, weil das diejenige ist, die anscheinend nicht dazu gemacht ist, geschlossen zu werden. Doch muß man Niederlagen erleiden, um sich weiter zu entwickeln.«[13]

Für das Bewußtsein klingt dies nicht sehr angenehm, doch das Bewußtsein ist nur ein Teil unserer Psyche. Die Tatsache, daß so viele Menschen nicht wissen, welchen Typus sie verkörpern (vorausgesetzt, sie kennen die Typologie C. G. Jungs), konfrontiert uns — wie Edward C. Whitmont bemerkt — mit dem Paradox, daß das Bewußtsein gar nicht so bewußt sein muß, wie es manchmal erscheint. Whitmont sagt, daß jemand zu einem bestimmten Typus gehört, wenn die entsprechende Funktion in ihm am stärksten entwickelt, am stärksten differenziert ist.[14] Ob sich der Betreffende dessen bewußt ist, ist eine andere Sache. Oft entsteht diese spezifische Art der Orientierung schon in der Kindheit, ohne daß eine bewußte Wahl vorangegangen ist. Whitmont betont:

»Es kann nicht oft genug darauf hingewiesen werden, daß eine Funktion nur deshalb inferior sein kann, weil sie unzureichend entwickelt ist, und nicht etwa deshalb, weil sie auf mangelhaften Fähigkeiten beruht oder untergeordnet ist. Ein Fühltypus ist sehr wohl in der Lage zu denken, nur liegt ihm nicht besonders viel daran. Aus alter Gewohnheit ist seine Aufmerksamkeit automatisch auf seine Gefühle gerichtet. Der Denktypus ist zweifellos auch in der Lage zu fühlen, doch seine Gefühle überkommen ihn, ohne daß er etwas dazu tut. Nur benutzt er das Fühlen nicht, sondern das Fühlen benutzt ihn...«[15]

Dieser Tatbestand ist, wie ich bereits gesagt habe, eines der Merkmale der inferioren Funktion: Unser Bewußtsein vermag diese Funktion nicht zu kontrollieren oder ihr Richtung bzw. ein Ziel zu verleihen. Das Bewußtsein erfährt nur zu bestimmten (oftmals überaus ungelegenen) Augenblicken die Äußerungen des inferioren Elements.

Das inferiore Element zeichnet sich durch weitere charakteristische Manifestationen und Merkmale aus, die ich im folgenden aufgelistet habe:

1. Die inferiore Funktion ist, verglichen mit dem Bewußtsein, relativ unentwickelt, was zur Folge hat, daß sie auf eine elementare Weise reagiert, die auch als archaisch bezeichnet wird.

2. Die Reaktionen des inferioren Elements erfolgen langsam und können auch durch intensive Übung nicht wesentlich beschleunigt werden. Die inferiore Funktion erfordert von uns viel Zeit, etwas, das wir in unserer schnellebigen westlichen Kultur selten aufzubringen vermögen. Marie-Luise von Franz beschreibt am Beispiel einer Freundin die inferiore Erdfunktion: Zusammen mit dieser eine Bluse zu kaufen, war eine regelrechte Strafe. Die Freundin stellte das ganze Geschäft auf den Kopf und konnte sich dann immer noch nicht entscheiden.[16] Ihre inferiore Funktion, die Empfindung, brauchte nun einmal viel Zeit — wie alle inferioren Funktionen. Dies ist einer der Gründe, warum wir uns so oft über diesen Teil unserer Psyche ärgern. Die langsame Reaktion des inferioren Elements ist jedoch von großer Bedeutung: Durch die Langsamkeit erhält das Unbewußte eine Chance, in den bewußten Teil der Psyche einzudringen und dort seine Arbeit zu tun — beispielsweise in Form einer Konfrontation. Während der gesamten Zeit, in der die Freundin von M.-L. v. Franz aus obigem Beispiel mit dem Kauf — einer Erdfunktion — der Bluse beschäftigt ist, ist ihre superiore Feuerfunktion ausgeschaltet, obgleich diese schon bald danach wieder die Oberhand gewinnen wird. Das bedeutet, daß die verschiedensten psychischen Faktoren, derer sie sich nicht bewußt war, durch den Prozeß des Kaufens in ihr Bewußtsein vorzudringen vermögen. Dadurch erhält sie die Möglichkeit, gewisse im Verborgenen liegende Charakterzüge und/oder Fähigkeiten zu erkennen, wobei das Erkennen bzw. Wiedererkennen dieser Faktoren oft erst später, im Rückblick auf das Geschehnis, eintritt.
Die Langsamkeit der inferioren Funktion hat jedoch auch zur Folge, daß wir dieser bzw. diesem Element gerne aus dem Weg gehen, weil wir an die viel schnelleren Reaktionen der superioren Funktion gewöhnt sind. Deshalb wird meist auch nicht auf die inferiore Funktion zurückgegriffen — die superiore Funktion als die schnellere übernimmt die Führung, wenn es darum geht, sich auf eine neue Situation einzustellen. Dies geschieht selbst dann, wenn

diese Situation eine andere Vorgehensweise erfordert als diejenige, für die die superiore Funktion sich eignet.
Wenn man beispielsweise einen Denktypus danach fragt, was er fühlt, dann wird er — nach Marie-Luise von Franz — mit einem Gedankenbild oder mit einer obenhin geäußerten Phrase antworten. Läßt man jedoch nicht locker, so gerät dieser Typus in Verlegenheit, weil er sich über seine augenblicklichen Gefühle gar nicht im klaren ist. Darüber kann er stundenlang nachdenken!

3. Wir haben schon zuvor erwähnt, daß das Bewußtsein die inferiore Funktion nicht zu kontrollieren vermag. Diese kommt und geht, wie es ihr beliebt. Die Macht unseres Willens reicht nicht bis in den Bereich des inferioren Elements. Um wieder auf den Fühltypus zurückzukommen: Natürlich kann auch er denken. Der Gefühlsmensch denkt oft lange und tief nach und kann in diesem Bereich einiges leisten. Doch das Denken untersteht nicht seinem Willen, und es passiert sehr häufig, daß er trotz seines Wissens und trotz der Tatsache, daß er über ein ausgezeichnetes Denkvermögen verfügt, in kritischen Augenblicken von seiner Denkfunktion im Stich gelassen wird. Er fällt dann beispielsweise durch ein Examen, welches er leicht hätte bestehen können, wenn ihm seine Denkfunktion jederzeit frei zur Verfügung gestanden hätte.

4. Das inferiore Element zeigt unsere wunden Punkte. Diese Achillesferse tritt dort zutage, wo wir leicht verletzt sind und deshalb emotional reagieren. Gerade weil das inferiore Element sich unserer bewußten Kontrolle entzieht und wir das Gefühl haben, diese Seite von uns nicht zu beherrschen oder schützen zu können, neigen wir an dieser Stelle schnell zu Überkompensationen oder Täuschungsmanövern. Die geringste Kleinigkeit kann uns dann aus dem Gleichgewicht bringen, und nicht selten reagieren wir kindisch, gekränkt oder auf andere Weise unsicher, wenn sich unser inferiores Element regt. Manchmal terrorisiert ein Mensch in einer solchen Situation unbewußt und oft sogar ungewollt seine Umgebung. Aus Angst vor einem abermaligen Ausbruch mögen dann alle anderen auf ihn mit allergrößter Behutsamkeit reagieren, um ihn nicht noch zusätzlich zu reizen.

5. Das inferiore Element hält zwischen unserem Bewußtsein und unserem Unbewußten die Verbindung aufrecht, die zur Erhaltung und Wiederherstellung unseres psychischen Gleichgewichts von

größter Bedeutung ist. Das Unbewußte sorgt für die Anpassung an die eigene psychische Totalität, so wie die superiore Funktion die Anpassung des Bewußtseins an die Außenwelt ermöglicht. Die kompensatorische Funktion des Unbewußten ist der Motor, der unser bewußtes Leben aufrechterhält. Hierzu bedient sich das Unbewußte einer eigenen Sprache und eigener Mechanismen, die dem Bewußtsein befremdlich erscheinen. Wir wollen deshalb noch etwas näher auf das Unbewußte eingehen.

Zu den wichtigsten Mechanismen, mit deren Hilfe wir uns unserer unbewußten Inhalte bewußt werden können, gehören Traum, Tagtraum und Phantasie. Träume können anzeigen, was im Unbewußten eines Individuums vorgeht, wenn dies dem Bewußtsein noch verschlossen ist, aber auch dann, wenn bereits ein Teil der Vorgänge dem Bewußtsein zugänglich ist. Um nur ein Beispiel zu nennen: Es kann sein, daß wir in unseren Tagträumen stets die Rolle eines unüberwindlichen Helden spielen, für den nichts unmöglich ist, und der alles zu einem guten Ende führt — was eine unbewußte Kompensation für eine Rolle im tatsächlichen Leben sein kann, die wesentlich weniger glänzend ist. Gefühle des Unvermögens bzw. des Versagens und alle möglichen Ängste aus unserem alltäglichen Leben können in unserer Traumwelt Gegenstücke erzeugen, ohne daß wir uns der zugrundeliegenden Ängste bewußt zu sein brauchen, und manchmal erinnern wir uns nicht einmal an das, was sich in unseren Tagträumen ereignete. Es geschieht von selbst, ohne Zutun unseres Bewußtseins, und kompensiert sozusagen innerlich die Situation, die sich uns außen präsentiert.

Wenn wir uns der Inhalte unserer Träume und Phantasien bewußt werden — ob diese nun nachts außerhalb unseres Wachbewußtseins oder tagsüber als Tagträume stattfinden —, so kann das dabei helfen, uns unserer tatsächlichen Situation bewußt zu werden und innerhalb der Grenzen unserer Möglichkeiten etwas daran zu verändern. Schenken wir den Botschaften unserer Träume keine Beachtung, kann sich das Unbewußte auf die verschiedensten Arten manifestieren, wobei die Skala der Möglichkeiten von harmlosen Versprechern, Schreibfehlern, Vergeßlichkeiten bis hin zur Entwicklung schwerer Neurosen reicht. Das individuelle Bewußtsein wird dies als höchst unangenehm erfahren — es ist aber unumgänglich, sich mit der daraus resultierenden Spannung auseinanderzusetzen, da nur so das gestörte Gleichgewicht zwischen Bewußtsein und Unbewußtem wiederhergestellt werden und die Psyche sich ausgewogener weiterentwickeln kann.

Das Unbewußte drückt sich auf sehr spezielle Weise aus, nämlich in einer Bildersprache. Es ähnelt darin dem Irrationalen des «primitiven» Geistes, das eine Vorstufe der Vernunft ist oder über sie hinausführt. Der bildliche Ausdruck ist eines der spezifischsten Kennzeichen des Unbewußten. Inhalte und Prozesse können beispielsweise durch Figuren oder Geschehnisse in Bildern dargestellt werden. Gedanken und Gefühle äußern sich in Form von sprechenden und handelnden Personen. Stimmungen können durch imaginäre Landschaften ausgedrückt werden, Instinkte durch Tiere usw. Jeder Mensch hat seine eigene spezifische Bildersprache. Der eine verfällt in tiefe Melancholie, wenn er ein Blatt von einem Baum fallen sieht, ein anderer bemerkt dies vielleicht gar nicht, sondern wird seinerseits beim Anblick eines Meeresgemäldes zutiefst angerührt.

Für die Äußerungsformen des Unbewußten gilt immer, daß sie ins Bewußtsein eindringen, ohne vom diesem beeinflußt oder «bearbeitet» worden zu sein. Diese Äußerungen sind rein und ursprünglich, aber auch wenig differenziert.

Mit Hilfe unseres Bewußtseins nehmen wir also den täglichen Lauf der Dinge um uns herum wahr. Wir lernen mit der Zeit immer besser, mit der das Bewußtsein prägenden Funktion (bzw. mit dem entsprechenden Element) umzugehen, wodurch sie (bzw. es) sich in ihrer (seiner) Äußerungsweise immer mehr verfeinert. Die inferiore, im Unbewußten eingelagerte Funktion hingegen bleibt unentwickelt, so daß wir nicht mit ihr umgehen können oder wollen; sie bricht aus eigenem Antrieb von Zeit zu Zeit ins Bewußtsein ein. Die Möglichkeit, die Äußerungsweise dieser Funktion zu verfeinern und weiterzuentwickeln, ist deshalb ziemlich gering, was zur Folge hat, daß diese in ihrer nahezu ursprünglichen Form verbleibt. Deshalb wird die inferiore Funktion auch *primitiv* genannt, was in diesem Fall gleichbedeutend mit einfach, unentwickelt und ursprünglich ist. Das Wort *primitiv* hat jedoch in unserer Zeit eine so negative Bedeutung, daß das Wort *archaisch* hier passender erscheint.

Wenn beispielsweise die Hauptfunktion eines Menschen das Denken ist, dann äußert sich bei ihm die Fühlfunktion — also das Element Wasser — auf archaische Weise. Solch ein Mensch ordnet alles, was er sieht und hört, bis ins kleinste Detail in seine Gedankenwelt ein; er kann jedoch unvermittelt von tiefen und unerklärlichen Gefühlen ergriffen werden, die ihn vielleicht überwältigen und mitunter zu überzogenen sentimentalen Reaktionen verleiten können. Der oder die Betroffene kann diese Gefühle weder steuern noch beherrschen.

Oft erscheint schleierhaft, wie diese Macht über einen für gewöhnlich ruhigen und ausgeglichenen Denker gewinnen können, wie das berühmte Beispiel des Professors Raat im Film »Der Blaue Engel« demonstriert. Dieser pflichtbewußte Gelehrte, der tagsüber seine Schüler «an die Kandarre nimmt», wird nachts zum wehrlosen Opfer einer Varietékünstlerin, die seine inferiore Fühlfunktion mit aller Kraft erweckt. Die Art, wie er sich widerstandslos in eine Traumwelt mitreißen läßt, die nur für ihn existiert (da die Schöne ihn nur ausnutzen will), zeigt deutlich den einfachen, in mancher Hinsicht kindlich anmutenden archaischen Charakter seiner Fühlfunktion.

Wenn wir in einem Horoskop ein bestimmtes Element als inferior erkennen — wie im Horoskop von Fred das Element Feuer und im Horoskop von Marilyn Monroe das Wasser —, können wir davon ausgehen, daß die in diesen Elementen stehenden Planeten sich in einer sehr ursprünglichen, nicht vom Bewußtsein beeinflußten und zu beeinflussenden und folglich archaischen Weise äußern werden. Dies bedeutet jedoch noch nicht, daß sich auch die durch die Planeten symbolisierten Aspekte auf negative Weise äußern müssen. Diese Planeten sind zwar mit den Gegenreaktionen aus unserem Unbewußten verbunden, denen das Bewußtsein im nachhinein meist nicht sehr positiv gegenübersteht, doch können sie gerade aufgrund ihrer Reaktionen Abhilfe bringen, wenn unser Bewußtsein wieder einmal «über die Stränge schlägt». Die Planeten des inferioren Elements korrigieren uns häufig bei einer zu einseitigen Entwicklung und können uns darauf aufmerksam machen, daß wir uns zu sehr von unserem (begrenzten und ziemlich einseitigen) Bewußtsein gängeln lassen.

Ein Beispiel: Ein stark intuitiver Typus — also jemand mit einem stark betonten Feuerelement mit einer Venus im Element Erde (in seinem inferioren Element) kann trotz seines Suchens nach Möglichkeiten, nach Freiheit und nach dem, was sich hinter den Dingen verbirgt, durchaus eine dauerhafte Verbindung mit einem Partner eingehen. Das Element Erde läßt ihn auf dem Gebiet der Liebe zwanghaft nach Sicherheit suchen. Solche «feurigen» Menschen werden manchmal durch ihre Partner auf dem Boden der Tatsachen gehalten. Innerlich hat der Betreffende wahrscheinlich Schwierigkeiten mit seinem freiheitsbeschränkenden Zug, doch gibt ihm Venus durch ihre Verbindung zum unbewußten Bereich der Psyche auch ein Instrument an die Hand, mittels dessen er sich weiterentwickeln kann. Venus im Erdelement kann daher in diesem Beispiel sowohl innere Spannungen als auch ein inneres Gleichgewicht erzeugen, so widersprüchlich dies auch klingen mag. Inwieweit es tatsächlich zum Konflikt kommt oder eine Ergänzung stattfindet, hängt davon ab, in welchem Maße der Betreffende sich selbst versteht. Dies wiederum ist unter anderem auch davon abhängig, in welchem Maße er sich selbst mit all seinen Unvollkommenheiten und Möglichkeiten zu akzeptieren vermag.

Es ist interessant zu beobachten, wieviele Menschen sich ausgerechnet in den ihnen entgegengesetzten Typus verlieben, was — zumindest anfänglich — bei Außenstehenden häufig den Eindruck erweckt, daß solche Paare überhaupt nicht zusammenpassen. Dennoch können Beziehungen zwischen konträren Partnern sehr kreativ sein, da der eine im Grunde das Unbewußte des anderen repräsentiert. Die «Sprachen», die von solchen einander entgegengesetzten superioren Elementen gesprochen werden, sind allerdings so unterschiedlich, daß es tatsächlich zu Konflikten kommen kann, wenn die Beteiligten dies nicht erkennen.

Inzwischen dürfte klar geworden sein, daß die Besetzung der Elemente als Grundlage des Horoskops eine zentrale Rolle spielt und daß die Spannung zwischen den beiden Paaren gegensätzlicher Elemente sowohl in einem Menschen als auch in zwischenmenschlichen Beziehungen keineswegs negativ bewertet werden muß — sie kann durchaus ungemein fruchtbar sein. Zweifellos können aus der Elementenbesetzung entstehende Spannungen Frustrationen erzeugen. Ich möchte diese als *kreative Frustrationen* bezeichnen: Sie können der Motor all unserer Handlungen sein.

Deutungsbeispiele für die Besetzung der Elemente

Wenn wir mit der Deutung eines Horoskops beginnen, vermittelt uns — abgesehen von der Besetzung der Kreuze, die im Kapitel 4 behandelt wird — die Besetzung der Elemente einen ersten Eindruck. Es ergibt sich ein allgemeines Bild der Situation, das man mit einem Gerüst vergleichen könnte, an dem wir später die detaillierte Deutung festmachen werden. Nehmen wir beispielsweise das Horoskop von Fred. Wir haben bereits gezeigt, daß das Element Erde darin die Hauptrolle spielt, gefolgt vom Element Wasser. Aufgrund dessen können wir folgende Aussage treffen:

Freds Bewußtsein ist auf das Wahrnehmen von konkreten Tatsachen und Erscheinungen ausgerichtet, vor allem auf den praktischen und materiellen Wert derselben. Sein Ausgangspunkt ist die sinnlich wahrnehmbare, «nüchterne» Realität. Wenn alles eine konkrete und greifbare Form hat, verspürt er festen Boden unter den Füßen und fühlt sich, bewußt oder nicht, geborgen. Im konkreten, stofflichen Bereich kann er sich gut ausdrücken: Sein Gefühl für Form und Proportion ist gut entwickelt, so daß sich hier seine Kreativität problemlos entfalten kann. Mit einem Sinn fürs Praktische und Geduld vermag er seine Energie konstruktiv einzusetzen, so daß er in der Lage ist, seiner Arbeit und seinen Hobbys zielgerichtet, effizient und mit großem Eifer nachzugehen.

Seine Fähigkeit, Arbeitssituationen und Stimmungen intuitiv zu erfassen, wird durch das bei ihm stark entwickelte Element Wasser, das sein superiores Element Erde in vielerlei Hinsicht ergänzt, noch unterstrichen. Durch die Kombination von Erde und Wasser sind ein Gefühl von Bindung und/oder Loyalität für ihn die Grundvoraussetzung, um seine Erd-Eigenschaften wie Durchsetzungsvermögen, Solidität und Zuverlässigkeit entfalten zu können. Aufgrund des passiven Charakters beider Elemente braucht dieser Mann, um eine Motivation zu entwickeln, eine gewisse Anregung aus seiner Umgebung, sei es von seiten der Familie, der Freunde oder des Partners. Obwohl er sich auch alleine bestens unterhalten kann (das stark entwickelte Wasserelement), braucht er für sein eigenes Selbstverständnis andere sowie das Gefühl, für andere etwas zu bedeuten.

Fred ist überwiegend nach innen gerichtet, was zur Folge hat, daß er eine gewisse Zurückhaltung zeigt. Sein inneres Erleben ist jedoch stark entwickelt, was ihn verletzlich und überempfindlich macht. Da sein Bewußtsein vor allem auf das Wahrnehmbare gerichtet ist, ergänzt durch eine gefühlsmäßige Würdigung dessen, was er sieht und erfährt, zählen Abstraktion und Theorie zu seinen Schwächen. Es fällt ihm schwer, Tatsachen und Erscheinungen in einen umfassenderen Bezugs- und Begriffsrahmen einzuordnen, obwohl er einen guten Blick für die Tatsachen als solche hat.

Da sein superiores Element Erde ist, sorgt das Element Feuer zeitweilig für unbewußte Gegenreaktionen. Für letzteres sind Themen wie «Abwechslung» und «Möglichkeiten» wichtig; aufgrund seines unterentwickelten Feueranteils wird sich Fred mit Veränderungen schwertun und neue Entwicklungen mit Skepsis betrachten. Vielleicht hat er in dieser Hinsicht gewisse Ängste und verleiht einem gewissen Pessimismus Ausdruck, etwa in dem Sinne wie: »Das schaffe ich doch nicht!«, oder: »Was kann da nicht alles schief gehen!«

Das *Hier und Jetzt*, das Konkrete und Greifbare ist die Realität, mit der er sich auseinandersetzt und die ihn fesselt. Infolgedessen ist er auf konkretes Genießen ausgerichtet, was sich weniger in primitiver Vergnügungssucht äußert als in Form einer Vorliebe für gute Kleidung, Luxusartikel, teure Möbel und gutes Essen, kurzum, für alles, was er bezüglich Form und Proportion als angenehm empfindet. (Ein Feuertypus hingegen — vom Rest des Horoskops einmal abgesehen! — kann jahrelang in einem leeren, untapezierten Raum leben, ohne dies auch nur zu bemerken.)

Beim nochmaligen Blick auf Freds Horoskop wird deutlich, daß beispielsweise das Trigon vom Mond zum Aszendenten für das Bewußtsein sehr wichtig ist, da die beiden an diesem Aspekt beteiligten Zeichen dem Element Wasser zugeordnet werden. Dieses Element spielte bereits bei der Besetzung der Elemente eine große Rolle für das Bewußtsein. Dagegen wird beispielsweise der Konflikt, den Pluto auch aufgrund des Quadrats zu Sonne und Mars zum Ausdruck bringt, durch die Stellung in einem Feuerzeichen mehr Schwierigkeiten bereiten als wir den Aspektbüchern entnehmen können. Da in diesem Horoskop Erde das Hauptelement ist, stehen diese einen Quadrataspekt bildenden Zeichen (Stier und Löwe) einander nun auch noch als inferiores und superiores Element gegenüber. Hätte es sich um zwei Hilfsfunktionen gehandelt, so könnte man auch noch von einem Feuer/Erde-Konflikt sprechen, doch wäre dieser für Freds Bewußtsein weniger «akut».

Ein anderes Beispiel liefert uns die Opposition zwischen Saturn und Mond. Diese ist für das Bewußtsein ebenfalls von großer Bedeutung. Der Aspekt geht auch hier vom superioren Element aus, in diesem Fall jedoch zu einem Planeten im Hilfselement. Dagegen wirkt das Trigon zwischen Venus und Neptun von unbewußteren Teilen der Psyche aus, denn das Element Luft, in dem sich dieser Aspekt befindet, untersteht nicht Freds Bewußtseinsfunktion. Bei einer Erde/Wasser-Kombination wirken die Elemente Feuer und Luft vom Unbewußten aus, wobei sich das Element Luft in einem späteren Stadium noch entwickeln kann, da es sich dabei um eine Hilfsfunktion handelt und es nicht im Konflikt mit dem superioren Element steht. Auf diese Weise können wir zu einer Differenzierung bezüglich der Wirkung der Aspekte gelangen, was ein erster Schritt zu einem selektiveren Gebrauch der Aspektbücher ist.

Bei der Interpretation des Horoskops von Marilyn Monroe verfahren wir in gleicher Weise. Auch hier tritt deutlich ein Element hervor, das die Hauptrolle spielt: Luft. Demzufolge ist das Element Wasser dazu bestimmt, zum inferioren Element zu werden. Die Bewußtseinsfunktion von Marilyn Monroe basiert auf dem rational-abstrahierenden Umgang mit Tatsachen und Ereignissen, wobei das Herstellen von Beziehungen zwischen Menschen, Tatsachen und abstrakten Gedankengängen den Vorrang hat. Das meist um Harmonie bemühte und vermittelnde Auftreten des Lufttypus kann einen opportunistischen Eindruck erwecken. Die zweifellos ausgeprägten intellektuellen Fähigkeiten Marilyn Monroes, verbunden mit einer Flexibilität in Gedanken, Wort und Gestus, bewirken, daß sie äußerst kontaktfähig und kommunikativ und deshalb im gesellschaftlichen Umgang sehr gewandt ist.

Sie wird jedoch ständig dazu neigen, alle sie berührende Geschehnisse in ihr intellektuell entwickeltes Weltbild und in ihre Theorien und Auffassungen einzuordnen bzw. die Wirklichkeit diesen zu unterstellen. Infolgedessen läuft sie Gefahr, sich trotz ihrer ausgeprägten kommunikativen Fähigkeiten von ihren Mitmenschen zu entfremden. Denn wegen des starken Einflusses des Luftelements besteht die Möglichkeit, daß sie sich eine nicht reale, abstrakte «Traum-»Welt schafft, in der alles seinen Platz findet, ohne daß sie diese an der «objektiven» Wirklichkeit überprüft. Wenn Marilyn Monroe diese Gefahr — wie immer sie zutage treten mag — nicht rechtzeitig erkennt, kann ihre selbsterschaffene innere Welt zu einer so ausschließlich mentalen werden, daß sie nach außen hin äußerst kühl oder zumindest emotionslos wirkt.

Hier kann das Element Wasser, das bei ihr ja das dem Bewußtsein entgegengesetzte Element ist, ihr helfen, aber auch ihren Bestrebungen zuwiderlaufen. Die in den Wasserzeichen befindlichen Planeten Pluto, Saturn, Mars und Uranus spielen dabei eine wichtige Rolle. Ihr Gefühlsleben, das sich wegen der intensiven Denk-Orientierung ihres Bewußtseins nicht entfalten kann, arbeitet sehr heftig in ihr und setzt ihr Bewußtsein unter starken Druck. Ihre Gefühle werden sich in unregelmäßigen Abständen in Form plötzlicher Ausbrüche Zugang zu ihrem starken Bewußtsein verschaffen. Schon zuvor haben wir darauf hingewiesen, daß die Psyche immer wieder einen Gleichgewichtszustand anstrebt. Das Element Luft ist in diesem Horoskop so beherrschend, daß die Gegenreaktionen des unbewußten Elements Wasser ebenfalls stark sein müssen.

Das inferiore Element äußert sich stets unvermittet — es meldet sich, wenn wir am wenigsten damit rechnen. Dieses Unkontrollierbare und Plötzliche wird im vorliegenden Fall noch dadurch verstärkt, daß Uranus in einem Wasserzeichen steht. Auch Saturn steht in diesem Element, was auf eine oftmals stark verlangsamte Reaktion des Unbewußten hinweist, die über einen langen Zeitraum wirken kann. Des weiteren wird sich die Saturn-Funktion, die unter anderem ihr Verantwortungsgefühl, ihr Durchsetzungsvermögen und ähnliches repräsentiert, in ihrem unzugänglichen Unbewußten nur schwer steuern lassen. Es besteht die Gefahr, daß sie in dieser Hinsicht mit Schwierigkeiten zu kämpfen hat, vielleicht indem sie an zum Scheitern verurteilten Angelegenheiten festhält oder indem sie keine Verantwortung zu übernehmen bereit ist oder im Gegenteil schwer an dieser trägt. Steht sie jedoch gefühlsmäßig hinter einer Sache, so kann sie sich hundertprozentig für diese einsetzen. Die Stellung eines Planeten in einem unbewußten Element muß sich also keineswegs unbedingt negativ auswirken.

Der Mars, der im Horoskop einer Frau meist mit dem Bild «ihres» inneren Mannes (in der Psychologie C. G. Jungs *Animus* genannt) in Zusammenhang gebracht wird und der bei Marilyn Monroe in den Fischen steht, wird ihr von ihrem inferioren Element aus einige Schwierigkeiten bereiten, wenn sie in Liebesbeziehungen und sexuellen Beziehungen nicht äußerst vorsichtig ist. Bezüglich ihres Gefühlslebens muß sie übrigens in jeder Hinsicht Vorsicht walten lassen, da sie dazu tendiert, sich — wie der Professor aus dem «Blauen Engel» — von «etwas» in ihrem Inneren «leben zu lassen», das ihrem Bewußtsein verschlossen ist.

Die ausgeprägte Dualität zwischen ihrem mit so vielen persönlichen Faktoren besetzten Element Luft und dem so unpersönlichen, jedoch stark besetzten Element Wasser erzeugt eine große Spannung in ihrem Charakter, die sich in Angepaßtheit an das äußere Leben und Unangepaßtheit an das innere manifestieren kann. Auf die Anlage bezogen steht der Aszendent im Feuerelement, und es kann als das Element fungieren, in das Marilyn Monroe ausweicht. Dadurch kann sie möglicherweise die Tendenz entwickeln, immer öfter und mit immer größerer Hingabe dort zu verweilen, wo sich neue Möglichkeiten abzeichnen, denen sie — wie dies den Feuerzeichen eigen ist — vielleicht in übertriebener Weise anhängt. Möglicherweise will sie immer wieder das Neue und kreiert eine phantastische Zukunft, in die ihr niemand folgen kann. (Ein Astrologe wird aus dem Horoskop eines ihm unbekannten Menschen nie entnehmen können, *wie und in welchem Ausmaße* bestimmte Faktoren zum Ausdruck kommen;

wohl aber vermag er die Gefahr als solche zu erkennen und kann davon ausgehen, daß sie zumindest eine gewisse Rolle spielt.)

Die elementare Spannung ist im Horoskop von Marilyn Monroe größer als beispielsweise im Horoskop von Fred, obwohl das in der Anlage (Zeichen) starke Luftelement auch bezüglich der Umstände (Häuser) seine Bedeutung behält, was auf den ersten Blick ein durchaus positives Bild ergibt. Einerseits hat dies zur Folge, daß sie ihre kommunikativen und intellektuellen Fähigkeiten mit großem Erfolg einsetzen kann, doch bedeutet es zugleich auch, daß die zu starke Dominanz des Luftelements automatisch einen ebenso starken Druck des Gegenpols Wasser herausfordert. Nicht das Bewußtsein in sich ist hier konfliktgeladen — die Ursache der Probleme liegt in der gespannten Beziehung zwischen Bewußtsein und Unbewußtem. Nun besteht zwischen diesen natürlich in gewissem Maße immer eine Spannung, doch sollte inzwischen klar geworden sein, daß hier deren Ausmaß ungewöhnlich stark ist. Bei allen weiteren Deutungen dieses Horoskops müssen wir uns immer über diese Spannung im klaren sein.

Zum Schluß noch ein drittes Beispielhoroskop, das von Peter. Hier liegt folgende Besetzung der Elemente vor:

Elemente	in den ***Zeichen***	in den ***Häusern***	gesamt
Feuer	☉ ♇ AS		3
Erde	☽ MC ♄	☽ ♄ ♂ ♀	7
Luft	♂ ♆ ♀ ♃	♆ ♃ ♅	7
Wasser	♅ ☿	☿ ☉ ♇	5

In Peters Horoskop (Zeichnung auf Seite 82) fällt sofort die breite Streuung der Elemente auf. Sonne und Aszendent stehen in Feuer, im entgegengesetzten Element Erde stehen die persönlichen Faktoren Mond und Himmelsmitte, im Luftelement finden wir Venus und Mars und in Wasser den nicht zu unterschätzenden Merkur. Auf den ersten Blick läßt sich nur schwer ausmachen, welche Faktoren schließlich die Oberhand gewinnen werden. Meine Erfahrung lehrt mich, daß in solchen Fällen in erster Linie die Sonne, aber auch Aszendent und Merkur sehr wichtig sind. Die Sonne spielt vor allem in der Kindheit oft eine stärkere Rolle. In Peters Horoskop steht sie im Feuerelement, und Merkur in den Fischen kann dabei als unterstützendes Element wirken.

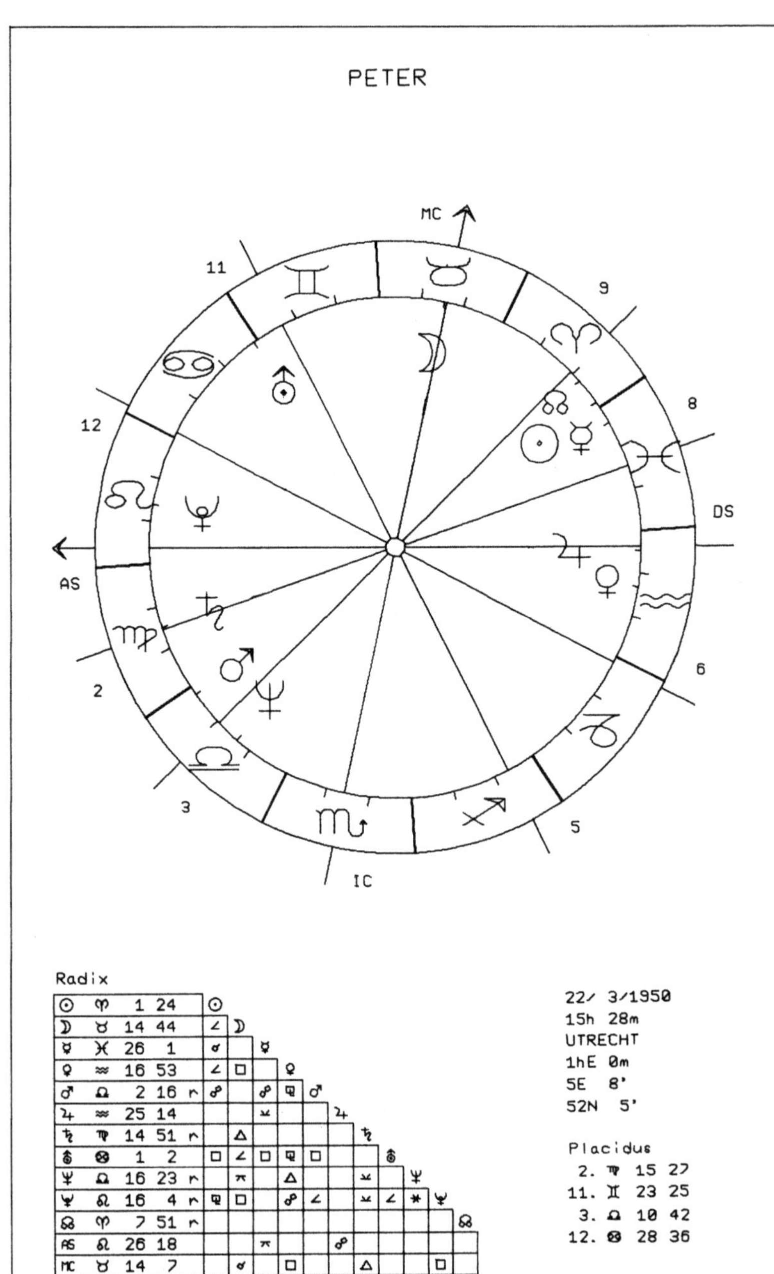
PETER
MC
DS
AS
IC
11
9
8
12
6
2
3
5
Radix
☉ ♈ 1 24
☽ ♉ 14 44
☿ ♓ 26 1
♀ ♒ 16 53
♂ ♎ 2 16 r
♃ ♒ 25 14
♄ ♍ 14 51 r
♅ ♋ 1 2
♆ ♎ 16 23 r
♇ ♌ 16 4 r
☊ ♈ 7 51 r
AS ♌ 26 18
MC ♉ 14 7
22/ 3/1950
15h 28m
UTRECHT
1hE 0m
5E 8'
52N 5'
Placidus
2. ♍ 15 27
11. ♊ 23 25
3. ♎ 10 42
12. ♋ 28 36

In der Praxis zeigt sich, daß Peter die Welt der Erscheinungen in der Tat hauptsächlich vom Element Feuer aus betrachtete. Dies hat sich jedoch im Laufe der Jahre allmählich verändert. Im Horoskop spiegelt sich dies in der ziemlich stark mit persönlichen Faktoren besetzten Feuer-Anlage wider, während bezüglich der Umstände das Element Feuer unbesetzt ist. Wenn auch zahlenmäßig Luft und Erde am stärksten vertreten sind, zeigt sich, daß diese Elemente deshalb nicht gleichzeitig auch für das Bewußtsein am wichtigsten sein müssen. Das Element Erde erfährt — sowohl in der Anlage als auch die Umständen betreffend — durch den Mond eine Betonung, wobei, die Umstände betreffend, noch Venus und Mars hinzukommen. Im Element Wasser hingegen, das rein zahlenmäßig weniger Faktoren enthält, finden wir Merkur sowohl in der Anlage als auch bezüglich der Umstände, und die Umstände betreffend steht außerdem auch die Sonne im Wasserelement. Hinzu kommt, daß das Element Wasser gut mit dem Element des Bewußtseins, Feuer, harmoniert, während Erde dem Element Feuer entgegengesetzt ist. Dies führt dazu, daß Feuer und Wasser für das Bewußtsein (zumindest im ersten Teil des Lebens) prägend sind.

Starke Reaktionen erfolgen vom Element Erde und in geringerem Maße auch vom Element Luft aus. Das erzeugt eine schwankende Grundlage, und es besteht die Möglichkeit, daß Peter im Laufe seines Lebens eine andere Richtung einschlagen wird als die, die ihm die Sonne weist: Was die Lebensumstände (Häuser) betrifft, finden wir keine Planeten im Feuerelement, während Erde insgesamt sehr stark besetzt ist. Dadurch erhält Peter zwei Möglichkeiten: Um die Spannung zwischen Feuer und Erde zu vermindern, kann er in die Funktion ausweichen, die das Element Wasser repräsentiert, und dieses Element allmählich (und natürlich unbewußt) zu seinem superioren Element umbilden. Eine zweite Möglichkeit ist, daß er zu einem bestimmten Zeitpunkt in seinem Leben eine (zeitweilige oder permanente) Wendung unternimmt und das Element Erde zu seiner superioren Funktion «erhebt».

Der Wechsel von einer Funktion zur anderen ist keineswegs so simpel, wie es hier vielleicht scheinen mag. In der Praxis äußert er sich oft im Durchleben mancherlei Krisen, in denen neurotische Symptome einen Menschen auf die Probleme stoßen, die ihm die meisten Schwierigkeiten bereiten. Bei einer so breiten Streuung der Elemente wie bei Peter (wobei gerade das Element, in dem Sonne und Aszendent stehen, bezüglich der Umstände überhaupt nicht in Erscheinung tritt) kann es sein, daß der Betroffene im Laufe des Lebens das Element oder die Funktion «wechselt», was heftige Turbulenzen mit sich bringen kann. Feuer und Erde bilden immer eine Polarität, und Peters Sonne wird sich von einem Hintergrund aus äußern, der in krassem Gegensatz zu dem seines Mondes steht.

Das Element Luft enthält, die Anlage betreffend, die geringste Anzahl persönlicher Faktoren — noch weniger sind es bezüglich der Umstände. Daraus kann man schließen, daß das streng logische und abstrakte Denken nicht Peters stärkste Seite ist. Er wird sich wahrscheinlich nicht sonderlich dafür interessieren. Sein Gefühlsleben hingegen (Element Wasser) wird eine immer größere Rolle für ihn spielen, was dazu führen kann, daß er sich im Laufe des Lebens zu einem völlig anderen Menschen entwickelt.

In diesem Horoskop wirken unter anderem der Aspekt zwischen Venus und Mond, aber auch die übrigen Aspekte dieser beiden Planeten, anfänglich von seinem Unbewußten aus, was im Widerspruch zu dem sich immer weiter entwickelnden Gefühlselement zu stehen scheint (Mond und Venus gelten von alters her als Gefühlsplaneten). Um nicht in Verwirrung zu geraten, müssen wir uns deshalb folgenden Unterschied (noch einmal) deutlich vor Augen führen:

— Die Besetzung der Elemente zeigt an, *welches Element* kennzeichnend ist für die *Art und Weise*, wie die Welt gesehen wird.

— Die Planeten stehen für psychische Energie und diese Energien zeigen weniger eine bestimmte Sicht als vielmehr einen speziellen *Inhalt.*

Jemand, dessen superiores Element beispielsweise Wasser ist, betrachtet alles um sich herum von der Warte seines gefühlsbedingten Unterscheidungsvermögens aus, was jedoch nicht unbedingt heißen muß, daß ein solcher Mensch warmherzig und gefühlvoll ist; ob das der Fall ist, ist aus der Stellung der Planeten zu ersehen.

Doch kommen wir wieder auf Peters Horoskop zurück. Obwohl das in der Anlage betonte Element Feuer in der Kindheit starken Einfluß hat, steht keineswegs fest, daß dies auch später im Leben so bleiben wird. Die Besetzung der Elemente zeigt verschiedene Spannungen, die sich in Krisen äußern können und möglicherweise bewirken, daß Peter später eine völlig andere Richtung einschlagen wird. Sein in der Anlage stärkstes Element bleibt das Feuer, was impliziert, daß er, welche Richtung er auch wählen wird, eine neue Hauptfunktion niemals so gut verfeinern und differenzieren kann wie seine ursprüngliche superiore Funktion.

Die Besetzung der Elemente ist für sich bereits ein sehr wichtiger Faktor des Horoskops. Die Horoskopanalyse erhält jedoch eine noch umfassendere Perspektive, wenn wir die Besetzung der drei Kreuze miteinbeziehen. Die folgenden zwei Kapitel gehen ausführlich auf das Thema der Kreuze ein. In Kapitel 5 wird dann beschrieben, wie die Besetzung der Elemente in Verbindung mit der Besetzung der Kreuze gedeutet werden kann.

Kapitel 3

Die drei Kreuze als Ausdruck psychischer Energie

Energie

Ganz gleich, ob wir die Vorgänge in der Natur beobachten, alte Lebensweisheiten studieren, Astrologie praktizieren oder auf anderem Wege zu Einsicht zu gelangen versuchen, immer wieder stoßen wir auf fundamentale Lebensgesetze. Eines der wichtigsten Gesetze lautet, daß nichts in seiner ursprünglichen Form erhalten bleibt. Schon Heraklit erkannte diese Gesetzmäßigkeit; er gab ihr den Namen *Enantiodromia*, der, kurz gesagt, bedeutet, daß sich alles irgendwann in sein Gegenteil verwandelt. C. G. Jung sagte diesbezüglich:
»Alles Menschliche ist relativ, weil alles auf innerer Gegensätzlichkeit beruht, denn alles ist energetisches Phänomen. Energie aber beruht notwendigerweise auf prä-existentem Gegensatz, ohne welchen es gar keine Energie geben kann. ... Immer muß hoch und tief, heiß und kalt usw. vorausgehen, damit der Ausgleichungsprozeß, der Energie ist, stattfinden kann. ... Alles Lebendige ist Energie und beruht daher auf Gegensätzlichkeit. ... Nicht eine Konversion ins Gegenteil, sondern eine Erhaltung der früheren Werte zusammen mit einer Anerkennung ihres Gegenteils ist das erstrebenswerte Ziel.«[1]

Etwas wie «Gut» oder «Böse» kann nur mit Hilfe des Gegensatzes erkannt werden. Wenn es «das Böse» nicht gäbe, könnte man mangels Unterscheidungsmöglichkeit auch das «Gute» nicht erkennen. *»Denn nur durch die Intensität der Finsternis vermag das Strahlen des Lichts in seiner ganzen Fülle sichtbar zu werden. Erst Licht und Dunkel bilden einen Tag; erst Gut und Böse bilden einen Menschen.«*[2]
C. G. Jung sagt daher zu Recht: *»Einem Menschen seinen Schatten gegenüberstellen heißt, ihm auch sein Licht zeigen. ... Er weiß, daß Dunkel und Hell die Welt ausmachen. ... Wer zugleich seine Schatten und sein Licht wahrnimmt, sieht sich von zwei Seiten, und damit kommt er in die Mitte.«*[3]

Die Identifikation mit einem der Gegensätze — ob es sich dabei um das Gute oder um das Böse handelt — bringt in gleichem Maße die Seite zutage, mit der man sich — und sei es auch nur unbewußt — nicht identifizieren will. Wer nur das Gute will, nimmt eine einseitige Haltung ein. Nicht, daß das «Gute» damit selbst «böse» würde, doch jede Form von bewußtem oder zwanghaftem Festhalten ruft eine unbewußte Kraft hervor — in diesem Fall unbeabsichtigte «böse» Folgen —, um die bewußt gewählte, jedoch einseitige Form, die Suchtcharakter hat, zu unterminieren oder zumindest zu kompensieren. Jede Form der Sucht wirkt sich schließlich negativ aus, ob es sich um Alkohol, Morphium oder auch um eine Form von Idealismus handelt. Es ist gefährlich, sich über längere Zeit für nur eine Seite der eigenen inneren Gegensätze zu entscheiden. Gut und Böse bilden zusammen eine paradoxe Totalität.[4]

Das Erkennen dieser Gegensätze macht Gut und Böse zu relativen Eigenschaften, und diese Relativität gilt für jeden Aspekt des Lebens. Alles hat zwei Seiten, und beide Gegensätze sind gleichzeitig existent,[5] wobei allerdings eine Seite sich jeweils deutlicher manifestiert und dadurch in den Vordergrund tritt.

Die menschliche Psyche, die die Gegensätze «bewußt» und «unbewußt» umfaßt, strebt — wie alles in der Natur — einen Zustand des Gleichgewichts an. Deshalb ist es völlig natürlich, daß eine starke Aktion einer Seite der Psyche eine starke Gegenreaktion der anderen hervorruft. So können wir beispielsweise beobachten, daß nach großen positiven intellektuellen Leistungen des Bewußtseins oft starke emotionale Reaktionen negativer Art auftreten. Die Idee der *Enantiodromia* — daß sich alles in sein Gegenteil, in seine andere Seite verwandelt — kommt fortwährend im Leben zum Ausdruck. Beide Aspekte eines bestimmten Themas wechseln einander beständig ab.

«So z.B. folgen im Unbewußten, wenn es völlig seinem natürlichen Ablauf überlassen wird, positive Inhalte den negativen und umgekehrt. Handelt es sich um ein Phantasiebild, welches das lichte Prinzip darstellt, so folgt unverzüglich darauf ein Abbild des dunklen Prinzips. ... Diese Relationen werden untereinander geregelt und in ständiger lebendiger Spannung erhalten durch die Bewegungen und Umsetzungen der psychischen Energie. Denn alle diese Gegensatzpaare sind nicht nur ihrem Inhalt nach als Gegensätze gedacht, sondern auch in bezug auf ihre energetische Intensität.«[6]

Beziehen wir dies auf das »*Tao Te King*« von Lao-Tse[7], so sehen wir, daß das hier beschriebene Prinzip in der Zeile «Die Zwei erzeugt die Drei» enthalten ist: Die Struktur der Gegensätze (Zwei) bringt notwendigerweise einen dritten Faktor hervor (Drei), nämlich die Energie, die diese Gegensätze zu vereinen sucht. Und genau diese (psychische) Energie ist es, die in der Astrologie durch die drei Kreuze zum Ausdruck kommt, wobei die Kreuze für drei verschiedene Strömungsrichtungen dieser verbindenden Energie stehen.

Das Prinzip der Gegensätze finden wir übrigens nicht nur bei Heraklit und in den Abhandlungen von C. G. Jung; es kommt in vielen Kulturen in den verschiedensten Formen vor. Das altchinesische Gedankengut, das Richard Wilhelm uns als einer der ersten erschlossen hat, ist ein hervorragendes Beispiel hierfür. Es sucht nämlich die Überbrückung von zwei (vermeintlich unvereinbaren) Gegensätzen in dem Umstand, daß sich das Gegensätzliche in der Zeit trifft. Es handelt sich dabei um die Vorstellung, daß zwei Zustände, wie unvereinbar sie auch scheinen, vereinbar werden, indem sie zeitlich aufeinanderfolgen und der eine Zustand in den anderen umschlägt. Dies ist übrigens der Grundgedanke eines anderen altchinesischen Werkes, des »I Ging, des Buches der Wandlungen«: *»Gegensatz und Gemeinschaft werden durch die Zeit hergestellt.«*[8]

Der Kreislauf der Ereignisse

Wie es bereits im *»I Ging«* zum Ausdruck kommt, ist alles der Veränderung unterworfen und schlägt im Laufe der Zeit in sein Gegenteil um. In der Natur können wir diesen Prozeß am Rhythmus der Jahreszeiten beobachten. Es gibt vier Jahreszeiten mit jeweils drei Monaten. Der jeweils erste Monat trägt das Versprechen der sich ankündigenden Jahreszeit in sich und bildet den Anfang, der zweite Monat stellt den Höhepunkt der Jahreszeit und ihre deutlichste Ausprägung dar; er manifestiert den Anfangsimpuls für eine gewisse Zeit. Doch dann folgt unweigerlich der dritte Monat, der bereits den Übergang zur nächsten Jahreszeit darstellt und die Idee des Loslassens in sich birgt, durch das eine neue Form entstehen kann. Im Anfang jeder Jahreszeit liegt ihr Ende bereits beschlossen, ebenso, wie die Geburt unausweichlich den Tod zu einem späteren Zeitpunkt beinhaltet. Die Tatsache, daß Sommer ist, beinhaltet, daß der Winter kommen wird, und umgekehrt.

Bei dem zyklischen Wechsel der Jahreszeiten läßt sich noch ein anderer Rhythmus beobachten, nämlich der des Anfangs, der Mitte und des Endes bzw. der des ersten, des zweiten und des letzten Monats jeder Jahreszeit. Das kardinale Zeichen in der Astrologie ist das Zeichen, in dem eine neue Jahreszeit ihre endgültige Form annimmt, die dann eine Zeitlang erhalten bleibt (dies entspricht dem fixen Zeichen). Das veränderliche Zeichen bildet den Abschluß einer Jahreszeit — es bringt die Auflösung, damit eine neue Jahreszeit entstehen kann. Der Energiefluß des Lebens, den wir im Rhythmus der Jahreszeiten erfahren, drückt sich astrologisch im Prinzip der Kreuze aus. Dieser universale Rhythmus des Werdens, Seins und Vergehens liegt auch dem »Buch der Wandlungen« zugrunde. Die Einsicht in die Prinzipien dieses uralten Werkes chinesischer Weisheit kann für das Verständnis der astrologischen Kreuze sehr förderlich sein. Deshalb werde ich im folgenden näher darauf eingehen.

Das *»I Ging — Buch der Wandlungen«* beschreibt 64 Hexagramme, die in einem beigefügten Kommentar näher erläutert werden. Ein Hexagramm setzt sich aus sechs Linien zusammen und ist in zwei Trigramme untergliedert. Ein Trigramm besteht, wie das Wort schon andeutet, aus drei Linien. Insgesamt gibt es acht verschiedene Trigramme, die aus geteilten und/oder ungeteilten Linien bestehen.
»Innerhalb der Welt des polaren Gegensatzes wird nun wieder der primäre, positive Pol durch einen ungeteilten (Yang-)Strich bezeichnet und der sekundäre, negative Pol durch einen geteilten (Yin-)Strich.«[9]

———	Yang, ungeteilt, positiv, das lichte Prinzip
— —	Yin, geteilt, negativ, das dunkle Prinzip

»Zusammen mit der Ursetzung erhalten wir daher eine Dreiheit als Grundlage der Wirklichkeit. So heißt es bei Lao-Tse: 'Die Eins erzeugt die Zwei, die Zwei erzeugt die Drei, und die Drei erzeugt alle Dinge.' Das wird nun an den Anfang gesetzt für alle Erscheinungen.«[10]
Dies heißt, daß der Mensch durch die scheinbare Dualität (zwei) des irdischen Daseins mittels des Strömens der (psychischen) Energie in die Lage versetzt wird, zum Mittelpunkt zurückzukehren, dem Ausgangspunkt vor dem Manifestwerden durch Dualität oder, wie Wilhelm es nennt, der Ursetzung.

Diese beiden Gegensätze bilden also zusammen mit der verbindenden, gleichgewichtserzeugenden Energie als Drei-Einheit die Grundlage der Wirklichkeit. Diese Drei-Einheit wird im *»I Ging«* symbolisch durch das Trigramm dargestellt. Drei entweder geteilte oder ungeteilte Linien ergeben $2^3 = 8$ mögliche Kombinationen; diese acht Trigramme spiegeln die Kombination der männlichen, ungeteilten Linie mit der weiblichen, geteilten Linie wider. Daraus ergeben sich folgende Möglichkeiten:

☰ *Kien*, das Schöpferische, der Vater

☷ *Kun*, das Empfangende, die Mutter

☳ *Dschen*, das Erregende, der älteste Sohn

☵ *Kan*, das Abgründige, der zweite Sohn

☶ *Gen*, das Stillehalten, der jüngste Sohn

☴ *Sun*, das Sanfte, die älteste Tochter

☲ *Li*, das Haftende, die zweite Tochter

☱ *Dui*, das Heitere, die jüngste Tochter

Das erste Trigramm, *das Schöpferische*, ist dem zweiten, *das Empfangende*, entgegengesetzt und steht für das Vorwärtsstrebende. Für *das Schöpferische* gibt es keine rückwärtsgerichtete Bewegung, es ist Bewegung im Sinne von Sich-Entfalten und entspricht dem Begriff der Extroversion, wie C. G. Jung ihn beschreibt. *Das Empfangende* hingegen scheint sich in einem Ruhezustand zu befinden: Es hält die Bewegung in seinem Inneren und ist in sich geschlossen, womit eine eindeutige Übereinstimmung mit dem Begriff der Introversion gegeben ist (vergleiche Kapitel 1 dieses Buches). Diese Einteilung ist übrigens mit der astrologischen Unterteilung in positive und negative Zeichen vergleichbar.

Das altchinesische Denken bedient sich einer Bildersprache. Als Auswirkung dieser Denkungsart ist das gesamte *»I Ging«* in einer Art Symbolsprache geschrieben, wodurch dieses Buch für uns abstrakter denkende Menschen des Westens schwer zu verstehen ist. Das Symbol für das erste Trigramm wird als *das Schöpferische, der Vater* und das Symbol für das zweite als *das Empfangende, die Mutter* bezeichnet. Diese beiden Trigramme, die bildlich als Vater und Mutter dargestellt werden, stehen für die polaren Gegensätze, die in der westlichen Denkweise eher durch die Begriffe *positiv* und *negativ* definiert werden. Abstrakt ausgedrückt fließt zwischen dem positiven und dem negativen Pol Energie; im chinesischen Denken wird dies durch das Bild der Vereinigung von Vater und Mutter dargestellt, aus der als Ergebnis des Energieflusses Kinder hervorgehen. Von den acht Grundtrigrammen symbolisieren zwei die Eltern, die restlichen sechs die Kinder: drei Töchter und drei Söhne.

Diese Bildersprache birgt einen wahren Schatz an Weisheit. Über die Polarität (positiv-negativ, männlich-weiblich, Licht-Dunkel usw.) haben wir bereits gesprochen. Diese Polarität kann sich entsprechend den drei Kreuzen und den drei Monaten einer Jahreszeit auf drei Arten äußern. Im Bild der Nachkommen sehen wir, daß die Polarität Mann-Frau sich bei den männlichen und weiblichen Kinder auf drei Arten zeigt. Die Polarität erfährt eine psychologische Ausdifferenzierung, da auch das männliche Kind in bezug auf die Linien des Trigramms eine (unbewußte) weibliche Seite in sich birgt und umgekehrt das Kind weiblichen Geschlechts entsprechend einen (unbewußten) männlichen Teil.[11]

Die Prinzipien, die der Reihe der Bilder des bzw. der ältesten, mittleren und jüngsten Sohns bzw. Tochter zugrundeliegen, sind die gleichen, die auch im Rhythmus der Jahreszeiten und in der Reihe der Kreuze enthalten sind: kardinal, fix und veränderlich.

Kardinal

Der älteste Sohn, *Dschen*, wird als Ätherenergie beschrieben, als das Erregende und die Elektrizität, die sich beispielsweise bei Frühlingsanfang in der Erde regt.

Die älteste Tochter, *Sun*, wird durch den Wind symbolisiert: die Kraft, die ohne Gewaltanwendung überall eindringt und die allgegenwärtig ist. Dies ist das wirkliche Prinzip des Eindringenden: Nicht — wie beim männlichen Gegenstück — auf eine abrupte Weise, sondern auf eher passive Art.

Der Anfangsimpuls, der hier symbolisch dargestellt wird, ist derjenige, mit dem auch die Jahreszeit beginnt: der erste Monat. Das kardinale Kreuz ist die astrologische Entsprechung dazu. Obwohl die Kreuze in astrologischen Werken sehr unterschiedlich beschrieben werden, ist man sich bezüglich der Tatkraft, der Aktivität, des Schöpferischen und der Idee des Beginns als des Charakteristikums der kardinalen Zeichen einig: Widder, Krebs, Waage und Steinbock.

Fix

Der zweite Sohn, *Kan*, zeigt uns das Bild der Energie, die im Wasser zu finden ist, das in sich selbst in Bewegung ist und sich als Wasser, Regen, Wasserfall, Wolke usw. manifestiert.

Die zweite Tochter, *Li*, ist die Flamme: Das Haftende, das etwas anderes, etwas Brennbares benötigt, um in Erscheinung zu treten.

Wenn es sich an etwas heften und darauf gründen kann, kann Klarheit und Licht entstehen.

Sowohl das Sich-Äußern in verschiedenen Erscheinungsformen des Wassers als auch das Brennen des Feuers sind Prozesse, die ihren Anfangsimpuls nicht aus sich selbst beziehen, sondern von etwas anderem, das vorausgehen muß. Wasser bleibt Wasser und Feuer bleibt Feuer — es gibt keine Veränderung, und diese Unveränderlichkeit sehen wir — neben Stetigkeit, Trägheit, Stabilität und dem Drang zu bewahren — auch als Merkmal des fixen Kreuzes. Zu diesem gehören die Zeichen Stier, Löwe, Skorpion und Wassermann.

Veränderlich

Der jüngste Sohn, *Gen*, wird durch den Berg symbolisiert. Im alten China hatte der Berg eine andere Bedeutung als bei uns im Westen. Er wurde als Zentrum des Lebens und nicht isoliert von seiner Umgebung gesehen. Alles, was auf dem Berg lebte und wuchs — auch die Wolken, die durch ihn entstanden — gehörte zum Bild des Bergs. Richard Wilhelm sagt dazu:

»Indem hier das Himmlische gleichsam auf Erden konzentriert ist — unten das Irdische und oben das Himmlische —, werden die atmosphärischen Einflüsse herabgezogen, und das Leben kommt in Harmonie.«[12]

Dui, die jüngste Tochter, ist ebenfalls in Harmonie und umfaßt ebenso wie der Berg Leben und Tod. *Dui* ist der Herbst: Wegen der Ernte eine fröhliche Zeit, aber gleichzeitig auch die Zeit, in der die Natur abzusterben beginnt.

»Und in dieser letzten, alles vergoldenden Heiterkeit liegt eine gewisse Strenge verborgen, die sich zunächst noch nicht zeigt, die aber im Innerlichen doch schon vorhanden ist.«[13]

Dui hat als Symbol das unbewegte Wasser in der Form eines stillen Sees, im Unterschied zu dem bewegten Wasser *Kans*, des zweiten Sohnes. Der Abschluß einer Jahreszeit und die Vorbereitung der folgenden ist in diesem Wachsen und Sterben enthalten; das kardinale und das fixe Kreuz finden ihre Harmonie, auch ihre Zerstreuung und Auflösung, im veränderlichen Kreuz, das astrologisch dem jüngsten Sohn und der jüngsten Tochter entspricht.

Weiterhin beinhaltet das veränderliche Kreuz Veränderung, Wechsel, Anpassung, Instabilität und eine gewisse Form von Dienstbarkeit. Auch wird ihm Harmonie zugeschrieben. Nach dieser ausgleichenden und harmonisierenden Bewegung, nach dem Prozeß des

Vergehens und Sich-Auflösens, kann eine neue Bewegung einsetzen, womit wir wieder bei einem Kardinalzeichen angelangt sind. Die Zeichen Zwillinge, Jungfrau, Schütze und Fische gehören zum letzten, dem veränderlichen Kreuz.

In all diesen Beschreibungen drückt sich die bereits erwähnte einfache Wahrheit aus, daß nichts in seiner ursprünglichen Form erhalten bleibt: Das Leben ist ein fortwährender Wechsel von Anfang und Wachstum, Stabilisierung und Konkretisierung, Suche nach Harmonie und deren Auflösung, um schließlich wieder zu einem neuen Anfang und zu neuem Wachstum zu gelangen. Dieses Energieprinzip, das bildlich im Aufbau des *»I Ging«* dargestellt ist und sich in der Natur im Rhythmus der Jahreszeiten und in der Astrologie im Prinzip der Kreuze wiederfindet, wird in der Jungschen Psychologie *Libido* (nicht mit dem begrenzteren Libidobegriff S. Freuds zu verwechseln!), *psychische Energie* oder *Lebensenergie* genannt.

Lebensenergie

So, wie die ganze Natur und das ganze Leben sich in ständiger Bewegung befinden, ist auch das psychische System des Menschen als untrennbarer Bestandteil der Natur und des Lebens in fortwährender Bewegung. C. G. Jung schreibt dies der psychischen Energie zu, die er definiert als:
»... die Gesamtheit jener Kraft, die sämtliche Formen und Tätigkeiten dieses psychischen Systems durchpulst und miteinander verbindet.«[14]
Psychische Energie oder Libido ist die Intensität des psychischen Prozesses und sein psychologischer Wert. In dem Buch »Psychologische Typen« sagt Jung außerdem, daß man unter dem Begriff «psychologischer Wert» kein moralisches, ästhetisches oder intellektuelles Werturteil verstehen darf, sondern daß der Wert von der determinierenden Kraft abhängig ist, die sich in gewissen psychischen Wirkungen wie z.B. Leistungen äußert.[15] *Psychische Energie* hat nichts mit dem Vorhandensein oder Nicht-Vorhandensein von psychischer Kraft zu tun — es handelt sich vielmehr um eine Form von Energie in dem Sinne, wie auch die Physik ihn kennt. Für diese Energie ist charakteristisch, daß sie objektiv in den Erscheinungen an sich nicht vorhanden, sondern nur in der spezifischen Erfahrungsgrundlage gegeben ist. Jolande Jacobi fügt zur Verdeutlichung hinzu:

»Aktualisiert erscheint die psychische Energie immer in den spezifischen Phänomenen der Psyche wie Trieb, Wunsch, Wille, Affekt, Arbeitsleistung etc. Der Wille ist z.B. ein spezieller Fall von gerichteter, durch das Bewußtsein geleiteter psychischer Energie. Ist sie jedoch nur potentiell vorhanden, dann erscheint sie in spezifischen Errungenschaften, Möglichkeiten, Bereitschaften, Einstellungen etc.«[16]

C. G. Jung faßt den psychischen Prozeß als einen Lebensvorgang auf, und in diesem Zusammenhang sieht er die psychische Energie oder Libido als eine Spezifikation der Lebensenergie, die eine spezielle Funktion hat: die Beziehungen zwischen den Gegensätzen zu regulieren und in einer permanenten Spannung zu halten. Je größer die Gegensätze in einem bestimmten psychischen Prozeß sind, um so intensiver wird sich die psychische Energie in Form von Handlungen, Phantasiebildern, Träumen usw. äußern, da die Psyche ein sich selbst regulierendes System ist: Sie strebt stets danach, einen Gleichgewichtszustand herzustellen, indem sie psychische Energie (oder Libido) fließen läßt. Diese Bewegung der Libido braucht keinesfalls ein bewußter Prozeß zu sein; oft genug ist zu beobachten, daß unbewußte Prozesse mittels der Libido eingreifen, wenn bewußte Prozesse einen Zustand herbeigeführt haben, in dem die Psyche des Individuums zu sehr aus dem Gleichgewicht geraten ist.

Aus dem Vorangegangenen ergibt sich, daß die Libido sich verlagern kann, was ganz und gar dem physikalischen Energiegesetz entspricht: Bei natürlichem «Gefälle» fließt Energie. Im Gesamtsystem der Psyche jedoch bleibt die Energiemenge konstant, wie C. G. Jung betont; nur die Energieverteilung ist variabel. Im Falle einer psychischen Gegensätzlichkeit bewirkt die energetische Aufladung eines Pols zunächst, daß automatisch vom Gegenpol Energie abgezogen wird. Dies kann sich so lange fortsetzen, bis die entstehende Differenz zu groß geworden ist. Aufgrund des so entstandenen Gefälles fließt die Energie dann wieder in die entgegengesetzte Richtung.

In seinem Buch *»Über psychische Energetik«*[17] unterscheidet Jung zwei Bewegungsrichtungen der psychischen Energie (siehe hierzu auch Kapitel 4 in diesem Buch): Die progressive Bewegung ist von grundlegend anderer Art als die regressive, jedoch sind beide unentbehrlich für unser tägliches Leben. Die Begriffe *progressiv* und *regressiv* dürfen keinesfalls mit *gut* und *schlecht* verwechselt werden und ebensowenig mit Evolution und Involution, da sie lediglich Energiebewegungen beschreiben und keinerlei Bewertungen beinhalten. Diese Phänomene sind eher mit *Diastole* und *Systole* zu vergleichen, wobei die Diastole als die sich ins All ausbreitende Extroversion der Libido umschrieben werden könnte und die Systole als die Kontraktion der Libido auf das Individuum. Außerdem sagt Jung, daß die progressive Bewegung ihre Richtung durch das Bewußtsein erhält.

»Die Progression der energetischen Bewegung besteht im fortwährenden Weiterschreiten des gerichteten Anpassungsprozesses an die bewußten Lebensforderungen und in der dazu notwendigen Differenzierung der psychologischen Einstellung und der superioren Funktionen.«[18]

»Diese Leistung aber fordert vom Individuum eine Einstellung auf eben diese Wirklichkeitsbedingungen, die praktisch stets eine gewisse Einseitigkeit zur Folge haben wird. Wenn jemand die Ansprüche der Wirklichkeit mit Hilfe einer Denkeinstellung zu erfüllen gewohnt ist, wird dabei die Gefühlseinstellung nicht dieselbe Ausbildung erfahren. Kommt er aber nun in eine Situation, der gegenüber die Denkeinstellung versagt und deren Konflikt nur mit der Gefühlseinstellung zu lösen ist, wird er versagen. Die Folge wird eine Stauung der Libido sein, da diese sich nicht mehr in der Progression auswirken kann.

Während es zum Wesen der Progression als geglücktem Anpassungsprozeß gehört, daß in ihr die Impulse und die Gegenimpulse ausgleichend aufeinander einwirken — wie es z.B. im Denkprozeß als Abwägen der Gründe und Gegengründe deutlich wird —, ist die Stauung gekennzeichnet durch einen Konflikt der Gegensatzpaare, der infolge seiner inneren Spannung zu Verdrängungsversuchen führt. Damit aber ist der Boden der Neurose vorbereitet; denn die Handlungen, die aus diesem Zustand heraus erfolgten, werden durch die jetzt nicht mehr ausgleichende, sondern störende Einwirkung des nun verdrängten Gegenimpulses — störend, da verdrängte Impulse ja eine den bewußten Tendenzen zuwiderlaufende Wirkung besitzen — erschwert oder gar unmöglich gemacht. Mit dem Ausbruch des Konfliktes — der Neurose — aber setzt zugleich eine rückläufige Bewegung der Libido ein, durch die auf einer neuen Ebene ein Ausgleich vorbereitet wird: der Prozeß der Regression, in dem die verschwundene Intensität der Progression wiedererscheint. In ihm kommen diejenigen Kräfte zum Durchbruch, 'die hinsichtlich der Anpassung nicht in Betracht kommen und deshalb selten oder nie zu bewußter Verwendung gelangen', also mit anderen Worten die Kräfte des Unbewußten. Dies sind die Inhalte, die in der Analyse zum Vorschein kommen.

Während aber Freud sie als Verdrängungen, die den neurotischen Konflikt hervorgerufen haben, auf ihre Ursachen reduzieren würde, ohne sie als irgendwie konstruktiv wichtig für die Psyche anzuerken-

nen, während Adler diese unbewußten Inhalte als auf Machterringung gerichtet ebenfalls reduzieren und ausschalten müßte, sieht Jung in ihnen hohe konstruktive Werte: In ihnen ist die in der gegebenen Situation notwendige Anpassungsfunktion enthalten, die bisher nicht ausgebildet war, eben deshalb auch zunächst in 'embryonaler resp. archaischer und unentwickelter Form' zum Ausdruck kommt. (Gerade diese archaische und unentwickelte Form gibt Anlaß zu dem Irrtum, es handle sich um primitive Werte, während sich in Wirklichkeit das Unbewußte nur einer archaischen Ausdrucksform bedient. Anmerkung der Autorin) *Die Aktivierung unbewußter Inhalte durch die Regression hat also eine große aufbauende Rolle gespielt: In der Regression sind durch Energieumsetzungen die Mittel zu einer 'Progression veränderter Art, die eine bessere Anpassung an die Umweltbedingungen darstellt', geliefert worden. In diesem Sinne also stellt die Regression ein Zurückgreifen auf das unerschöpfliche Kräftereservoir des Unbewußten, auf dessen nach außen noch nicht in Erscheinung getretene Möglichkeiten dar.«*[19]
Aus dieser ausgezeichneten Darlegung von Dr. Gerhard Adler geht hervor, daß bei einer Regression immer das Unbewußte intensiviert wird, wodurch dieses mit Energie überlastet werden und unerwünschte bzw. unbewußte Reaktionen erzeugen kann.[20] Folglich kann man die Regression sicherlich nicht als negativ bezeichnen; sie ist lediglich ein Mechanismus der Psyche, der dazu dient, Störungen zu beheben, um den Gleichgewichtszustand der Psyche wiederherzustellen bzw. diese zu erweitern, nachdem die an die Oberfläche gebrachten Komplexe verarbeitet sind.

Im täglichen Geschehen wechseln progressive und regressive Prozesse einander beständig ab: Alles, was wir bewußt wollen, bewußt tun, jede zielgerichtete Konzentration, jedes psychische Bemühen ist ein Ausdruck der progressiven Richtung der Libido. Hingegen sind Ermüdungen, Zerstreutheit, Schlaf und emotionale Reaktionen Warnsignale der regressiven Richtung der Libido, die notwendig sind, damit sich die progressive Richtung nicht zu einseitig durchsetzt bzw. um das verlorene Gleichgewicht wiederherzustellen. Zusammenfassend können wir sagen, daß die Progression auf der Notwendigkeit der Anpassung an das «Außen» beruht und die Regression auf der Notwendigkeit der Anpassung an das «Innen» bzw. an das eigene innere Gesetz des Individuums gründet. Progression und Regression sind lediglich unterschiedliche Phasen der energetischen Bewegung, wobei die Intensität der Bewegung durch die unterschiedliche Ladung der verschiedenen psychologischen Inhalte bestimmt wird.

Die Kreuze als Ausdruck der Lebensenergie

Die progressive Richtung der Libido entspricht ohne Zweifel dem kardinalen Kreuz. Das kardinale Kreuz symbolisiert die nach außen gerichtete und treibende Kraft im Kosmos sowie Bewegung und Energie. Das kardinale Kreuz ist vorwärts orientiert, und seine Kraft ist schöpferisch: Anpassung an das Außen. Die Beziehung zwischen kardinalem Kreuz und Bewußtsein beschreibt C. Aq. Libra als den Wunsch des ersteren, sich zu manifestieren.[21] Interessant ist in diesem Zusammenhang, daß Olga von Ungern-Sternberg dieses Kreuz als die Grundstruktur des Menschenbildes bezeichnet, das auch hier wieder dem schöpferischen und manifestierenden Prinzip entspricht: Das Ich und der unbewußt sich in mir befindende Andere (Widder-Waage) als Manifestation in der flüssigen und festen Form (Krebs-Steinbock).[22]

Die regressive Richtung der Libido, die Anpassung an das Innen, finden wir im fixen Kreuz wieder, das für C. Aq. Libra als charakteristische Eigenschaft Fixierung aufweist. R. C. Jansky sagt, daß stark von diesem Kreuz beeinflußte Menschen dazu neigen, alles in sich selbst und nichts außerhalb von sich zu suchen.[23] Frau von Ungern-Sternberg bezeichnet das fixe Kreuz als *Schicksalskreuz*. Es wird durch die Sphinx symbolisiert, die das Rätsel des Lebens in sich trägt; Stier entspricht dem Rumpf der Sphinx, Löwe den mit Krallen versehenen Gliedmaßen, Skorpion den Flügeln (der Adler ist das Symbol für den transformierten Skorpion) und der Kopf dem Zeichen Wassermann.[24] Es ist das «In-sich-selbst-geschlossen-Bleiben», das auch im zweiten Monat der Jahreszeiten zu finden ist oder im Bild des zweiten Sohnes bzw. der zweiten Tochter der Trigramme, aus denen sich das »I Ging« zusammensetzt.

Im dritten Kreuz, dem veränderlichem, vereinigen sich die beiden anderen Kreuze. *»Weisheit und Harmonie kristallisieren sich aus den beiden zuvor genannten Kräften heraus«*, sagt C. Aq. Libra[25], was bedeutet, daß sowohl die regressive als auch die progressive Energierichtung in diesem Kreuz enthalten sind. Deshalb wird das veränderliche Kreuz von alters her als «auflösend«, «beweglich» oder ähnlich charakterisiert. In diesem Kreuz findet die Vorbereitung auf das Neue statt, die regressive Bewegung geht in die progressive über, und diese kann wieder in die regressive umschlagen.

Die Regression birgt den Keim neuer psychischer Gesundheit in sich; eine umfassende Anpassung wird durch sie möglich, und die

Richtung kann anschließend wieder progressiv werden. Olga von Ungern-Sternberg bezeichnet das veränderliche Kreuz als *Christuskreuz* und unterstützt damit die Ansicht von M. E. Hone: Jedes Zeichen, das Teil dieses Kreuzes ist, drückt auf eine ihm eigene Weise Veränderlichkeit aus und hat den Wunsch zu dienen.[26]
Die Energie, die sowohl Progression als auch Regression umfaßt, wird auch im symbolischen Bild des jüngsten Sohnes und der jüngsten Tochter des »I Ging« dargestellt: Verfall und Wachstum, Tod und Leben als zwei verschiedene Energierichtungen — wobei diese der Vorbereitung auf die nächste Phase dienen — sind in diesen beiden Begriffen enthalten.

Heinrich Kündig spricht in seinem Buch *»Das Horoskop«* von *Intensität*[27], obwohl er nicht sagt, worauf sich diese Intensität genau bezieht. Dem kardinalen Kreuz schreibt er große Intensität zu, möglicherweise infolge der progressiven Bewegung der Libido: Diese ist nach außen gerichtet und wird von außen als stark — zumindest als stärker als die regressive Bewegung — erfahren. Dem fixen Kreuz schreibt er nur eine mittlere Intensität zu, und die Intensität des veränderlichen Kreuzes hält er für schwach — möglicherweise deshalb, weil weder die progressive noch die regressive Bewegung vorherrscht, weshalb eine gewisse Oberflächlichkeit und Ziellosigkeit dieses Kreuz zu charakterisieren scheinen. Im veränderlichen Kreuz ist die Energierichtung jedoch aufgrund ihres dualistischen Charakters für den Außenstehenden am schwersten zu erkennen: Dieses Kreuz beinhaltet gleichzeitig Anpassung, Integration und Auflösung.

Wenn wir nun wieder zum *»Tao Te King«* zurückkehren, so sehen wir, daß sich das Leben — sowohl innerhalb unserer Psyche als auch außerhalb von uns — in seiner Gesamtheit in Form scheinbarer Gegensätze manifestiert, und daß diese Gegensätze nach Harmonie streben. Psychische Energie oder Libido wird als dritter Faktor aus der «Zweiheit» geschaffen; sie dient dazu, wieder ein Gleichgewicht herzustellen. Dies kann auf dreierlei Arten geschehen, die in allem Naturgeschehen zu beobachten sind: in Form der Prozesse des Entstehens, des Seins bzw. der Kulmination oder des Vergehens bzw. des Überganges. In den alten Weisheitsbüchern wie dem *»Tao Te King«* und dem *»I Ging«* als auch in den astrologischen Überlieferungen wurden diese Prozesse bereits beschrieben, und auch in der modernen Psychologie hat man entsprechende Energiekreisläufe beobachtet.

Jedes Kreuz besteht aus zwei positiven und zwei negativen Zeichen. Wir finden also zweimal eine stärker extrovertierte und zweimal eine stärker introvertierte Energierichtung. Dies erklärt beispielsweise den scheinbaren Widerspruch beim zurückhaltenden Krebs, der dem schöpferischen und tatkräftigen kardinalen Kreuz zugeordnet wird: Der im Prinzip eher introvertierte Krebs kann sehr wohl die Rolle des Motors oder der treibenden Kraft hinter den Kulissen übernehmen und andere zur Erfüllung der eigenen Ambitionen antreiben. Das Prinzip der Energie der Kreuze ist nicht unmittelbar konkret aufzufassen, sondern als etwas, was sich in der Psyche und in der Natur abspielt, bevor die konkrete Form angenommen wird.

Die psychische Energie dient dazu, Spannungen und innere Konflikte aufzulösen bzw. auszugleichen. Dies ist schon im Namen und in der Struktur des astrologischen Kreuzes enthalten. Das Kreuz besteht aus innerer Spannung, da es aus zwei Paaren einander entgegengesetzter Zeichen aufgebaut ist und zudem noch aus vier Elementen besteht, die einander bezüglich dessen, was sie symbolisieren, völlig ausschließen. Bei den Kreuzen können wir folglich von einer inneren Spannung sprechen: die «Drei-Einheit», die aus vier Teilen (vier Zeichen) besteht. Bei den Elementen hingegen liegt eine äußere Spannung und eine innere Harmonie vor. Die vier Elemente bestehen jeweils aus drei gleichartigen Zeichen: die *Vierheit*, die aus Drei besteht.

Die Worte des *»Tao te King«: «Die Zwei erzeugt die Drei. Die Drei erzeugt alle»* besagen daher auch, daß das System von Gegensätzen zusammen mit dem ausgleichenden dritten Faktor, der Libido, sich auf unendlich viele Arten im Konkreten ausdrücken kann. Auf Erden manifestiert sich dieser Ausdruck der Verschiedenheit des Lebens auf die unterschiedlichsten Arten, doch in ihrem Wesen läßt sich diese unendliche Vielfalt immer auf die Zahl 4 zurückführen; die vier Elemente Feuer, Erde, Luft und Wasser sind die astrologischen Symbole dafür.

Kapitel 4

Die Funktion der drei Kreuze in der astrologischen Deutung

Der Energiebegriff in der Psychologie

Die Einführung des Begriffs *Energie* in die Psychologie und Astrologie ermöglicht es, die einzelnen psychischen Erscheinungen in eine funktionelle Beziehung zueinander zu bringen und einzelne Prozesse innerhalb eines schwer durchdringbaren dynamischen Reaktionsmusters zu unterscheiden, wobei allerdings getan wird, als ob es sich um etwas Statisches handeln würde. Der Begriff *psychische Energie* wurde bewußt der Physik entlehnt — seine ursprüngliche psychologische Bedeutung entsprach der physikalischen. Die allgemeinen physikalischen Gesetze sind nämlich in gewisser Weise auch auf die psychische Energie anwendbar. Doch verselbständigte sich der Begriff *psychische Energie* allmählich, da Untersuchungen immer wieder zeigten, daß die psychologische Variante in einigen Punkten vom traditionellen physikalischen Energiebegriff und von den physikalischen Prozessen abwich. Dies wird vor allem der Tatsache zugeschrieben, daß wir es nicht mit leblosem Material zu tun haben, sondern mit der komplexen menschlichen Psyche, in der eine Vielzahl von Faktoren bei der Entwicklung der psychischen Prozesse mitwirken.[1]

Eine der wichtigsten Übereinstimmungen mit den physikalischen Gesetzen ist das Faktum, daß man erst dann von einem Fließen psychischer Energie sprechen kann, wenn bestimmte Ungleichheiten oder Unterschiede innerhalb der Psyche existieren, so daß eine Art «Gefälle» entsteht. Wie ein Fluß abwärts fließt und wie das Wasser des Flusses durch das Gefälle in Bewegung bleibt, so ist auch der psychische Energiestrom vom Unterschied in der «Ladung» der psychischen Inhalte abhängig.

So, wie wir die physikalische Energie nur anhand der Phänomene, in denen sie sich manifestiert, beobachten können, ist auch die psychische Energie nur anhand spezieller Äußerungsweisen und Reaktionsmuster wahrnehmbar. Durch Untersuchung dieser Faktoren gelangen wir zu einer tieferen Einsicht in die Beschaffenheit dieser Energie.

Die Psyche funktioniert als selbständige Totalität, die auf Anpassung sowohl an äußere Bedingungen und Umstände als auch an innere strukturelle Gegebenheiten des Individuums gerichtet ist. Und wie sich äußere Werte — beispielsweise moralische, ethische, gesellschaftliche und kulturelle — in kurzer Zeit stark verändern können, unterliegen auch innere Werte mit zunehmendem Alter des Individuums einem Wandel. Jeder Lebensabschnitt hat seine eigene psychologische Vorgeschichte, Anforderungen und Bedürfnisse, und die Wechselwirkung mit den sich ständig verändernden äußeren und inneren Werten macht die Psyche zu einem einzigen großen dynamischen System.[2] Die psychische Energie ist es, die dieses gesamte System in Bewegung hält — ob dem Individuum die Art und Weise, wie dies geschieht, angenehm ist oder nicht.

In Kapitel 2 haben wir bereits gesehen, wie wichtig die Unterteilung der Psyche in einen bewußten und einen unbewußten Anteil ist. C. G. Jung ging noch einen Schritt weiter, indem er das Unbewußte weiter unterteilte in:

1. Das persönliche Unbewußte (die obere Schicht des Unbewußten), in dem alle Inhalte eingelagert sind, die bewußt gemacht werden können oder einmal bewußt waren. Dies sind die Dinge, die wir vergessen oder verdrängt haben — die wir nicht mehr wissen wollen. Unsere Komplexe und unsere verborgenen Gaben schlummern in diesem Teil des Unbewußten.

2. Das kollektive Unbewußte (die tieferen Schichten des Unbewußten); diese Schichten werden nie bewußt werden und sind es auch nie gewesen. Das kollektive Unbewußte enthält allgemeine menschliche Aspekte, die keinerlei persönliche Färbung aufweisen. Alle ererbten Reaktionsmuster der Menschheit, gewissermaßen alle «Urinhalte» sind in dieser Schicht eingelagert. Dieser Teil der menschlichen Psyche ist es, der alle Menschen miteinander verbindet, und aus diesem Teil entspringen alle sozialen Motive überall auf der Welt.

Das kollektive Unbewußte wird in der Jungschen Psychologie auch manchmal das *Objektiv-Psychische* genannt, da dieser Bereich ganz von kollektiv-unbewußten und universal-menschlichen Werten aus agiert und «wirkt» und nicht mit persönlichen und daher subjektiven Werten verbunden ist.[3]

Unsere Psyche strebt immer nach einem ausgewogenen Zustand, und die psychische Energie spielt bei diesem Bestreben eine zentrale Rolle. Wenn das Bewußtsein zu stark betont wird und zu starke Verdrängungsmechanismen eingesetzt werden, initiiert das Unbewußte kompensatorische Aktionen, ohne daß das Individuum diese Vorgänge auf irgendeine Weise mit seinem Willen beeinflussen könnte. In solch einem Fall ist das Bewußtsein zu lange mit zuviel psychischer Energie versorgt worden, wodurch bestimmte Eigenschaften, die im Unbewußten schlummern, nicht zum Ausdruck kommen konnten. Die Folge ist ein unzureichendes Reaktionsvermögen in bestimmten Situationen, wodurch die innere Notwendigkeit entsteht, dieses mangelhaft ausgebildete Vermögen an die Oberfläche zu bringen. Psychische Energie verlagert sich dann infolge der erheblichen Ladungsdifferenz zwischen dem Bewußtsein und dem Unbewußten auf das letztere. Ein solcher Zustand besteht, wenn man von seinem superioren Element Gebrauch macht, obwohl das inferiore Element zur Bewältigung einer Situation besser geeignet wäre. Indem das Bewußtsein permanent Energie an sich zieht und dem Unbewußten nur wenig oder gar keine Energie zugeführt wird, entsteht allmählich ein Ladungsunterschied. Dieser Prozeß setzt sich so lange fort, bis der Mangel des inferioren Elements so groß geworden ist, daß es sozusagen «zurücksaugt». Den Übergang bzw. die Verbindung zwischen dem bewußten und dem unbewußten System der Psyche bildet unsere inferiore Funktion.[4]

Die obige Beschreibung gibt den Fluß der psychischen Energie wieder, wie er in aufeinanderfolgenden Ereignissen zum Ausdruck kommt. Betrachten wir den Fluß der psychischen Energie jedoch unter dem Blickwinkel der Totalität der Psyche, so können wir auch bestimmte koordinierte, gleichzeitig stattfindende Prozesse unterscheiden. Die Unterteilung der Psyche in einen bewußten und einen unbewußten Teil ist die Grundlage der *synchronen Komplementarität*. Damit ist das Phänomen gemeint, daß eine verstärkte Aktivität des Unbewußten festzustellen ist, wenn bestimmte Inhalte im Bewußtsein fehlen bzw. verschwinden. Wenn das Unbewußte die Vorherrschaft übernimmt, ist das ein eindeutiges Zeichen dafür, daß das Bewußtsein unzureichend funktioniert.

Bei dem Gesamtprozeß kommt es zu einer Aufspaltung der Kräfte. Schon in Form der bekannten «Freudschen Fehlleistungen» können wir mit unserem Bewußtsein die erhöhte autonome oder selbständige Aktivität des Unbewußten registrieren, wodurch es uns möglich wird, den Kurs allmählich zu korrigieren. Dieses Korrigieren ist ein «Eingriff» des Bewußtseins, der darauf zielt, den natürlichen Fluß der psychischen Energie abzubremsen; ohne einen solchen Eingriff würde die psychische Energie von dem Bereich, wo sie am reichlichsten vorhanden ist, zu dem Bereich fließen, der nur mangelhaft versorgt ist. In diesem Fall entsteht eine natürliche Bewegung vom «vollgeladenen» Bewußtsein zum «ungeladenen» Unbewußten. Doch ist es keineswegs eine Gesetzmäßigkeit, daß so viel Energie ins Unbewußte zurückfließt, bis ein statisches Gleichgewicht erreicht ist — im Gegenteil. *»Es gehört zum schöpferischen Wesen der Psyche, daß Eingriffe in den bloßen Naturablauf ihre Struktur ausmachen«*[5], sagt Toni Wolff, was impliziert, daß der Mensch die Möglichkeit hat, seine psychischen Prozesse in eine bestimmte Richtung zu lenken.

Bei dem Fluß psychischer Energie finden also zwei verschiedene Prozesse statt:

1. Ein horizontaler oder diachroner Prozeß, der entlang der Zeitachse verläuft und mit Ereignissen in Zusammenhang steht, die sich chronologisch in der Zeit entwickeln.

2. Ein vertikaler oder synchroner Prozeß, der sich auf den Fluß der psychischen Energie bezieht, das heißt auf Stärke und Richtung des Stroms zwischen dem Bewußtsein und dem Unbewußten in jedem gegebenen Augenblick.

Eine bestimmte Richtung und eine bestimmte Verteilung der psychischen Energie in einem bestimmten Augenblick des synchronen Prozesses bedeuten eine bestimmte Haltung des Bewußtseins. Diese Bewußtseinshaltung ruft jedoch sowohl im Unbewußten als auch in der Außenwelt Reaktionen hervor. Die Natur des Unbewußten bringt es mit sich, daß seine Reaktionen vom Bewußtsein nicht registriert werden; diese sind jedoch (unbewußt) in die «Aktionen» des Bewußtseins eingebettet und bedingen so Gegenreaktionen der Außenwelt. Diese Gegenreaktionen erleben wir als mehr oder weniger signifikante Vorfälle oder Ereignisse. Diese Ereignisse haben nun wiederum eine Rückwirkung und einen Einfluß auf die Haltung des Bewußtseins. Auf diese Weise wird der einseitig auf das Bewußtsein bezogene Energiestrom verändert — was wiederum eine Veränderung im Unbewußten bzw. der aus diesem entspringenden Reaktionen zur Folge hat.

Anhand der aufeinander folgenden Ereignisse können wir einiges über die Art und das Ausmaß der Wechselwirkung zwischen dem diachronen Prozeß (dem chronologisch-zeitlichen Element) und dem synchronen Prozeß (der vertikalen Energiebewegung in einem eher räumlichen Sinne) und gleichzeitig auch über die damit einhergehenden relativen Energiemengen erfahren. Psychische Energie drückt sich folglich als eine Art Raum-Zeit-Kontinuum aus, wodurch Ereignisse und Dinge, die ursprünglich isoliert existierten, nun in eine bestimmte Beziehung zueinander gesetzt werden können, d.h., wie sie sich auf den bewußten und den unbewußten Teil der Psyche verteilen. Mit dem Begriff der psychischen Energie erklären wir deshalb auch nicht so sehr die konkreten Äußerungsformen als vielmehr *die Beziehungen der psychischen Inhalte* untereinander.

Diese Theorie kann sich konkret wie folgt äußern: Jeder hat wahrscheinlich schon einmal erlebt, daß ihm Gedanken durch den Kopf gingen wie: »Früher habe ich mich für diese oder jene Sache interessiert, aber dieses Interesse hat sich mittlerweile völlig verloren.« Oder: »Früher konnte ich viel intensiver fühlen oder Dinge wahrnehmen, jetzt läßt mich alles viel gleichgültiger.« Und auf den eher räumlichen Aspekt bezogen: »Ich würde gerne bestimmte Dinge tun, aber selbst wenn ich meine gesamte Willenskraft aufbiete, habe ich einfach nicht genug Energie dafür.« Hier zeigt sich eine der wichtigsten Voraussetzungen für Energie: Sie kann weder aus dem Nichts entstehen noch zum Nichts zurückkehren. Die Gesamtenergie innerhalb eines geschlossenen Systems bleibt immer konstant. Auf die Psychologie angewandt bedeutet dies, daß Energie, die früher in einen bestimmten Bereich gelenkt wurde, diesem nicht mehr zur Verfügung steht, sondern nun einen anderen aktiviert, der uns selbst möglicherweise noch völlig unbekannt ist.

Im zweiten Fall geht es darum, daß die Energie dem Bewußtsein nicht zur Verfügung steht. Der Betreffende bringt trotz seiner Willenskraft nichts zustande, was bedeutet, daß sich seine Energie irgendwo im Unbewußten befindet. Wir können das daran merken, wenn sich beispielsweise unser Traumleben intensiviert. Wenn Verdrängungen oder andere Störungen des psychischen Gleichgewichts vorliegen, treten Symptome wie Nervosität, innere Unruhe, Reizbarkeit, übertriebene Geschäftigkeit, unverständliche und unerklärliche Ängste, Depressionen und andere vergleichbare Erscheinungen auf.[6] Die Energie, die dem Bewußtsein aus irgendeinem Grunde entzogen ist, verleiht den unbewußten Faktoren eine größere «Ladung» oder Intensität, was zur Folge hat, daß diese sich dem Bewußtsein aufdrängen und eventuell Störungen verursachen. Wir müssen hierbei immer im Auge behalten, daß der Sinn und Zweck von Symptomen und Störungen ist, das Gleichgewicht der Psyche aufrechtzuhalten oder wiederherzustellen, wobei vom Fluß psychischer Energie Gebrauch gemacht wird. Die psychische Energie folgt in diesen Fällen dem Vorbild der Natur: Sie fließt dorthin, wo ein Mangel ausgeglichen werden muß. Genau wie bei der physikalischen Energie kommt ein solcher Strom erst zum Stillstand, wenn überall gleich viel Energie vorhanden und der Mangel ausgeglichen ist. Bei der psychischen Energie besteht jedoch, wie ich bereits erwähnt habe, in einem gewissen Maße die Möglichkeit, den Strom durch Eingriffe vom Bewußtsein her zu kanalisieren oder zum Teil umzulenken. Darin liegt die kreative Fähigkeit der Psyche: Den natürlichen Gegebenheiten muß der Mensch nicht blindlings Folge leisten.

Die Psyche ist, energetisch gesehen (d.h., was die Energie betrifft), ein geschlossenes System, von dem Bewußtsein und Unbewußtes Teilsysteme sind, die in Wechselbeziehung zueinander stehen. Dazu ist noch anzumerken, daß das persönliche Unbewußte energetisch zum bewußten System gehört, da seine Inhalte psychologisch mit dem Ich-Komplex verbunden sind und deshalb vom Bewußtsein assimiliert werden können.[7]

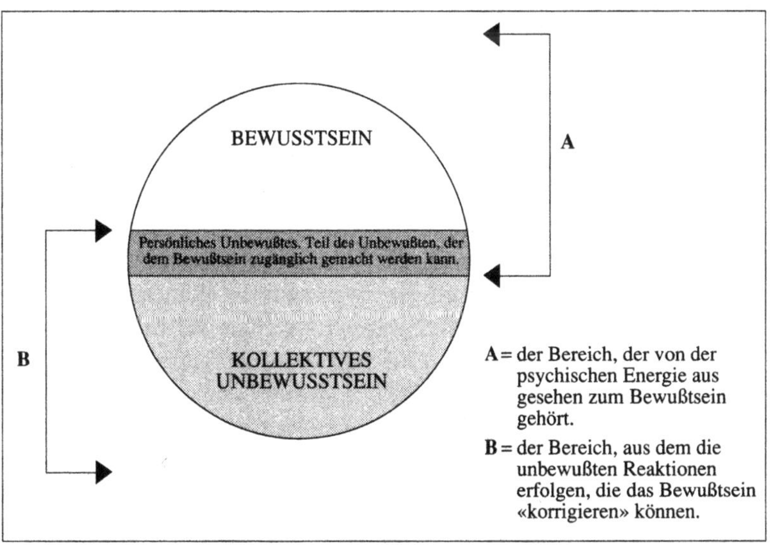

Bei der Ausbildung der Persönlichkeit in der Kindheit ist ein großer Teil der psychischen Energie auf den Aufbau des Ichs konzentriert. In den ersten Lebensjahren lebt das Kind noch vollständig in bzw. von seinem Unbewußten, hauptsächlich dem kollektiven Unbewußten, aus. Das persönliche Unbewußte ist nur von sehr geringem Umfang, weil es ja noch kaum Zeit gehabt hat, persönliche Erfahrungen zu sammeln bzw. sie wieder zu vergessen. Das bewußte und das unbewußte System sind in der frühen Kindheit noch ungetrennt. In einem bestimmten Augenblick jedoch wird der natürliche Fluß der psychischen Energie einem bestimmten psychischen «Eingriff» (den wir bis heute noch nicht erklären können) unterzogen, wodurch sich das Ich herausbildet. Damit entsteht allmählich eine Divergenz zwischen dem bewußten und dem unbewußten Teil der Psyche, wobei sich das Bewußtsein immer weiter differenziert und zu einem relativ geschlossenen System wird.

Der Teil der Psyche, der mit der ursprünglichen Natur in Verbindung steht (d.h. die tieferen Schichten unseres Unbewußten), wird größtenteils abgespalten, je bewußter die Einstellung wird. Energetische Unterschiede zwischen dem bewußten und dem unbewußten System sind die Ursachen für innere Konflikte, die sich in jedem Alter in anderer Form zeigen. Bei dem kleinen Kind drücken sie sich aus als Divergenz zwischen dem natürlichen triebhaften Wesen und dem werdenden sozial angepaßten Menschen. Beim Jüngling als «Sturm-und-Drang-Periode» in Kämpfen ethischer und weltanschaulicher Natur. Der reife Mensch hat seelische Konflikte und muß innere Gegensätze überwinden.

Allmählich gleichen sich die inneren Gegensätze innerhalb des bewußten Systems aus, und eine Verbindung zwischen Bewußtem und Unbewußtem kann entstehen. Diese Verbindung zwischen beiden Systemen kann sich sowohl positiv als auch negativ manifestieren: Sie kann aufrechterhalten werden durch eine zwar stabile, aber gleichzeitig starre Bewußtseinshaltung, die sich gegen jede weitere Veränderung verschließt, oder durch ein dynamisches Gleichgewicht, bei dem sich die Bewußtseinshaltung immer noch an Veränderungen anpaßt, ohne jedoch das innere Gleichgewicht zu verlieren.

Die Verbindung zwischen dem bewußten und dem unbewußten System wird durch die inferiore Funktion oder, astrologisch ausgedrückt, durch das inferiore Element gebildet, das aufgrund seines unentwickelten Zustands Energie an sich zieht. Der Versuch, das inferiore Element allmählich zu integrieren, führt weniger zu einer weiteren Differenzierung des Bewußtseins als vielmehr zur Differenzierung der ganzen Persönlichkeit. Toni Wolff sagt dazu, daß *»das festgefügte Bewußtsein zur Funktion der aufgeschlossenen Bewußtheit wird.«*[8]

Der Fluß der psychischen Energie erhält die Dynamik der Psyche aufrecht, weshalb die psychische Energie manchmal auch als Lebensenergie bezeichnet wird. Sie versorgt die Anpassungsprozesse sowohl an die Außenwelt als auch an das eigene Innere bzw. an das Unbewußte. Die Richtungen, die die psychische Energie innerhalb der Psyche nehmen kann, stehen in enger Beziehung zu den Kreuzen in der Astrologie. Bevor wir jedoch mit der astrologischen Betrachtung dieses Themas beginnen, müssen wir uns noch näher mit dem Ausdruck der psychischen Energie beschäftigen.

Die progressive und regressive Ausrichtung

Unser Leben ist ein Prozeß fortwährender Anpassung.[9] Immer sehen wir uns äußeren Umständen gegenüber, über die wir uns nicht hinwegsetzen können, aber auch inneren, oft unbewußten Faktoren, die sich auf Dauer ebensowenig ignorieren lassen. Deshalb herrscht in unserem Bewußtsein ein Zustand der Dualität bzw. eines Zwiespaltes. Auf unserem Lebensweg werden wir Tag für Tag mit neuen Problemen konfrontiert, die uns vor Entscheidungen stellen, so daß wir manchmal bewußt, oft jedoch auch völlig unbewußt eine Wahl treffen. Letztlich ist unser Lebensweg ein Spiegelbild all unserer Entscheidungen. Wir können uns das Bewußtsein als einen Ort vorstellen, an dem ein «Kampf» zwischen zwei extremen Wahlmöglichkeiten ausgefochten wird, dem *Ja* und dem *Nein*, die eine (bewußte oder nicht bewußte) Entscheidung erforderlich machen. Fällt die Wahl auf das *Ja*, so bleibt dessen Auswirkung für unser Bewußtsein von Bedeutung, und der Inhalt des *Nein* verschwindet in unbewußtere Teile der Psyche, wo noch zahllose andere Faktoren im Verborgenen liegen.

Nun können wir uns auf zwei Arten anpassen und damit unseren Entscheidungsprozeß beeinflussen. Einerseits können wir uns so gut wie möglich an die uns bewußten Anforderungen des Lebens bzw. an die Forderungen der Umgebung anpassen und deren Erwartungen erfüllen. Wenn unsere psychische Energie hauptsächlich auf diese Weise funktioniert, sprechen wir von der *progressiven* Ausrichtung. Für diese ist eine bestimmte Einstellung unseres Bewußtseins erforderlich. Darin liegt jedoch die Gefahr der Einseitigkeit. Es kann in diesem Fall leicht passieren, daß eine bestimmte Bewußtseinseinstellung den Anforderungen der Umgebung nicht mehr genügt, weil Veränderungen in der Umgebung eine andere Haltung notwendig machen. Ein einfaches Beispiel soll dies illustrieren: Jemand, der sich aufgrund seiner Fühlfunktion an die Erfordernisse der Realität anzupassen pflegt, kann mit einem Problem konfrontiert werden, das nur durch das Denken lösbar ist. In diesem Fall bricht die Gefühlshaltung zusammen, und die Progression der psychischen Energie (auch Lebensenergie oder Libido genannt) kommt zum Stillstand, da der auf das Außen gerichtete Anpassungsprozeß versagt.

Die psychische Energie muß sich nun anders orientieren, und der Anpassungsprozeß nimmt einen neuen Verlauf, nämlich nach innen — er paßt sich an die Forderungen der eigenen Innenwelt an. Dies ist die zweite Ausrichtung der psychischen Energie: die innengerichtete oder *regressive*.

Die progressive Ausrichtung der Libido beinhaltet, daß unsere superiore Funktion sich allmählich immer weiter entwickelt und sich immer weiter ausdifferenziert. Diese Funktion, die im vorangegangenen Kapitel ausführlich behandelt wurde, bestimmt ja die Art, wie wir die Welt um uns herum betrachten und uns ihr gegenüber verhalten; folglich hat sie mit den Dingen außerhalb von uns zu tun. Im oben angeführten Beispiel war Wasser das superiore und Luft das inferiore Element. Wenn nun aus irgendwelchen Gründen dem Bewußtsein nicht mehr genügend Energie zur Verfügung steht — in diesem Fall dem Element Wasser —, setzt automatisch der Prozeß der Regression ein: Die Energie fließt ins Unbewußte zurück und aktiviert dort die inferiore Funktion.

Die progressive Bewegung ist immer durch eine führende Rolle des bewußten Systems charakterisiert; die inferiore Funktion mit ihrer entsprechend geringen Ladung liefert in diesem Fall gerade genug Spannung, um die superiore Funktion zu bestärken. Dies ist solange der Fall, bis das Ausmaß der Verdrängung zu groß geworden ist bzw. die eigene Haltung sich als unzureichend erweist. Dann kommt es zu einer Art Stauung der Energie, die keinen Zugang zur Weiterentwicklung der superioren Funktion mehr findet. Dieser Energiestau geht mit einer Intensivierung derjenigen psychischen Faktoren einher, die bisher im Hintergrund geblieben sind. Der bewußten Anpassung fließt keine Energie mehr zu, und sie verbleibt somit in einem ungenügend ausgebildeten Zustand. Es entsteht ein Gefälle zwischen dem bewußten und dem unbewußten System, wodurch die Energie zum Unbewußten zurückzufließen beginnt — die Regression setzt ein. Je stärker die Progression gewesen ist (also je länger sie angedauert hat und je stärker die Anpassung an die Außenwelt war), um so kraftvoller wird auch die Regression sein, die auf die Anpassung an die «vergessenen» Forderungen des eigenen Inneren gerichtet ist. Beim Prozeß der Anpassung an die Außenwelt (der Progression) werden subjektive Aspekte nur allzuoft außer acht gelassen, da ein solcher Anpassungsprozeß immer auf einen Kompromiß bezüglich der vielen unterschiedlichen Faktoren des eigenen Wesens hinausläuft. Bei der Regression jedoch kommen alle diese subjektiven Aspekte an die Oberfläche.

Die progressive Bewegung ist auf das Bewußtsein ausgerichtet, die regressive ist es nicht. Letztere stellt vielmehr den natürlichen Verlauf der psychischen Energie infolge eines entstandenen «Gefälles» bzw. einer Ladungsdifferenz dar. Deshalb hat die Regression auch eigentlich nichts mit der superioren Funktion des Bewußtseins zu tun; sie steht mit dem inferioren Element in Verbindung. Aus Kapitel 1 und 2 wissen wir, daß unsere inferiore Funktion unserer superioren, bewußten Funktion entgegengesetzt ist, und daß ihre Beziehung zueinander oft Züge enthält, die unseren bewußten Anpassungsprozeß stören. Wahrscheinlich ist dies einer der Gründe, warum viele Menschen die regressive Bewegung der psychischen Energie viel weniger schätzen als die progressive, die ihnen als ausgesprochen angenehm erscheint. Dennoch brauchen wir beide Bewegungen, um uns zu einem integrierten Menschen entwickeln zu können.

C. G. Jung hat versucht, die Bewegungsrichtungen psychischer Energie anhand eines Vergleichs zu erläutern: Ein Fluß fließt zunächst — ohne Hindernis — vom Berg hinab ins Tal. Trifft er auf ein Hindernis, beispielsweise einen Damm, staut sich das Wasser, so daß ein See entsteht. Irgendwann ist der Wasserspiegel dieses Stausees so stark angestiegen, daß das Wasser wieder abzufließen beginnt. Dies kann auf verschiedene Weise geschehen: Der Fluß fließt in seinem natürlichen Bett weiter, oder das Wasser wird durch einen Kanal geleitet und treibt mittels eines Wasserrades eine Turbine an, die elektrische Energie erzeugt. In beiden Fällen fließt das Wasser wieder in Richtung Tal.

Auf die psychische Energie übertragen bedeutet dieses bildhafte Beispiel: Der Fluß hatte anfänglich eine progressive Richtung — er strömte in Richtung der Außenwelt. Die Konfrontation mit dem Damm zwingt das Wasser, wie ein Strudel eine Weile um sich selbst zu kreisen, eine Bewegung, die der bisherigen Richtung des Flusses gewissermaßen entgegengesetzt ist. Das Kreisen um sich selbst ist mit der regressiven Bewegung zu vergleichen. Wenn der Wasserstand hoch genug ist, kann der Fluß wieder die progressive Richtung einschlagen, und es besteht die Möglichkeit, sich den scheinbaren zeitweiligen Stillstand (den Stau des Wassers) zunutze zu machen (um zum Beispiel Elektrizität zu erzeugen). Damit ist natürlich noch nicht gesagt, daß diese Möglichkeit auch tatsächlich immer genutzt wird.

In der Theorie über die psychische Energie ist die Progression das Mittel, um zur Regression zu kommen, während die Regression umgekehrt dazu dient, wiederum zur Progression zu gelangen. Anpassung an die Außenwelt (Progression) ermöglicht es uns, in einem bestimmten Augenblick die Bedürfnisse der Innenwelt deutlicher zu fühlen, wodurch die Anpassung an unsere Innenwelt (Regression) zu einem dringlichen Erfordernis wird. Indem wir mittels der Regression zu einem besseren inneren Gleichgewicht gelangen, können wir uns von neuem - oft sogar besser als zuvor — an die von der Umgebung gestellten Forderungen anpassen: Progression. Es kann sein, daß wir uns während einer kürzeren oder längeren Zeitspanne ausschließlich einer der beiden Bewegungsrichtungen zuwenden, doch ist es letztlich der rhythmische Wechsel beider Energierichtungen, der uns «lebendig» erhält.

Wir dürfen also Progression nicht mit Entwicklung verwechseln, da ein ungehindertes Fließen des Lebensstromes nicht unbedingt gleichbedeutend mit Entwicklung und Differenzierung ist. Beispielsweise gibt es viele Pflanzen- und Tierarten, die sich seit langer Zeit nicht mehr weiterentwickeln und die keine Differenzierungen mehr ausbilden, die aber trotzdem immer noch «lebendig» sind. Ebenso kann das psychische Leben des Menschen progressiv sein, ohne daß eine Evolution stattfindet, und es kann regressiv sein, ohne irgendwelche Anzeichen für eine Involution aufzuweisen.

Progression kann nicht in jedem Fall mit Entwicklung und Regression nicht mit einem Rückschritt gleichgesetzt werden, obwohl dies zweifellos manchmal der Fall ist; auch muß Regression keineswegs Degeneration bedeuten. Vielmehr ist die Regression ein bestimmter Abschnitt oder eine Phase im Gesamtentwicklungsprozeß, auch wenn der betreffende Mensch sich seiner Entwicklung nicht bewußt ist. So kann er sich zum Beispiel in einer zwanghaften Situation gefangen fühlen, die Übereinstimmungen mit einer Situation aus der Kindheit aufweist (die inferiore Funktion wird ja aktiviert). Wenn die betreffende Person jedoch in diesem Zustand dauerhaft gefangen bleibt und das Bewußtsein sich mit den neubelebten unbewußten Inhalten identifiziert, wird die Regression zur Degeneration.

Wir dürfen Progression und Regression allerdings nicht mit den Begriffen Extroversion und Introversion verwechseln. Extroversion wie Introversion können sowohl progressiv als auch regressiv verlaufen. Ein extrovertierter (also auf die Außenwelt gerichteter) Mensch, dessen Einstellung relativ stabil ist, kann sehr wohl eine Zeitlang mit der Anpassung an sein eigenes Inneres beschäftigt sein, wobei er sich allerdings äußerlich so wenig wie möglich von diesem Prozeß anmerken lassen wird. Seine Einstellung kann extrovertiert bleiben, während die psychische Energie ganz auf sein Unbewußtes gerichtet ist.

Die drei Kreuze

Im vorangegangenen Kapitel habe ich bereits den Zusammenhang zwischen den drei Kreuzen in der Astrologie und den Bewegungsrichtungen der psychischen Energie oder der Libido dargelegt. In diesem Unterkapitel werde ich den dort beschriebenen theoretischen Hintergrund auf die Praxis übertragen.

Das kardinale Kreuz

In der traditionellen Astrologie wird das kardinale Kreuz, das die Zeichen Widder, Krebs, Waage und Steinbock umfaßt, mit der Ausrichtung auf die Außenwelt assoziiert. Eigene Werte werden der Umgebung entnommen, und die Anpassung an die Außenwelt spielt die Hauptrolle. Jedes der vier Zeichen tut dies auf seine eigene Weise, entsprechend den vier verschiedenen Elementen.

Die nach außen gerichtete treibende Kraft des kardinalen Kreuzes entspricht der progressiven Richtung der psychischen Energie, die ja ebenfalls nach außen gerichtet ist. Das bedeutet allerdings nicht, daß diese vier Zeichen keine Form von Regression kennen. Jeder Mensch ist im Laufe seines Lebens sowohl progressiven als auch regressiven Perioden unterworfen. Man setzt die vier kardinalen Zeichen mit der progressiven Energie gleich, weil sie sich ebenfalls primär nach außen orientieren, ohne daß damit jedoch eine Unterscheidung zwischen Extroversion und Introversion gemeint wäre. Für die Kardinalzeichen wird der Prozeß der Anpassung an die Forderungen der Außenwelt immer den Vorrang gegenüber der Anpassung an die Vorgänge im eigenen Inneren haben.

Widder

Für das Zeichen Widder bedeutet dies, auf alles loszustürmen und alles, was den eigenen Lebensweg kreuzt, in sich aufnehmen bzw. mitreißen zu wollen. Da das Zeichen Widder die Welt hauptsächlich von sich selbst aus betrachtet, fragt man sich, was dies mit einem Anpassungsprozeß zu tun hat. Anpassung an Äußeres im progressiv-energetischen Sinne muß nicht heißen, daß das Individuum mit gesellschaftlichen Bedingungen gut zurechtkommt. Die Orientierung auf äußere Dinge und Situationen kann auch darauf hindeuten, daß man sich diesen anpaßt, daß man die eigene psychische Richtung an sie angleicht, ohne damit zu einem sozial angepaßten Individuum zu werden! Der Widder ist also weitgehend auf all das außerhalb von ihm selbst liegende gerichtet, worauf er seine Psyche und Energie lenkt. Er ist den Dingen, denen er begegnet, auf Gedeih und Verderb ausgeliefert.

Krebs

Auch der Krebs richtet sich an diesen äußeren Werten aus. Es ist für dieses Wasserzeichen sehr wichtig zu wissen, was «man» denkt, um entsprechend handeln zu können. Das eigene Gefühl wird schnell an das, was «sich gehört», angepaßt. Wenngleich Krebs und Widder als auch die nachfolgend beschriebenen Zeichen Waage und Steinbock bezüglich ihrer Energie nach außen gerichtet sind, äußert sich die progressive Energie auf völlig andere Weise als beim Widder.

Waage

Die Waage bezieht wie der Krebs ihre Werte aus der Umgebung, doch als besonders stark auf gesellschaftlichen Umgang ausgerichtetes Zeichen trägt sie auch selbst dazu bei, soziale Werte zu kreieren. Harmonie in Liebesbeziehungen und Freundschaften und ausgewogene Verhältnisse sind für dieses Zeichen besonders wichtig, so daß man auch hier von Anpassung an die Forderungen der Umgebung sprechen kann, obgleich dies auf eine eher mentale Art und Weise geschieht.

Steinbock

Das Zeichen Steinbock entnimmt seine Werte der Umgebung auf einer sehr konkreten Grundlage. Es verrichtet dabei — am liebsten in einer führenden Rolle — vorzugsweise zielgerichtete, praktische und notwendige Arbeit, wobei es zu erreichen versucht, daß alles in festen Bahnen und nach festen Mustern verläuft. Der Steinbock schafft Gesetze, Verordnungen und Regeln, denen er sich auch selbst unterwirft. Auch dieses Zeichen ist trotz einer oft stillen, introvertierten Einstellung stark auf das Geschehen in der Umgebung bezogen und paßt sich auf seine eigene, erdhafte Art und Weise daran an.

Das kardinale Kreuz, das energetisch gesehen die progressive Energie repräsentiert, ist sehr stark auf Austausch und Zusammenarbeit mit der Umgebung angewiesen, wie auch immer sich dies ausdrücken mag: Die Zeichen Widder und Steinbock beziehen die Dinge sehr stark auf sich selbst, die Zeichen Krebs und Waage sich hingegen stärker auf die anderen, was jedoch indirekt wieder auf sie selbst zurückfällt.

Das fixe Kreuz

Das fixe Kreuz entspricht der regressiven Energie. Dies bedeutet nicht, daß die Menschen, in deren Horoskop das fixe Kreuz dominiert, permanent in einem regressiven Zustand leben müssen. Vielmehr sind sie in erster Linie auf die Anpassung an ihr eigenes Inneres und an die daraus resultierenden Werte orientiert. Entsprechend den Gesetzmäßigkeiten der psychischen Energie erleben auch sie im allgemeinen Zeiten der Progression. Zunächst geht es diesen Zeichen jedoch darum, mit ihrem eigenen Unbewußten ins Reine zu kommen, wie immer die Außenwelt dazu stehen mag. Daß dies zu einer Krise führen kann, liegt auf der Hand: Dieses Kreuz wird nicht umsonst als *Christuskreuz* oder *Krisenkreuz* bezeichnet. Zum fixen Kreuz gehören die Zeichen Stier, Löwe, Skorpion und Wassermann.

Da bei diesen vier Zeichen der Prozeß der Anpassung an die Forderungen des Unbewußten zentral ist, wird der Mensch mit diesem Kreuz — früher als Menschen mit anderer Betonung — mit dem Unbewußten konfrontiert, wobei das inferiore Element die Hauptrolle spielt. Das am wenigsten entwickelte Element ist unserer bewußten Haltung genau entgegengesetzt und agiert mehr oder weniger unkontrolliert. Da die psychische Energie der fixen Zeichen vor allem auf das «Kultivieren» und «Erforschen» des Unbewußten gerichtet ist, wird die bewußte Energie im Grunde in das inferiore Element geleitet, das infolgedessen stark zum Ausdruck kommt. Um ihr inneres Gleichgewicht zu gewinnen, müssen Menschen mit einer Betonung der fixen Zeichen aber immer wieder die ihrem bewußten Wesen entgegengesetzten Faktoren an die Oberfläche kommen lassen. Dies bedeutet oft einen langen Weg (der sicher nicht der des geringsten Widerstands ist). Weil dem inferioren Element mehr Raum gegeben wird, scheinen seine Charakteristiken Bestandteile des Bewußtseinselements zu sein. Tatsächlich sind diese Aspekte jedoch Spiegelungen der starken inneren Polarität, wie im folgenden aus der Beschreibung der vier Zeichen ersichtlich werden wird.

Stier

Ein Stier kann lange an einer Sache festhalten und sehr gewissenhaft an dieser arbeiten. Man sagt ihm nach, daß er auch zum Scheitern Verurteiltes weiterverfolgt, weil er in diesem immer noch etwas «sieht». Dieses «Etwas-in-einer-Sache-Sehen» ist jedoch ein typisches Merkmal von Feuer, dem inferioren Element des Stiers. Bedingt durch seine Orientierung auf innere Anpassung wird er diese Feuermerkmale in seine bewußte Funktion mitaufnehmen, die ihren inferioren Charakter behalten: Der Stier kann sie nicht bewußt einsetzen und doch spielen sie eine wichtige Rolle für ihn. In der Praxis kann sich dies sowohl positiv als auch negativ auswirken: Einerseits läuft dieses Zeichen Gefahr, seine Energie von Anfang an durch Beharren an aussichtslosen oder nutzlosen Angelegenheiten zu verschwenden; andererseits vermag der Stier aber auch beispielsweise einer Gruppe durch eine schwierige Periode hindurchzuhelfen, indem er einfach weiterarbeitet, als sei nichts geschehen. Sein alltägliches Verhalten ist deshalb geprägt durch eine Kombination aus dem superioren Erdelement (dem Empfinden) und dem inferioren Feuerelement (der Intuition), das durch die Neigung des Stiers zur Regression immer wieder an die Oberfläche kommt.

Löwe

Beim Zeichen Löwe, einem Feuerzeichen, verhält es sich genau umgekehrt: Es zeigt in seiner bewußten Einstellung oft Aspekte seines unbewußten inferioren Erdelements. Das Bedürfnis eines Löwen nach Luxus, auf das in jedem «klassischen» astrologischen Werk hingewiesen wird, können wir als eine Äußerung des aus dem Unbewußten aufgetauchten Erdelements betrachten. Einem Feuerzeichen ist an sich sehr wenig an materiellen Dingen gelegen, denn das Konkrete und Stoffliche ist ja dessen schwache Seite. Das Zeichen Löwe ist aber sehr an eben dieses Konkrete, Stoffliche gebunden. Es ist das Element Erde in seinem Unbewußten, das der Löwe durch seine Neigung zur Regression aktiviert, so daß es in seinem Bewußtsein eine Rolle spielt. Die inferiore Funktion ist nicht selten derjenige Aspekt unserer Psyche, den wir überkompensieren, um die aus ihm stammende Unsicherheit zu übertünchen. Das häufig übertriebene «Zur-Schau-Stellen» von Luxus und Schönheit kann sehr leicht ein Ausdruck der Unsicherheit gegenüber dem Materiellen sein.

Skorpion

Auch das Zeichen Skorpion «gräbt» im Unbewußten — wofür dieses Tier bekannt ist. Obwohl dieses Wasserzeichen die Welt wie kein anderes vom Gefühl her erfährt, ist es trotzdem fortwährend damit beschäftigt, alles einzuordnen und zu analysieren. Dies ist ein typisches Merkmal des Elements Luft, des inferioren Elements der Wasserzeichen. Auch hier wird wieder die überwiegend regressive Energie der unbewußten Funktion aktiviert. Das skorpionische Graben ist demnach eine Kombination aus der vom Gefühl bestimmten Erfahrung und Auswertung des inneren und äußeren Geschehens einerseits und dem permanenten Bestreben, alles rational zu erklären und zu analysieren andererseits. Manchmal scheint letzteres — zumindest für die Außenwelt — vorherrschend zu sein, worin sich wieder der oft überkompensierende und zwanghafte Charakter der inferioren Funktion zeigt.

Wassermann

Das letzte der fixen Zeichen, Wassermann, ist für seine auf die Menschheit bezogene Einstellung und für sein Bedürfnis nach geistigem Austausch bekannt. Doch handelt es sich hier nur scheinbar um «Angepaßtheit» an die Außenwelt: Der Wassermann hat zwar Interesse an der Außenwelt, hält aber so lange wie möglich an dem fest, was in sein eigenes Weltbild und in den Rahmen seines eigenen Begriffssystems paßt. Seine Sicht der Dinge wird hauptsächlich durch sein eigenes Inneres bestimmt. Dabei ist es charakteristisch, daß der Wassermann am längsten an einer Theorie oder an einem Weltbild festhält, wenn dieses für ihn einen Gefühlswert besitzt oder, anders ausgedrückt, wenn ihn als Luftzeichen mit dem inferioren Wasserelement dies (genau wie bei den anderen fixen Zeichen) mit seinem Unbewußten in Verbindung bringt.

Wer die astrologischen Zeichen gut kennt, wird bemerkt haben, wie sehr der Wassermanntypus sich in Gefühlsangelegenheiten verstricken kann. Er neigt dazu, stärker als jedes andere Zeichen (bewußt) festzuhalten oder (unbewußt) an diesen «hängen»zubleiben. Der Wassermann als Luftzeichen versucht von Natur aus, alles logisch zu ergründen. Womit er in Berührung kommt, gewinnt aber für ihn oft erst dann eine echte Bedeutung, wenn es sein Gefühl anspricht und etwas in ihm auslöst, das er nicht mehr begründen kann. Bedingt durch seine Neigung, die Energie überwiegend auf sein eigenes Inneres zu richten, wird er bestrebt sein, sich ganz und gar einzubringen, weil er immer auf der Suche nach der Essenz aller Dinge ist, die er in sein mentales Weltbild einordnen will. Seine Begabung für Psychologie ergibt sich nicht zuletzt aus dieser Kombination von superiorem Denken (Luft) und unbewußtem, inferiorem Fühlen (Wasser).

Wenn hier und im folgendem bei den Zeichen vielleicht gelegentlich etwas klischeehaft oder zu wenig differenziert beschrieben wird, geschieht dies, weil nur so das Wesentliche klar herausgestellt werden kann. In der Praxis spielen in einem Horoskop noch zahlreiche andere Faktoren eine Rolle, die Charakteristiken verstärken oder abschwächen können. Wenn beispielsweise bei einem Menschen die Sonne in einem Kardinalzeichen steht und alle anderen Planeten in fixen Zeichen, so wird der Betreffende starke regressive Tendenzen zeigen, obwohl das Sonnenzeichen der progressiven Richtung entspricht. Um exaktere Aussagen machen zu können, müssen wir immer den Gesamtzusammenhang der Kreuzbesetzung im Auge behalten.

Das veränderliche Kreuz

Das dritte Kreuz in der Astrologie, das veränderliche Kreuz, das die Zeichen Zwillinge, Jungfrau, Schütze und Fische umfaßt, ist bezüglich seiner Energierichtung etwas weniger eindeutig. Manche halten es für ein energetisch schwaches Kreuz,[10] andere sind der Meinung, es bilde die Synthese aus den beiden vorangegangenen, während wieder andere es als ausgesprochen veränderlich, flexibel und kompromißbereit beschreiben.[11]

Das veränderliche Kreuz hat psychologisch gesehen keine eindeutige Energierichtung: Es ist weder progressiv noch regressiv. Es kann jedoch in beiden Formen zum Ausdruck kommen — es wechselt zwischen der regressiven und der progressiven Richtung, wobei keine der beiden dominiert. Deshalb spielt das veränderliche Kreuz für die Psyche eine ganz besondere Rolle. Wir können dies am besten anhand von Jungs bereits angeführtem Beispiel vom Fluß veranschaulichen: Die progressive Richtung entspricht dem natürlichen Fließen des Wassers vom Berg ins Tal, während die regressive Energierichtung sich mit der zeitweiligen Stauung nach dem Errichten eines Dammes vergleichen läßt. Nachdem sich in dem so entstandenen See eine beträchtliche Menge Wasser gesammelt hat, kann das überschüssige Wasser abgeleitet werden (beispielsweise in einen Kanal), so daß es wieder zu einer progressiven Bewegung kommt. Das veränderliche Kreuz — das wir hier der Einfachheit halber den veränderlichen Fluß der Energie nennen wollen — spielt in diesem Prozeß eine zweifache Rolle: Einerseits ist dieses Kreuz in der Lage, die progressive Bewegung durch das «Errichten eines Dammes» in eine regressive umzuwandeln, und andererseits vermag es die so gespeicherte Energie freizusetzen, indem es einen Kanal bildet, durch den es wieder zur progressiven Bewegung kommt. Diese zweifache, von ihrem Wesen her dualistische Funktion ist eine der möglichen Erklärungen für die Unbestimmtheit des veränderlichen Kreuzes: Einerseits wirkt es außergewöhnlich stimulierend und zeigt große Anpassungsbereitschaft, andererseits kann es ebensogut Hindernisse errichten und gegenteilige Resultate zeitigen. Immer finden wir das veränderliche Kreuz in den Wendepunkten der psychischen Energie wieder. Bildlich dargestellt sieht dies folgendermaßen aus:

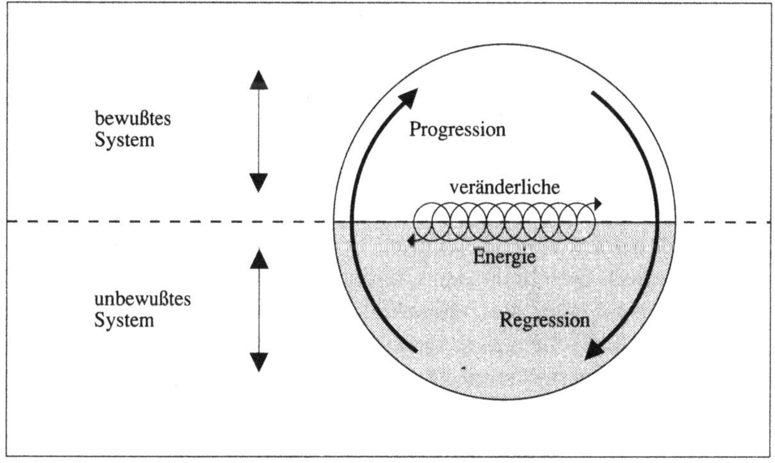

Die veränderliche Energie kreist immer um den Übergang vom bewußten zum unbewußten System, wobei sie im einen Augenblick im einen, im anderen Augenblick im anderen Bereich wirksam ist. Demzufolge ist sie in gewisser Hinsicht tatsächlich eine Synthese der progressiven und der regressiven Richtung: Sie enthält beide. Da diese Energie stets «in der Mitte bleibt», ermöglicht sie ein Gleichgewicht von beiden Energierichtungen — der Progression und der Regression. Wahrscheinlich werden diesem Kreuz deshalb von alters her Weisheit und Harmonie zugeschrieben, obwohl die veränderlichen Zeichen nicht in jedem Fall Vorbilder an Weisheit sind. Das veränderliche Kreuz ermöglicht es der Psyche aufzulösen, zu integrieren und zu verändern, wobei ein Teil des Ichs gegenüber der Psyche zurücktritt oder verschwindet. Erst dann kann man die Dinge sehen oder erfahren, wie sie sind, ohne daß man «sich selbst dazwischenstellt». Dies kann tatsächlich zu Weisheit und Harmonie führen, birgt aber auch die Gefahr, daß man sich von seinem Wesen entfremdet, gerade *weil* man sich so stark mit dem Übergangsbereich der Psyche beschäftigt.

Wenn der veränderliche Typus einmal in jenem (unpersönlichen) «Niemandsland» angekommen ist, wird er die Tiefen seiner eigenen Persönlichkeit erst wieder durch Kontakte zu stark regressiven und/oder progressiven Typen erfahren können oder indem er die eigenen regressiven und progressiven Möglichkeiten aktiviert. Das veränderliche Kreuz stellt demnach eine Übergangsposition zwischen der progressiven und der regressiven Bewegung der psychischen Energie dar, umfaßt jedoch gleichzeitig auch beide. Dies ist eine scheinbare Dualität, die auch im dualistischen Charakter der veränderlichen Zeichen zum Ausdruck kommt.

Von den beiden Ausdrucksmöglichkeiten des veränderlichen Kreuzes — dem Errichten psychischer Hindernisse (der Bau des Dammes) und der Einleitung der progressiven Bewegung (der Bau des Abflußkanals) ist letztere deutlicher wahrzunehmen: Die Energie bewegt sich dann ja wieder vorwärts bzw. nach außen, und dies ist von der Umgebung und von der betreffenden Person selbst direkt zu erkennen. Das Errichten des Dammes gegen den psychischen Energiefluß ist jedoch gleichfalls ein Charakteristikum des veränderlichen Kreuzes: Es hat zum Ziel, «Auswüchse» der Psyche durch eine Umleitung der psychischen Energierichtung zu verhindern und Gleichgewicht oder Harmonie wiederherzustellen.

Wenn die veränderliche Energie, um noch einmal das Beispiel von C. G. Jung heranzuziehen, «zur Auffüllung eines Sees einen Damm errichtet», baut sie jedoch gleichzeitig auch einen Kanal, durch den das Wasser abfließen kann, weshalb der See auch bei großer Wassermenge nie eine nennenswerte Höhe erreichen wird. Dieser Mechanismus charakterisiert die äußere Haltung des veränderlichen Typus: eine dienende Funktion — wie sie diesem Kreuz traditionell auch zugeschrieben wird.

Diese dienende Funktion kommt auch in anderer Form zum Ausdruck. Wenn ein Horoskop extrem progressiv bzw. regressiv ist — wenn das kardinale bzw. das fixe Kreuz sehr viele persönliche Faktoren enthält —, ordnet sich das veränderliche Kreuz in einem gewissen Maße der Haupttendenz des Horoskops unter, behält jedoch weiterhin einen Teil seines eigenen (veränderlichen) Charakters bei. In solchen Fällen können wir ein großes Maß an Anpassung an die jeweils vorherrschende Energierichtung konstatieren, während das veränderliche Kreuz gleichzeitig weiterhin die Funktion der Übergangsbewegung erfüllt.

Anders sieht es aus, wenn im Horoskop die veränderlichen Zeichen und Häuser stark besetzt sind. Die psychische Energie kreist stets um die Grenze zwischen Bewußtem und Unbewußtem, wobei einmal das bewußte System überwiegt und dann wieder unbewußte Faktoren eine stärkere Rolle spielen. Für einen solchen Menschen (aber auch für seine Umgebung) ist es oft schwer, sich ein klares Bild davon zu machen, wer er eigentlich ist. In sehr vielen Fällen interessiert dies den Betreffenden auch gar nicht (falls andere Horoskop-Faktoren dieser Haltung nicht widersprechen) — meist zerbricht er sich über solche Fragen nicht den Kopf. Er kann von einem Extrem ins andere fallen, da er sowohl die progressive als auch die regressive Richtung in sich trägt — es widerstrebt ihm, sich auf eines dieser beiden Extreme festlegen zu lassen.

Die Veränderlichkeit dieses Kreuzes birgt jedoch die Gefahr, daß sich der veränderliche Typus — so paradox es auch klingen mag — in seiner Veränderlichkeit «festfährt». Dieser Typus neigt dazu, das Leben hinzunehmen, wie es sich ihm präsentiert, wobei der Anpassungsprozeß innerhalb des verhältnismäßig kleinen Übergangsbereichs der Psyche oft wichtiger zu sein scheint als der tatsächliche Verarbeitungsprozeß. Für den veränderlichen Typus besteht die Gefahr, ständig sowohl für sich selbst als auch für andere Dämme aufzuwerfen oder Kanäle zu graben, ohne mit sich selbst und/oder mit seinem eigenen Unbewußten im reinen zu sein. Die regressive Bewegung setzt sich in einem solchen Fall nicht immer voll durch, so daß auch die darauffolgende progressive Richtung nicht so intensiv ist, wie sie es bei «größerem Tiefgang» sein könnte. Je stärker nämlich die regressive Bewegung innerhalb der Psyche ist, um so deutlicher manifestiert sich auch die daraus hervorgehende Progression. Hier finden wir die Erklärung dafür, warum H. Kündig dem veränderlichen Kreuz eine «geringe Intensität» zuschreibt.

Bei wirklich stark veränderlichen Typen kann infolge dieses permanenten Bemühens um inneres Gleichgewicht gerade das äußerliche «Ins-Gleichgewicht-Bringen» fehlen. Real vorhandene Probleme werden dann entweder völlig übersehen oder fälschlicherweise für gelöst gehalten, wenn sie vom Betroffenen erkannt werden. In Wirklichkeit jedoch beginnt die Arbeit erst in diesem Augenblick.

Andererseits vermögen veränderliche Zeichen dem Leben mit einer ausgesprochenen Leichtigkeit zu begegnen, wobei jedes Zeichen dies natürlich auf seine eigenen Weise tut. Die «Übergangsposition» bedeutet bezüglich des psychischen Energieflusses, daß veränderliche Zeichen die Dinge leichtnehmen, indem sie «einfach weiterleben», auch wenn sie noch so viele Probleme haben (der Bau des Abflußkanals), oder aber auch sich das Leben oft sehr schwer machen können, ohne dies selbst zu bemerken (der Bau des Dammes).

Daß die veränderliche Energie keine klare Richtung hat, sondern in einem begrenzten Bereich wirksam (und dadurch schwer zu erkennen) ist, kann der Grund dafür sein, daß diese Energieform in der Literatur der analytischen Psychologie nicht als eigenständige Form psychischer Energie beschrieben worden ist. Bei den nun folgenden Einzelbeschreibungen der vier veränderlichen Zeichen habe ich — da über diesen Punkt in der Astrologie meiner Meinung nach bisher nur sehr wenig gesagt worden ist — die Gefahren hervorgehoben, die in der Dualität des veränderlichen Kreuzes liegen. Das darf keinesfalls als negative Beurteilung der veränderlichen Zeichen verstanden werden — die Darstellung wurde nur zur Verdeutlichung etwas überzogen.

Zwillinge

Die Zwillinge, das erste der veränderlichen Zeichen, sind bekannt für eine Haltung, die in dem Satz «Die Fahne nach dem Wind hängen» zum Ausdruck kommt. Es grenzt geradezu an ein Wunder, wieviele Fakten und Informationen dieses Zeichen sammeln und in Beziehung setzen kann. Doch entsteht daraus nur selten ein in sich konsistentes Weltbild; alles bleibt gewissermaßen den Launen des Augenblicks überlassen. Der Zwilling ist der fröhliche, flatterhafte «Hans-Dampfin-allen-Gassen» unter den astrologischen Zeichen, kennt sich selbst jedoch kaum, was starke Selbstentfremdung zur Folge haben kann. Bei der Überkompensation dieser Äußerlichkeit kann der Zwilling sich als «Klatschbase» entpuppen, die, begierig auf Informationen über das innere Leben anderer, in zudringlicher Weise in deren Privatangelegenheiten herumstochert — der natürliche Hunger nach Information ist nämlich auch hier vorhanden. Dies ist dem eigentlichen Wesen des heiteren, lebenslustigen Zwillings, der am liebsten «Kanäle sucht, damit das Wasser wieder fließen kann», genau entgegengesetzt. Allerdings kann dieses Zeichen auch ein Damm sein — sowohl für sich selbst als auch für andere.

Jungfrau

Die Jungfrau ist das zweite veränderliche Zeichen und bekannt für ihre analytischen Fähigkeiten, die der Idee der Reinheit dienen. Deshalb wird — auch in der Astrologie — die Keuschheit mit dem Begriff Jungfrau in Zusammenhang gebracht. Doch durch ständiges Analysieren und Untersuchen kann sich die Jungfrau auch völlig von sich selbst entfremden. Zu große Selbstkritik und eine Versessenheit aufs Detail verhindern dann, daß ein Überblick gewonnen wird. Wenn im Horoskop keine kompensierenden Faktoren vorhanden sind, kann der Jungfrau-Charakter gerade aufgrund seiner veränderlichen Energie ins Gegenteil umschlagen und das Reine und Unverfälschte in Dingen suchen, die nicht rein und unverfälscht sind. So schlägt Keuschheit möglicherweise in ein zügelloses exzessives Sexualleben um, was mit der Hoffnung verbunden ist, so zu einer Synthese zu gelangen, welche das Bewußtsein nicht mehr herstellen kann. Der Gegensatz zwischen der diesem Zeichen wesenseigenen Mäßigung und der übernommenen zügellosen Maßlosigkeit von der «anderen Seite» wird durch die veränderliche Energie der Jungfrau sowohl überbrückt als auch verschärft: Die Beweglichkeit ermöglicht es, beide Seiten in einer einzigen Person zu vereinigen. Doch selbst wenn die Synthese nicht gelingt, vermag die Jungfrau diese Dualität ohne besondere psychische Schwierigkeiten zu durchleben.

Schütze

Der Schütze ist das dritte veränderliche Zeichen, dessen inneres Anliegen darin besteht, gesammelte Informationen in einer Synthese zu vereinigen und der ganzen Welt zu präsentieren. Mit seiner Ausrichtung auf das «Nach-außen-Bringen» und das Weitergeben und Vermitteln von Wissen und bedingt durch sein Bedürfnis, zu untersuchen und zu beurteilen, ist der Schütze ununterbrochen mit den Dingen und Menschen um sich herum beschäftigt — wobei er sich selbst jedoch oft übersieht. In seinem «veränderlichen» Eifer, seine Erkenntnisse in den passenden Worten und in einer allgemeinverständlichen Sprache mitzuteilen, läuft er Gefahr, im Prozeß des Vermittelns steckenzubleiben. Er verschließt die Augen und Ohren vor allem, was ihn dazu bringen könnte, seine Meinung zu revidieren. Seine Botschaft erstarrt dann vielleicht zum Dogma ohne Tiefe, und sein Leben kann zum Ausdruck dieses Dogmas werden, in dem er selbst nicht mehr zu Wort kommt. Mit der Beweglichkeit ist es in diesem Fall vorbei — er ist dann unveränderlicher als die für ihre Halsstarrigkeit bekannten Zeichen des fixen Kreuzes. Von der Anpassungsbereitschaft, die für das veränderliche Kreuz so charakteristisch ist, ist dann nichts mehr zu erkennen. So kann sich auch der Schütze in eine seinem eigenen Charakter entgegengesetzte Richtung entwickeln, und zwar gerade *wegen* seiner veränderlichen Energie. Diese kann ihm allerdings auch helfen, seine Erstarrung wieder zu durchbrechen.

Fische

Beim letzten der veränderlichen Zeichen, den Fischen, ist die Veränderlichkeit mit der Gefühlsorientierung (Wasser) verbunden. Während das Element Wasser noch durchaus eine bestimmte Wirklichkeit zu erkennen vermag, sorgt die veränderliche Qualität dafür, daß dieser alle möglichen «Extras» hinzugefügt werden. Es bereitet dem Fische-Menschen keine Schwierigkeiten, alles, was ihm auf seinem Lebensweg begegnet, in seine Gefühlswelt einzupassen, aber andererseits führt die Leichtigkeit, mit der er dies tut, dazu, daß nicht alles auf seinen Wert (und vor allem auf den Wahrheitsgehalt) überprüft wird. Dieser Verarbeitungsprozeß findet oft erst im Nachhinein statt. Dadurch können fortwährend irreale Elemente in die Realität des Fische-Menschen eindringen und diese schließlich beherrschen, so daß die Gefahr besteht, sich in einer selbstgeschaffenen Traumwelt zu verlieren. In einer solchen Traumwelt kann der Fische-Mensch auch sein eigenes Wesen nicht mehr erfahren, und er wird dann eine Pseudo-Identität annehmen, die zur Selbstentfremdung führen kann. Das reiche innere Leben wird seiner wirklichen Schöpfungskraft beraubt, da alle Energie sich auf das Kreieren von Idealen und Träumen einer nicht existierenden Realität konzentriert. Auch hier wieder kann die veränderliche Energie dem Fische-Menschen entweder aus diesem Zustand heraushelfen oder dazu führen, daß ihn dieser — selbst wenn die Umgebung dies als problematisch ansieht — überhaupt nicht stört.

Bei der progressiven Energie ließ sich eine in eine bestimmte Richtung zielende Bewegung feststellen, bei der regressiven Energie zwar eine klar charakterisierte, aber ungerichtete Bewegung. Die veränderliche Energie läßt nur Bewegung ohne feste Richtung erkennen. Daß diese Bewegung die Gefahr des Sich-Festfahrens in sich birgt, klingt zwar widersprüchlich, ist es aber nicht. Wir können uns dies folgendermaßen vorstellen: Die Energie hat sich in diesem Fall in einen sehr kleinen Bereich auf der Grenze zwischen Bewußtem und Unbewußtem zurückgezogen. Der Abflußkanal wird sogleich gegraben, wenn der Dammbau begonnen wurde. Die Bewegungen zu beiden Seiten, in die progressive wie auch in die regressive Richtung, sind minimal. Der Beweglichkeit sind äußerst enge Grenzen gesteckt, und die Bewegung ist nahezu zum Stillstand gekommen. Das Leben konzentriert sich auf ein kleines, kaum noch persönlich zu nennendes Grenzgebiet, und die betroffene Person kann das Danebenliegende nicht mehr nachvollziehen. Diese Festgefügtheit und der Mangel an Flexibilität haben nichts mit jener Beharrlichkeit gemein, die dem fixen Kreuz zugeschrieben wird. Das fixe Kreuz ist gerade durch sein beharrliches Graben tief im eigenen Unbewußten zu einer wesentlich flexibleren Haltung sich selbst und anderen gegenüber in der Lage, als man anfänglich erwarten würde. Das kardinale Kreuz liegt diesbezüglich in der Mitte zwischen dem veränderlichen und dem fixen Kreuz.

Wenn man die in einem Horoskop vorherrschende Energierichtung ermitteln will, so ist es (wie ich bereits erwähnt habe) falsch, sich nur am Sonnenzeichen zu orientieren, so wichtig die Sonne im Horoskop auch sein mag. Um einen klaren Überblick zu erhalten, werden wir auch bezüglich der Kreuze ein Schema anfertigen, wie es das folgende Unterkapitel zeigt.

Die Besetzung der Kreuze

Wie bei der Elementenbesetzung des Horoskops werden wir auch die Besetzung der Kreuze nach *Anlage (Zeichen)* und *Umständen (Häusern)* unterteilen. (Zur besseren Verständlichkeit der Unterteilung wird bezüglich der Umstände bzw. Häuser im folgenden auch vom *Häuserkreuz* gesprochen. Anm. d. Herausgeber). Bei Fred (Horoskop 1) sind die Kreuze wie folgt besetzt:

Kreuz	***Zeichen***	***Häuser***	gesamt
Kardinal	♃ ♅ ♆	☽ ♃ ♀ ♄ ♆	8
Fix	☿ ☉ ♂ ♇ AS	☿ ♅	7
Veränderl.	♀ MC ♄ ☽	☉ ♂ ♇	7

Bezüglich der Zeichen ermitteln wir zunächst, welche Planeten im kardinalen Kreuz stehen, das durch die Zeichen Widder, Krebs, Waage und Steinbock gebildet wird. Dann betrachten wir die kardinalen Häuser (die den kardinalen Zeichen entsprechen), nämlich die Häuser 1, 4, 7 und 10.

Das fixe Kreuz wird gebildet aus den Zeichen Stier, Löwe, Skorpion und Wassermann bzw. das Häuserkreuz aus den Häusern 2, 5, 8 und 11.

Das veränderliche Kreuz besteht aus den Zeichen Zwillinge, Jungfrau, Schütze und den Fischen bzw. das Häuserkreuz aus den Häusern 3, 6, 9 und 12.

Wir tragen hinter jedem Kreuz die darin befindlichen Planeten (in der Spalte *Zeichen* auch Aszendent und Himmelsmitte) ein. (Eine fotokopierbare Blanko-Tabelle befindet sich am Ende des Buches.) Ebenso verfahren wir mit den Häusern, so daß wir uns ein Bild davon machen können, welcher Bezug zwischen der Anlage und den Erfahrungen bzw. Umständen besteht.

Wie bei der Besetzung der Elemente gilt auch hier, daß wir die Anzahl der jeweiligen Faktoren zwar ohne weiteres addieren können; diese Zahl sagt aber noch nichts darüber aus, wie stark das betroffene Kreuz im Horoskop zur Geltung kommt. Bevor wir zu einer Beurteilung übergehen können, müssen wir zunächst zwischen persönlichen und unpersönlichen Faktoren unterscheiden.

Auch bei den anderen beiden Beispielen aus dem ersten Kapitel ermitteln wir die Besetzung der Kreuze nach dem gleichen Verfahren. Das Horoskop von Marilyn Monroe (Horoskop 2) ergibt folgendes Bild:

Kreuz	***Zeichen***	***Häuser***	gesamt
Kardinal	♀ ♇	♆ ♄ ☽ ♃ ♀	7
Fix	MC AS ♅ ♄ ☽ ♃	♂ ☿ ☉	9
Veränderl.	☉ ☿ ♂ ♅	♅ ♇	6

In diesem Beispiel haben wir die Regel angewandt, daß ein Planet, der dicht vor einer Häuserspitze steht, erst im nachfolgenden Haus zum Ausdruck kommt. Venus steht weniger als vier Grad von einem Eckhaus entfernt, kurz vor der Spitze des 10. Hauses (der Himmelsmitte) und ist nicht rückläufig. Bezogen auf das Zeichen muß Venus zum Widder gerechnet werden, denn die oben angewandte Regel gilt nur für die Planeten in den Häusern.

Die Besetzung der Kreuze beim dritten Beispiel, dem Horoskop von Peter (Horoskop 3), sieht folgendermaßen aus:

Kreuz	***Zeichen***	***Häuser***	gesamt
Kardinal	☉ ♅ ♂ ♆	♃ ☽	6
Fix	☽ MC ♇ AS ♀ ♃	♄ ♂ ☿ ☉ ♅	11
Veränderl.	♄ ☿	♆ ♀ ♇	5

Die Deutung der Kreuzbesetzung

Die Anlage (Planeten in den Zeichen) spielt zumindest im ersten Lebensabschnitt eine wichtigere Rolle als die Umstände (Planeten in den Häuser). Deshalb müssen wir uns zunächst die Planeten in den Zeichen anschauen; danach ist zu untersuchen, ob diese sich bezüglich der Häuser auf ein anderes Kreuz verlagern.

Im ersten Beispielhoroskop sehen wir, daß drei der wichtigsten persönlichen Faktoren — Sonne, Merkur und Aszendent — in fixen Zeichen stehen. In der Anlage liegt daher eine regressive Energiebewegung vor, die es erforderlich macht, daß das Bewußtsein sich an seine eigenen inneren Werte anpaßt.

Im veränderlichen Kreuz befinden sich in der Anlage ebenfalls einige wichtige persönliche Faktoren: Mond, Venus und die Himmelsmitte. Obwohl die veränderliche Energie die regressive Bewegung in mancher Hinsicht unterstützen kann, wird Fred mit zunehmendem Alter weniger durch das fixe Kreuz geprägt sein, sondern eine stärkere Beweglichkeit an den Tag legen und sich stärker in die progressive Richtung bewegen. Das fixe Häuserkreuz spielt in Freds Erfahrungswelt und in seinen Lebensumständen eine deutlich geringere Rolle als in der Anlage, obwohl der Merkur in einem fixen Haus verbleibt.

Sonne und Mars, die in kardinalen Zeichen stehen, befinden sich im veränderlichen Häuserkreuz, während Mond und Venus, die in veränderlichen Zeichen stehen, in kardinalen Häusern zum Ausdruck kommen, denen eine progressive Energiebewegung eigen ist. (Wir beschränken uns auch hier wieder strikt auf die persönlichen Faktoren.)

Bei diesem Charakter kommt es in jeder Hinsicht zu einer allmählichen Verlagerung des Schwerpunktes: von fix zu beweglich, von beweglich zu kardinal. Das bedeutet, daß es bei Fred mit zunehmendem Alter zu einer ausgeglicheneren Verteilung der Energie kommen kann, und daß gleichzeitig das Kreuz, das die Übergangsposition markiert (das veränderliche Kreuz), immer mehr an Bedeutung gewinnen wird. Das Beharrungsvermögen, die treibende Kraft hinter dem Willen, etwas zu durchleben und zu verarbeiten, gewinnt durch das relativierende Vermögen des veränderlichen Kreuzes an Flexibilität, während das stärker werdende kardinale Kreuz dazu beiträgt, daß die Werte der Umgebung sich für Peter als weniger bedrohlich gestalten und daß außerdem seine Bereitschaft wächst, bestimmten Anforderungen seiner Umgebung gerecht zu werden.

Ein Vorteil dieser Verteilung ist, daß die psychische Energie dadurch einen Gleichgewichtszustand erreicht; der Nachteil kann darin bestehen, daß gerade wegen dieses Gleichgewichtszustandes das in der Anlage vorhandene Bedürfnis des fixen Kreuzes, «wiederzukäuen» und sich ausschließlich an sich selbst zu orientieren, nicht mehr erfüllt wird. Obgleich die psychische Energie sich nun in einem ausgeglichenen Zustand befindet, wird doch immer wieder ein nagendes Gefühl der Unzufriedenheit auftreten, vor allem, weil in diesem Horoskop das fixe Kreuz in der Anlage so ausgesprochen stark ist.

In diesem Fall können sich die Verlagerungen fortlaufend und ohne allzugroße Erschütterungen vollziehen. Mit «Verlagerungen» ist hier gemeint, daß die durch ein Kreuz bestimmte Wirkungsweise einer planetarischen Funktion in eine andere übergeht, da die durch die Häuser repräsentierten Umstände von einem anderen Kreuz bestimmt werden. Es wird einleuchten, daß die Verlagerung von fix zu kardinal oder umgekehrt (Regression und Progression) die größten Schwierigkeiten mit sich bringt, wenn im Horoskop keinerlei Übergang zu finden ist.

Im zweiten Horoskop, dem von Marilyn Monroe, sind derartig abrupte Verlagerungen zu erkennen. Hier besteht eine veränderliche Anlage (Sonne und Merkur) mit einer fixen Tendenz (Himmelsmitte, Aszendent und Mond). Das fixe Kreuz wird immer mehr an Bedeutung gewinnen, da die Wirkungsweise von Sonne als auch von Merkur von beweglich auf fix überwechselt, während die veränderlichen Häuser keine persönlichen Faktoren aufweisen. Die Besetzung des fixen Kreuzes verlagert sich bezüglich der Umstände (Häuser) größtenteils auf das kardinale Kreuz. Dies erzeugt eine Spannung, da sich die regressiven Faktoren progressiv äußern müssen. Das allein wäre noch kein Grund zur Besorgnis, doch in dieser Besetzung fehlt — was die Umstände, also die Häuser, anbetrifft, — jeglicher persönliche Faktor im (veränderlichen) Übergangs-Kreuz.

Von ihrer Anlage her ist Marilyn Monroe in der Lage, ein Gleichgewicht zwischen Progression und Regression aufrechtzuerhalten, doch das Verhältnis zwischen Anlage und Umständen droht bei ihr mit zunehmendem Alter aus den Fugen zu geraten. Insofern kann ihre Fähigkeit, bei Problemen rechtzeitig auf die regressive Energierichtung überzuwechseln und sich nach dem Auffinden von Lösungsmöglichkeiten auch wieder aus solch einem regressiven Zustand zu befreien, nur schwer in den Erfahrungen bezüglich äußerer Lebensumstände zur Anwendung kommen. Des weiteren wechselt ihre veränderliche Anlage (Sonne und Merkur) auf ein fixes Häuserkreuz über, während sich ihre weiblichen Faktoren Mond und Venus von fixen Zeichen zu kardinalen Häusern verlagern.

Diese Besetzung der Kreuze stellt das genaue Gegenteil der zuvor beschriebenen dar: Dort entwickelt sich ein Gleichgewicht, hier wachsende Gegensätze. Dieses Horoskop beinhaltet daher zwar die Möglichkeit, das Leben sehr intensiv zu erfahren, bringt jedoch auch die Gefahr extremer Gemütszustände mit sich.

Im dritten und letzten Beispielhoroskop, dem von Peter, sind die Kreuze gleichmäßig besetzt: Sonne im kardinalen, Mond, Himmelsmitte und Aszendent in fixen und Merkur in einem veränderlichen Zeichen. Bei einer solch breiten Streuung ist es schwierig, klar zu ermitteln, welches Kreuz in der Anlage bestimmend ist. Die Praxis hat gezeigt, daß bei einer solchen Verteilung die Position der Sonne wichtiger und zugleich «störungsanfälliger» ist. Bei dieser Kreuzbesetzung tritt also — dies sei mit einem gewissen Vorbehalt gesagt — zunächst das kardinale Kreuz in den Vordergrund, so daß die progressive Energierichtung zwar anfänglich dominiert, die Häuser jedoch größtenteils über die Beibehaltung dieser Richtung mitentscheiden.

In den kardinalen Häusern steht zwar als persönlicher Faktor der Mond (der in der Anlage fix war), doch auffälliger ist wohl die starke Verlagerung der Planeten zum fixen Häuserkreuz hin. Dies ist in vielen Fällen ein Hinweis darauf, daß trotz der anfänglich progressiven Richtung die Regression eine immer stärkere Rolle spielen wird, um so mehr, als der von der Anlage her veränderliche Merkur in einem fixen Haus zum Ausdruck kommt. Bei einer derartig breit gestreuten Anlage sind die Häuser schon sehr früh von ausschlaggebender Bedeutung, so daß wir bei Peter während seines ersten Mond/Saturn-Zyklus bereits eine zunehmende Neigung konstatieren können, sich nur an seinen eigenen inneren Werten zu orientieren, obwohl er als Widder stark auf die Außenwelt gerichtet ist.

Venus in einem veränderlichen Haus kann bis zu einem gewissen Grad als Brücke zwischen der einen und der anderen Energierichtung fungieren: Sie gehört noch zu den persönlichen Faktoren. Deshalb ist es auch nicht verwunderlich, daß Peter sich tatsächlich am wohlsten und innerlich am ausgeglichensten fühlt, wenn er seine eigene Venus «aktiviert». Dies bezieht sich sowohl auf Liebesbeziehungen zu Frauen als auch auf künstlerisch-schöpferische Aktivitäten. Es ist sicherlich kein Zufall, daß er Musiker ist. Solch ein persönlicher Faktor in einer «Zwischenposition» fehlt im Horoskop von Marilyn Monroe. Bei ihr stehen in einem veränderlichen Haus nur die eruptiven Planeten Uranus und Pluto, die beim bewußten Erfahren und Verarbeiten der Umstände kaum oder gar keinen Halt bieten können.

Die vollständige Bedeutung der Kreuze können wir erst überblicken, wenn wir sie im Zusammenhang mit den Elementen des Horoskops deuten — genauso, wie bei der Deutung der Elementenbesetzung die Kreuze eine weitere Dimension zufügen. Die isolierte Deutung nur eines Elements oder nur eines Kreuzes ist von sehr beschränktem Wert; die Kombination beider Grundbestandteile des Horoskops wird uns als allgemeiner Bezugsrahmen dienen, und unter diesem Blickwinkel werden wir alle anderen Faktoren des Horoskops betrachten müssen. Im folgenden Kapitel wird beschrieben, wie wir die Elemente und Kreuze in der Deutung kombinieren können.

Kapitel 5

Elemente und Kreuze als Grundlage der Persönlichkeitsstruktur

Der Unterschied zwischen Element und Kreuz

Bevor wir näher auf die kombinierte Deutung von Elementen und Kreuzen eingehen, ist es sinnvoll, den Unterschied zwischen diesen beiden astrologischen Begriffen noch einmal zu verdeutlichen.

Die Elemente spiegeln die Art und Weise wieder, in der ein Mensch die Welt um sich herum betrachtet und erfährt, wobei wir vier Grundtendenzen unterscheiden: Denken (Luft), Fühlen (Wasser), Intuition (Feuer) und Empfinden (Erde). Jeweils eine dieser Funktionen ist im Bewußtsein eines Menschen vorherrschend — sie wird die superiore Funktion genannt. Diese bestimmt die Bewußtseinshaltung. Auf die Rolle der übrigen Funktionen bzw. Elemente bin ich bereits im ersten und zweiten Kapitel eingegangen. Hier sei nur noch einmal kurz erwähnt, daß der Hauptfunktion oder superioren Funktion des Bewußtseins die inferiore Funktion des Unbewußten gegenübersteht. Die beiden übrigen Funktionen oder Elemente können sich zu Hilfsfunktionen des Bewußtseins entwickeln.

Das Element gibt in erster Linie Aufschluß über die Weltsicht eines Menschen, über seine bewußte Orientierung und über die Art, wie er alles, womit er in Berührung kommt, erlebt und bewertet. Diese Erfahrungsweise bzw. Bewußtseinshaltung sagt jedoch noch nichts darüber aus, wie sich jemand an das, was ihm widerfährt, und an die Umgebung anpaßt, und auch nicht darüber, wie diese Verarbeitungs- und Anpassungsprozesse vonstatten gehen. Auskunft über letztere psychische Prozesse geben uns die Kreuze. Die Elemente im Horoskop vermitteln uns vielerlei Informationen: Sie geben an, wie ein Mensch sein Weltbild aufbaut und von welchem Element (dem inferioren) er Gegenreaktionen zu erwarten hat.

Die Kreuze hingegen geben uns keinerlei Anhaltspunkte inhaltlicher Art, sondern lediglich Informationen über die in der Psyche stattfindenden Prozesse sowie über die Vorgänge, die die Beziehung der Elemente untereinander und die Beziehung des Menschen zu seiner Umgebung regulieren.

Die vier Elemente mit den drei Kreuzen zu kombinieren nützt uns jedoch wenig, wenn wir die Kreuze nicht von der spezifischen Bewußtseinshaltung zu unterscheiden vermögen, die wir den Elementen zugeschrieben haben. Ein Beispiel möge den grundsätzlichen Unterschied deshalb noch einmal illustrieren, bei dem es darum geht, wie die einzelnen Elemente einen Gegenstand — hier eine weiße Teetasse — betrachten:

— Das Element Erde nimmt diese konkret wahr: Die Tasse ist weiß, hat einen Henkel und eine bestimmte Form.
— Das Element Luft stellt fest, daß man dieses Objekt als Teetasse bezeichnen kann und ordnet ihm einen Stellenwert zu in der Gesamtheit aller Erscheinungen, die es kennengelernt hat.
— Wasser «fühlt», ob es diese Teetasse schön oder häßlich findet und ob sich angenehm daraus trinken läßt und spricht ihr aufgrund dieser Gefühlserfahrung einen bestimmten Wert zu.
— Das Element Feuer gerät förmlich außer sich beim «Sehen» all dessen, was man mit dieser Tasse anstellen könnte. Feuer sieht sozusagen die unsichtbaren Fäden zwischen der Tasse und allem, was mit ihr in Zusammenhang steht oder mit ihr in Zusammenhang gebracht werden könnte.

Wenn also das Element Erde auf der Grundlage seiner konkreten, sinnlichen Wahrnehmung die Tasse schön findet, so tut es dies, weil Form, Farbe und andere äußere Faktoren sich nach seinem Geschmack in Harmonie befinden. Wenn das Element Feuer die Tasse für schön hält, so entspringt diese Einschätzung einer völlig anderen Sicht der Dinge. Höchstwahrscheinlich vermag der Feuertypus nicht einmal zu sagen, wie die Tasse tatsächlich aussieht; seine Würdigung beruht auf nichts anderem als dem «Kick», den er verspürt, weil ihm *unbewußt* alle «Möglichkeiten» der Tasse vor Augen stehen. Schon allein das kann zu schweren Mißverständnissen führen, denn beide Elemente sprechen jeweils die Sprache ihrer eigenen Welt und begreifen oft nicht, daß es auch noch andere Welten gibt bzw. können sich nicht in den Erfahrungsmodus jener anderen Welt versetzen. So können bei gleicher Wortwahl die Unterschiede zwischen den einzelnen Elementen zu ungemein großen Sprachverwirrungen führen.

Eine solche «Sprachverwirrung» kann auch in unserem eigenen Inneren entstehen, wo ja das Bewußte und das Unbewußte als komplementäre Gegensätze fungieren und die verschiedensten Aktionen und Reaktionen initiieren. Die folgenden Elemente sind einander entgegengesetzt:

— Feuer und Erde
— Luft und Wasser

Wenn zwischen dem superioren und dem inferioren Element eine solche «Sprachverwirrung» entsteht, so muß zwischen ihnen vermittelt und eine Verbindung geschaffen werden. Eine solche Verbindung entsteht durch den Fluß der psychischen Energie, der astrologisch durch die Kreuze symbolisiert wird. Um zu erläutern, wie dies vor sich geht, wollen wir C. G. Jung zu Wort kommen lassen. Er beschreibt die psychische Energie in bezug auf die vier Bewußtseinsfunktionen. Das Zitat beginnt mit der progressiven Energierichtung:
»Der Prozeß der Anpassung verlangt eine gerichtete bewußte Funktion, die durch innere Konsequenz und logische Geschlossenheit charakterisiert ist. Wie wir schon sahen, muß das Gerichtetsein der Funktion alles Nichtpassende ausschließen, um eben die Richtung aufrechtzuerhalten. Das Nichtpassende verfällt der Hemmung und damit der Entziehung der Aufmerksamkeit. Die bewußt gerichtete Anpassungsfunktion ist erfahrungsgemäß nur eine, denn, wenn ich mich zum Beispiel denkend einstelle, so kann ich mich nicht zugleich auch fühlend einstellen, weil Denken und Fühlen zwei ganz verschiedene Funktionen sind. Ich muß sogar, um den logischen Gesetzen des Denkens genügen zu können, das Gefühl sorgfältig ausschließen, um den Denkprozeß nicht durch das Gefühl zu stören. In diesem Fall entziehe ich dem Fühlprozeß die Libido soviel wie möglich, weshalb diese Funktion einem relativen Unbewußtsein verfällt. Erfahrungsgemäß ist die Einstellung in der Hauptsache habituell, und daher sind die anderen, nicht passenden Funktionen, insofern sie inkompatibel mit der prävalierenden (vorherrschenden) *Einstellung sind, relativ unbewußt, daher unbenützt, ungeübt, undifferenziert und notwendigerweise durch Koexistenz assoziiert mit den übrigen sonstigen Inhalten des Unbewußten, deren Minderwertigkeit und Inkompatibilität ich bereits angedeutet habe. Dadurch erscheinen diese Funktionen, wenn sie durch Regression aktiviert werden und so das Bewußtsein errei-*

chen, in einer sozusagen inkompatiblen Form, gewissermaßen entstellt und mit dem Schlamm der Tiefe bedeckt.
Wenn wir uns nun erinnern, daß der Grund zur Stauung der Libido das Versagen der bewußten Einstellung war, so verstehen wir jetzt, inwiefern die durch Regression aktivierten unbewußten Inhalte wertvolle Keime sind: Sie enthalten nämlich die Elemente zu jener anderen Funktion, welche durch die bewußte Einstellung ausgeschlossen war und die befähigt wäre, die versagende bewußte Einstellung wirksam zu ergänzen oder zu ersetzen. Wenn das Denken als Anpassungsfunktion versagt, weil es sich um eine Situation handelt, an die man sich nur durch Einfühlung anpassen kann, so enthält das durch Regression aktivierte unbewußte Material eben die fehlende Fühlfunktion, aber noch in embryonaler bzw. archaischer und unentwickelter Form. Gleicherweise wird beim entgegengesetzten Typus die Regression eine die versagende bewußte Einfühlung wirksam kompensierende Denkfunktion im Unbewußten aktivieren.«[1]
Dieses Zitat enthält einige wichtige Aussagen. Wir sehen, daß die «Sprachverwirrung» zwischen bewußter Einstellung und dem Unbewußten durch den Fluß der psychischen Energie aufgelöst werden kann. Die psychische Energie, über die uns die Kreuze Auskunft geben können, verbindet die vier Elemente in der Psyche. Dabei haben die Kreuze nichts mit dem zu tun, was im Bewußtsein oder im Unbewußten vorgeht — aber durch den Fluß der psychischen Energie kann das, was diese beiden Teilbereiche der Psyche ausmacht, eine Veränderung erfahren.

Der Fluß der psychischen Energie ist das Mittel, mit uns selbst wie mit der Außenwelt ins reine zu kommen. Nach einem Prozeß des Verarbeitens und des Ausgleichens (der Regression) setzt schließlich die Progression wieder ein, d.h. die Anpassung an die Außenwelt. Den Übergang von Progression zu Regression (und umgekehrt) verkörpert die veränderliche Energie.

Die kombinierte Deutung der Elemente und Kreuze

Nachdem wir nun wissen, daß die Elemente unsere Sicht der Welt widerspiegeln und die Kreuze anzeigen, auf welche Weise wir Eindrücke verarbeiten, können wir uns an eine exaktere Deutung von Freds Horoskop (Beispielhoroskop 1) machen. Die Elemente bezüglich Anlage und Umstände wurden bereits in Kapitel 1 und 2 ausführlich besprochen, die Besetzung der Kreuze in Kapitel 3 und 4. Deshalb können wir uns hier darauf beschränken zu beschreiben, wie man diese beiden Bestandteile zu einer Synthese zusammenfügt.

Freds superiore Funktion ist Erde, weshalb seine Wahrnehmung und Beurteilung der Welt praktisch, konkret und sachlich ist. Wegen des starken fixen Kreuzes in der Anlage wird der Verarbeitungsprozeß Zeit erfordern und in die Tiefe gehen, ob Fred dies nun bewußt will oder nicht. Durch die Betonung des fixen Kreuzes wird gleichzeitig sein inferiores Element Feuer und in zweiter Linie auch das Element Luft an die «psychische Oberfläche» kommen, weshalb die Planeten in diesen Elementen auch in seinem Bewußtsein eine bestimmte — wenn auch nur archaische — Rolle spielen werden. Fred kann in der ersten Hälfte seines Lebens Schwierigkeiten bekommen, wenn er mit seinem inferioren Element konfrontiert wird. Und weil seine Anlage einen so langwierigen Verarbeitungsprozeß mit sich bringt, wird er sich immer wieder in sein eigenes Inneres versenken müssen. Darunter braucht er nicht unbedingt zu leiden; allerdings können in ihm Gefühle der Unsicherheit aufkommen, die zwei Tendenzen mit sich bringen: Entweder setzt er auf Sicherheit (entsprechend seinem Sonnenzeichen Stier), oder er sucht — bedingt durch das Hervortreten des Elements Feuer — immer stärker nach neuen Möglichkeiten und Auswegen.

In der ersten Lebenshälfte sind wir häufig damit beschäftigt, Extremen nachzugehen, wohingegen mit zunehmendem Alter das Bedürfnis, «Gipfel zu stürmen», etwas abnimmt und wir es vorziehen, einen Weg der Mitte zu beschreiten. Fred wird in der ersten Lebenshälfte sehr wahrscheinlich beide Neigungen in sich verspüren — sowohl das starke Sicherheitsbedürfnis als auch das intensive Suchen nach seinen latenten Möglichkeiten, wobei das erstere aufgrund seiner Beziehung zur bewußten, superioren Funktion dominiert. Im Laufe der Jahre jedoch wird die veränderliche Energie stärker zur Geltung kommen, was auf ein wachsendes Bedürfnis zu relativieren hindeutet. Gleichzeitig wird das kardinale Kreuz an Bedeutung gewinnen, der Verarbeitungsprozeß wird nicht mehr ganz so regressiv ausgerichtet sein, und Fred wird die Umgebung bei seiner Entwicklung etwas stärker miteinbeziehen. Er wird sich zunehmend bewußt werden, daß auch die Umgebung Anforderungen stellt, und er wird letztere in einem gewissen Maße auch erfüllen, obwohl die Anlage immer einen stärkeren Einfluß auf ihn haben wird; Fred wird sich in erster Linie an seinen eigenen inneren Werten orientieren, dabei jedoch die «Zwanghaftigkeit» früherer Jahre mit der Zeit ablegen.

Wie ich bereits in den Kapiteln über die Kreuze angedeutet habe, kann dies sowohl positiv als auch negativ gesehen werden. Fred wird in jedem Fall aufgeschlossener für seine Umwelt werden, was für die Menschen in seiner Umgebung sicherlich erfreulich ist. Doch ist das seiner Anlage entsprechende Bedürfnis, sich an sein eigenes Inneres anzupassen, so stark, daß er dadurch höchstwahrscheinlich in einen inneren Konflikt geraten wird. Kommt es zu derartigen inneren Konflikten, so werden die Elemente Feuer und Luft eine sowohl störende als auch ausgleichende Funktion Übernehmen.

Bei der Deutung dieses Horoskops treten deutlich Spannungen bzw. Hemmungen so wie zunächst noch verborgene Möglichkeiten der Psyche hervor. Erscheint z.B. im Horoskop eine starke elementare Spannung — wenn beispielsweise zwei polare Elemente wie Luft und Wasser stark besetzt sind —, findet diese deutlichen Ausdruck im Charakter des Betroffenen. Doch dürfen wir daraus niemals folgern, daß der betroffene Mensch totunglücklich sein muß. Die elementare Spannung hat nichts damit zu tun, ob sich jemand wohl und glücklich oder unglücklich oder wie auch immer fühlt; sie weist lediglich darauf hin, wie das Bewußtsein sich orientiert, wie man Erfahrungen verarbeitet und von woher kompensierende Reaktionen zu erwarten sind. Solche Reaktionen des Unbewußten können sowohl schmerzhafte als auch angenehme Erfahrungen beinhalten. Hier hängt auch viel von unserer eigenen Einstellung allen Aspekten unserer Psyche gegenüber ab.

Wenn in einem Horoskop beispielsweise das Element Luft stark betont ist, der Mond sich jedoch in einem Wasserzeichen befindet, kann die betroffene Person sich bei ihren hin und wieder auftretenden starken sentimentalen oder melancholischen Stimmungen durchaus sehr wohl fühlen. Sie braucht diese keineswegs als unangenehm zu erleben, auch wenn der Mond vom Unbewußten her — von der inferioren Funktion aus — wirkt. Solche vom Mond in einem Wasserzeichen hervorgerufenen Stimmungen können sogar zur Aufrechterhaltung des inneren Gleichgewichts beitragen, auch wenn die Stellung des inferioren Element gleichzeitig die elementare Spannung verstärkt. Diese Spannung kann sich jedoch ausgesprochen kreativ auswirken und hat — um es noch einmal zu betonen — nichts damit zu tun, ob man sich gut oder schlecht fühlt. Über letzteres geben uns vor allem die Stellung der Planeten und ihre Beziehung zueinander Auskunft.

So muß die starke Spannung in unserem zweiten Beispielhoroskop nicht bedeuten, daß Marilyn Monroe sich sehr unglücklich fühlt, doch bringt ihre elementare Spannung ein nicht zu beschreibende «Hungergefühl» mit sich. Dieses läßt sich noch am ehesten als eine Art Unzufriedenheit mit dem Bestehenden erklären, die dem unbestimmten Gefühl entspringt, daß es mehr im Leben geben muß und daß noch so vieles ungelebt ist, auch wenn der/die Betreffende selten sagen kann, was dies nun genau sein mag.

Die Besetzung der Elemente und Kreuze im Horoskop von Marilyn Monroe deutet auf eine starke Spannung in der Anlage hin. Diese elementare Spannung erzeugt das bereits erwähnte «unerfüllte Gefühl» in ihr, das sie als störend oder auch als zutiefst anregend erfahren kann — als den Motor ihrer Suche nach dem Neuem. Die starke Dualität zwischen ihrem superioren Luftelement (durch welches sie die Welt um sich herum nach den Gesetzen der Logik erfährt und betrachtet) und ihrem mit unpersönlichen Faktoren besetzten inferioren Wasserelement ist sowohl für sie selbst als auch für ihre Umgebung deutlich erkennbar und spürbar.

Die starke Betonung des fixen und des veränderlichen Kreuzes weist darauf hin, daß ihr Inneres (also ihr Unbewußtes) seine Ansprüche geltend macht. Das fixe Kreuz bedeutet ja in jedem Fall, daß man sich immer wieder an die Erfordernisse des Inneren anzupassen versucht, an das, was als Unerklärliches und Unbegründbares aus dem Unbewußten auftaucht und sich dem Bewußtsein aufdrängt. Da bei ihr das fixe und das veränderliche Kreuz in der Anlage ähnlich stark betont sind, wird ihr Drang, sich an die Anforderungen ihres eigenen Inneren anzupassen, nicht so starke Spannungen erzeugen — das veränderliche Kreuz bietet ihr die Möglichkeit, sich in sich selbst zurückzuziehen bzw. wieder «zum Vorschein» zu kommen, sobald dies nötig ist. Diese Beweglichkeit ist jedoch, die Lebens-Umstände betreffend (Planeten in den Häusern), kaum noch vorhanden — ein Hinweis darauf, daß sie mehr Schwierigkeiten hat, vom einen auf den anderen inneren Zustand zu wechseln, als ihre Anlage vermuten läßt. Hier erhält das kardinale Häuserkreuz (Lebens-Umstände) stärkeren Nachdruck, so daß sie, wenn sie erst einmal eine bestimmte psychische Richtung eingeschlagen hat, darin auch länger «steckenbleiben» wird.

Das fixe Kreuz gewinnt «auf Kosten» des veränderlichen Kreuzes in bezug auf die Umstände an Einfluß. Unter anderem zeigt dies, daß ihre Beweglichkeit mit zunehmendem Alter an Bedeutung verlieren wird, je mehr die Erfahrung, die in den Häusern zum Ausdruck kommt, in den Vordergrund tritt. Gleichzeitig beinhaltet die zunehmende Betonung des kardinalen und des fixen Häuserkreuzes (die Umstände betreffend) aber auch, daß die psychische Energie, die den Kontakt zwischen Bewußtsein und Unbewußtem aufrechterhält, einen ebenso dualistischen Charakter annehmen wird, wie es bereits bei der Besetzung der Elemente der Fall war. Ein betontes kardinales Kreuz bedeutet ein starkes Bedürfnis, den Anforderungen der Außenwelt zu entsprechen, ein starkes fixes Kreuz hingegen den Drang, den Anforderungen der eigenen Innenwelt den Vorrang zu geben.

In diesem Fall stehen Bewußtsein und Unbewußtes einander in krassem Gegensatz gegenüber: Die psychische Energie, symbolisiert durch die Kreuze, verstärkt mittels des kardinalen Kreuzes Marilyn Monroes bewußte Lufteinstellung, während das in den Häusern betonte fixe Kreuz (das auch schon in der Anlage hervorgehoben ist) das entgegengesetzte Bedürfnis erzeugt, das Element Wasser vom Unbewußten aus zu integrieren, wodurch Luft sich etwas zurücknehmen muß. Bei einer so starken Gegensätzlichkeit auf allen Ebenen kann man auf ein äußerst bewegtes Leben schließen, das vielleicht durch mangelhaftes inneres Gleichgewicht, vielleicht auch durch ein großes Ausmaß an Kreativität geprägt ist. Tatsächlich wechselten im Leben Marilyn Monroes Zeiten großer Labilität mit sehr kreativen Phasen.

Es stellt sich die Frage, ob wir hier von einem problematischen Horoskop sprechen können. Eine Antwort auf diese Frage ist meiner Meinung nach aufgrund des Mangels an objektiven Maßstäben oder Kriterien unmöglich. Jede Antwort wäre subjektiv und durch unsere persönliche Sichtweise gefärbt. Die Besetzung der Elemente und Kreuze in Marilyn Monroes Horoskop weist zweifellos auf eine starke Spannung hin, doch gibt gerade eine spannungsreiche Besetzung ja häufig den Anstoß zu schöpferischen Leistungen und großen Taten, aufgrund jenes «Gefühls der Unerfülltheit», das wie ein unmerklicher Beiklang alle Handlungen eines solchen Menschen begleitet.

Die restlichen Faktoren des Horoskops müssen zeigen, wie sehr sich eine solche elementare Spannung tatsächlich konkretisiert. Auf jeden Fall ist bei der Deutung Vorsicht anzuraten, und alles, was auf eine verstärkte Dualität zwischen psychischen Wesenszügen hindeuten könnte, muß gründlich unter die Lupe genommen werden.

In diesem Horoskop ist von Bedeutung, daß weder Uranus noch Pluto irgendeinen Hauptaspekt bilden. Wenn zu einem Planeten in einem Horoskop kein Hauptaspekt besteht, können wir davon ausgehen, daß die mit diesem in Verbindung stehenden psychischen Wesenszüge sich völlig unkontrolliert und unkoordiniert äußern, so daß der Planet sich unerwartet sowohl von seiner schwierigsten als auch von seiner besten Seite zeigen kann. Er entzieht sich jeder Kontrolle der anderen Planeten, die ihm nichts entgegensetzen, ihn aber auch nicht stimulieren können. Der aspektlose Planet repräsentiert einen psychischen Wesenszug, der innerhalb der Gesamtheit der Psyche weitgehend autonom fungiert. In dem hier behandelten Beispielhoroskop gibt es zwei solcher «autonomer» Planeten, Uranus und Pluto, die beide vom Element Wasser aus wirken. Wasser ist das Element, das im Unbewußten liegt und das jene Reaktionen provoziert, die das Bewußtsein in Schranken halten sollen. Planeten, die in dem inferioren Element stehen, geben näheren Aufschluß bezüglich der Quelle solcher Reaktionen. Die dem Bewußtsein ohnehin kaum zugänglichen Planeten Uranus und Pluto werden hier vom inferioren Element aus wirksam und sind außerdem aspektlos. Wir können bei einer solchen Anhäufung von Faktoren, die alle in die gleiche Richtung weisen, prognostizieren, daß ein Verlust des inneren Gleichgewichts im Bereich des Möglichen liegt.

Dieses Horoskop ist ein gutes Beispiel dafür, wie wichtig die Besetzung der Elemente und Kreuze für die weitere Horoskopdeutung ist: Befänden sich die Planeten Uranus und Pluto nämlich — ebenfalls aspektlos — im Element Luft, so könnte ihre autonome Aktivität keine so unmittelbare Bedrohung für das Bewußtsein darstellen wie im konkreten Fall, in welchem sie vom unbewußten, inferioren Element aus wirken.

Im dritten Beispielhoroskop, dem von Peter, trat das Problem auf, daß nicht ohne weiteres ein in jeder Hinsicht starkes Element zutage trat. Aus der Besetzung der Kreuze jedoch ergab sich ein wesentlich unproblematischeres Bild. Auch in diesem dritten Beispiel kann man von einer starken elementaren Spannung sprechen. Diese ergibt sich aus der breiten Streuung der Elemente in Verbindung mit der Tatsache, daß der wichtigste astrologische Faktor, nämlich die Sonne, in einem Element steht, das in den Häusern (Umständen) gar nicht mehr zum Ausdruck kommt, während das der Sonne gegenüberliegende Element — Erde — in den Häusern in den Vordergrund tritt. Zum Element Wasser, das in der Anlage den persönlichen Planeten Merkur enthält, kommt, die Lebens-Umstände betreffend, noch die Sonne, weshalb es für Peter mit zunehmendem Alter an Bedeutung gewinnen wird. Diesem Element steht jedoch das stark besetzte Element Luft gegenüber.

Nun lassen sich natürlich in jedem Horoskop gewisse Spannungen finden; eine ideale Besetzung gibt es ebensowenig wie ideale Menschen. Doch können die aus der Besetzung hervorgehenden Spannungen sehr unterschiedliche Ausmaße annehmen.

Wie bereits gesagt, besteht die Möglichkeit, daß Peter in seinem Leben einem tiefen Wandel unterliegt. Das heißt, daß sein Bewußtsein dann nicht mehr länger durch das in der Anlage starke Feuer bestimmt, sondern von einer Feuer/Wasser- oder auch von einer Erde/Wasser-Kombination geprägt wird. Es sind die Kreuze, die uns in dieser Hinsicht näheren Aufschluß geben können: Das fixe Kreuz ist sowohl in bezug auf die Anlage als auch auf die Lebens-Umstände stärker als das kardinale und dieses ist stärker als das veränderliche; daraus folgt, daß sich Peter die Forderungen seines Inneren sowohl in jungen Jahren als auch mit zunehmendem Alter aufdrängen, und zwar in einer Intensität, daß er ihnen nachzukommen gezwungen ist. Dies bedeutet, daß das — höchstwahrscheinlich inferiore — Element Erde durch den Fluß seiner psychischen Energie immer wieder an die Oberfläche gebracht wird.

Obwohl Peter ein Widder ist, wird er mit Hilfe des fixen Kreuzes in Verbindung mit dem Erdelement eine bemerkenswerte Beharrlichkeit entwickeln können. Die in der Anlage enthaltene Möglichkeit eines psychischen Umschwungs wird durch die Besetzung der Kreuze bestätigt: Durch das betonte fixe Kreuz wird Peter so stark mit seinen unbewußten Wesenszügen sowie mit seinen Gaben konfrontiert, daß durch die Vermischung von Bewußtem und Unbewußtem leicht ein Umschwung stattfinden kann, zumal dieser den Weg des geringsten inneren Widerstandes darstellt. Die Entwicklung, soweit sie die Besetzung der Elemente betrifft, wird somit durch die Besetzung der Kreuze genauer umrissen, und aus dieser Entwicklung können wir ableiten, welche Faktoren im Horoskop vor bzw. nach dem möglichen Umschwung bedeutsam sind bzw. sein werden.

Solange Peter von seinem Bewußtseinselement Feuer aus lebt, wird er sich besser über seinen Aszendenten als über seine Himmelsmitte ausdrücken können. Sobald er jedoch stärker zum Element Erde tendiert, wird sofort die Himmelsmitte an Bedeutung zunehmen; der Aszendent in dem der Erde entgegengesetzten Element kann ihm dann viel weniger Halt bieten.

Da wir nun wissen, daß sich das superiore Element in diesem Horoskop verändern kann, wagen wir folgende Aussage: Tendenziell wird sich Peter trotz der Unbesonnenheit und Sorglosigkeit des Elements Feuer und vor allem des Zeichens Widder von einem spontanen, dem Augenblick verhafteten Menschen zu jemandem entwickeln, für den die gesellschaftliche Position zentral ist und der ein großes Bedürfnis nach Sicherheit und Anerkennung (Mond am MC) hat. Bezüglich seines Selbstausdrucks findet eine Verlagerung vom Aszendenten auf die Himmelsmitte statt.

Nun wird es in unserer westlichen Kultur als natürlich angesehen, daß die gesellschaftliche Position mit zunehmendem Alter wichtiger wird. Mit der stärkeren Bedeutung von Peters Himmelsmitte ist nicht dieser gesellschaftliche Prozeß gemeint, sondern vielmehr die Tatsache, daß Peters inneres Erleben nach einer eventuellen Veränderung des superioren Elements viel besser auf die Weise, die die Himmelsmitte anzeigt, zum Ausdruck kommen kann als über den bis dahin beschrittenen Weg des Aszendenten. Seine Karriere wird dann alles für ihn bedeuten, und er wird sich so sehr damit identifizieren, daß ein Mißerfolg eine schwere Identitätskrise zur Folge haben kann. Falls sich jedoch das Element Feuer als superiore Funktion behauptet, behält der Aszendent seine Bedeutung; in diesem Fall würde das Scheitern der Karrierepläne viel weniger einschneidende Folgen haben.

Ein weiteres Beispiel

Um die Ermittlung und Deutung der Besetzung der Elemente und Kreuze noch einmal zusammenhängend zu rekapitulieren, nehmen wir uns ein weiteres Beispielhoroskop vor (Zeichnung auf Seite 141). Zunächst bestimmen wir auch hier wieder die Besetzung der Elemente und dann die der Kreuze, was bei Paul folgendes Bild ergibt:

Elemente	in den ***Zeichen***	in den ***Häusern***	gesamt
Feuer	♀ ♇ MC	☉ ♀ ♇	6
Erde	♄ ♃	♄	3
Luft	♂ ♆ ☽	♃ ☽ ♆	6
Wasser	♅ ☉ ☿ AS	♂ ♅ ☿	7

Kreuz	***Zeichen***	***Häuser***	gesamt
Kardinal	⛢ ☿ ☉ ♆ ♃	♄	6
Fix	♀ ♇ MC AS ☽	☿ ⛢ ♂ ♆	9
Veränderl.	♂ ♄	♃ ☽ ☉ ♀ ♇	7

Bei diesem Horoskop wurde die Regel für Planeten, die vor einer Häuserspitze stehen (siehe Kapitel 2), angewandt. Die Sonne steht nämlich auf 18°56’ Krebs, während das 9. Haus bei 19°44’ des gleichen Zeichens beginnt. Die Sonne ist weniger als drei Grad von der Spitze des 9. Hauses entfernt und wird daher zu diesem gerechnet. Sie steht also, die Lebens-Umstände betreffend, in einem Feuerhaus, das zum veränderlichen Häuserkreuz gehört. Ohne diese Regel wäre in bezug auf die Häuser die Besetzung der Elemente und Kreuze anders ausgefallen, was einen schwerwiegenden Fehler ausmachen würde, da es sich bei der Sonne um einen so wesentlichen Faktor des Horoskops handelt.

Die Himmelsmitte liegt bei 29°23’ im Löwen — sie muß auch als Löwe-MC gedeutet werden. Ein Planet in der Nähe einer *Hausspitze* darf unter bestimmten Bedingungen zum nachfolgenden Haus gerechnet werden. Ein Planet (oder ein anderer Punkt) am Ende eines Zeichens darf jedoch niemals dem folgenden Zeichen zugeordnet werden, obgleich sich dieser Planet dann in einem gewissen Übergangsstadium befindet.

Bei der Elementenbesetzung fällt sogleich die starke Wasserbetonung bezüglich der Anlage (Planeten in den Zeichen) ins Auge: In keinem anderen Element stehen soviele persönliche Faktoren. Bezogen auf die Umstände (Häuser) stehen die persönlichen Planeten Mars und Merkur ebenfalls in diesem Element. Die Sonne kommt im Feuerelement zum Ausdruck, das auch in der Anlage gut vertreten ist. Erde spielt eine geringe Rolle. Von Wichtigkeit ist noch Luft, da sich der Mond, sowohl die Anlage als auch die Umstände betreffend, in diesem Element befindet.

Hier haben wir es mit einem Menschen zu tun, der die Welt mittels der Fühlfunktion betrachtet und erfährt. Für ihn ist entscheidend, wie er selbst die Dinge erlebt: als angenehm oder unangenehm, als gut oder schlecht, als schön oder häßlich usw. Peter nimmt in starkem Maße emotional Anteil an dem, was in seiner Umgebung geschieht, auch wenn dies in seinem Verhalten nicht immer deutlich zum Ausdruck kommen sollte. Die Fühlfunktion ist die ihm eigene Art, das

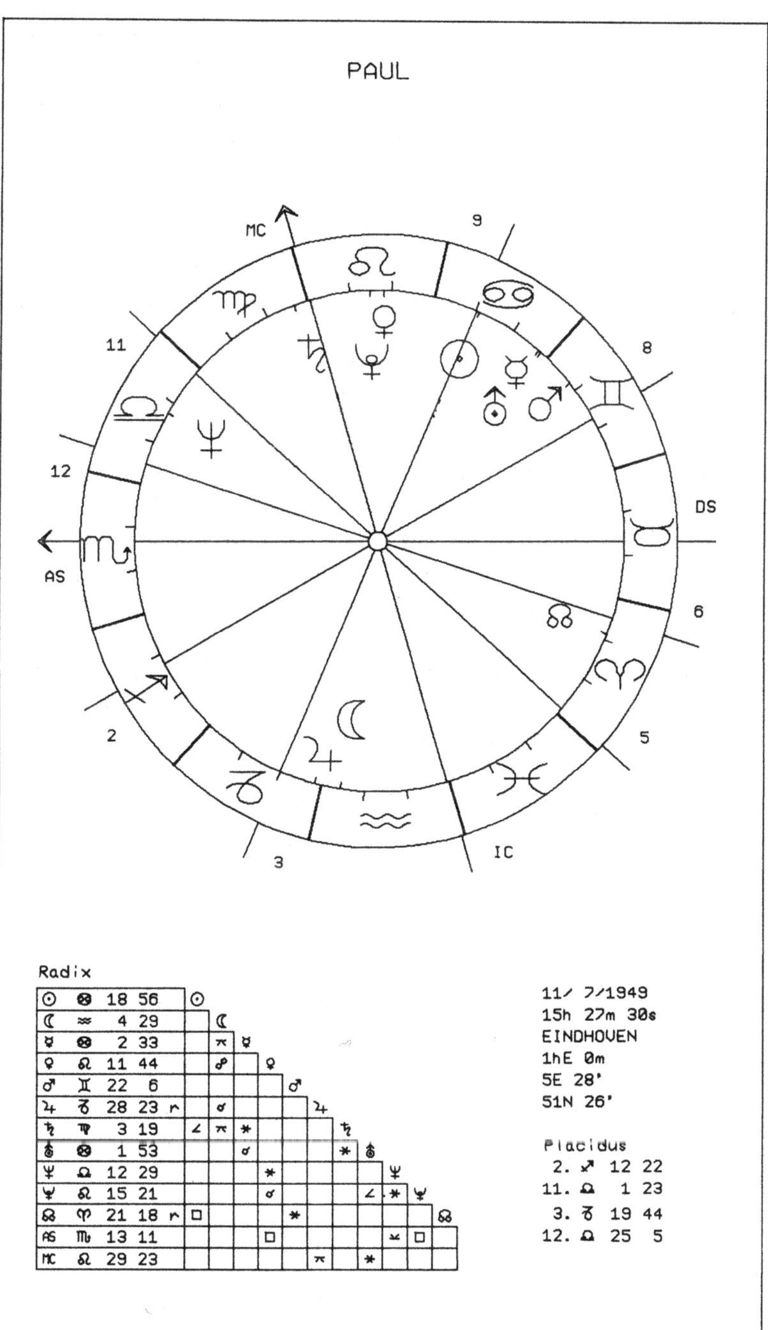

				☉	☽	☿	♀	♂	♃	♄	♅	♆	♇	☊
☉	♋	18 56												
☽	♒	4 29												
☿	♋	2 33			⚻									
♀	♌	11 44			☍									
♂	♊	22 6												
♃	♑	28 23	r		☌									
♄	♍	3 19		∠	⚻	✶								
♅	♋	1 53				☌								
♆	♎	12 29					✶							
♇	♌	15 21					☌				∠	✶		
☊	♈	21 18	r	□				✶						
AS	♏	13 11					□					⚺	□	
MC	♌	29 23							⚻		✶			

Leben zu betrachten und zu erleben, mit Hilfe derer er sich einen Weg durch die Vielfalt der Erscheinungen bahnt.

Da sein Mond in dem — seinem superioren Wasserelement entgegengesetzten — Element Luft verbleibt, wird er eine starke Spannung zwischen der bewußten Haltung (Sonne) und den unbewußten Reaktionen (Mond) erfahren. Immer, wenn er sich mit der weiteren Ausdifferenzierung seiner superioren Fühlfunktion beschäftigt, wird sein Mond vom Element Luft aus das starke Bedürfnis wecken, jede Situation mittels des Denkprozesses in den Griff zu bekommen. Dabei würde er am liebsten alle Erfahrungen nach den Gesetzen der Logik kategorisieren. Doch das ist gerade sein Schwachpunkt, da Luft das inferiore Element ist, das von seinem Unbewußten aus in einer wenig differenzierten Weise wirkt. Das bedeutet nicht, daß Paul nicht in der Lage wäre, seine Erfahrungen zu ordnen. Gerade weil dieses Bedürfnis so stark ausgeprägt ist (der Mond weist unter anderem darauf hin, welche Verhaltensstrukturen uns unbewußt am angenehmsten sind), wird er durch die intensive Beschäftigung auf diesem Gebiet zu sinnvollen Resultaten gelangen können. Er wird jedoch erfahren müssen, daß ihm alles viel leichter von der Hand geht und daß er zu den gleichen Ergebnissen gelangt, wenn er sich auf seine Fähigkeit zu fühlen verläßt, statt permanent logische Faktoren abzuwägen.

An diesem Punkt wird die Besetzung der Kreuze wichtig. Die starke Betonung des kardinalen wie auch des fixen Kreuzes in der Anlage bewirkt, daß bei Paul ein ausgewogenes Verhältnis zwischen der Anpassung an die Forderungen der Außenwelt und der an das eigene Innere besteht. Dabei wirkt der Mond — was die Anlage angeht — vom fixen Kreuz aus. Da der Mond, die Lebens-Umstände betreffend, in einem veränderlichen Haus zum Tragen kommt, wird Paul im Laufe seines Lebens das, was dieser für seine Persönlichkeit bedeutet, — unbewußt — immer mehr nutzen können, um das Gleichgewicht aufrechtzuerhalten oder wiederherzustellen: Der Mond wird für ihn ein Instrument sein, mit dessen Hilfe er seine psychische Energie zeitweilig nach innen wie auch nach außen richten kann. Da jedoch in jedem Horoskop eine Kombination von Faktoren wirkt, müssen wir noch einige andere Dinge in Betracht ziehen:

1. Da das superiore Element Wasser ist, muß Luft das inferiore sein.
2. Planeten, die im inferioren Element (in diesem Falle Luft) stehen, wirken vor allem vom Unbewußten aus und zwar hauptsächlich in Form von gegen das Bewußtsein gerichteten Reaktionen.

3. Der Mond zeigt an, wie wir uns unbewußt verhalten, um uns wohlzufühlen oder um ein gewisses Gefühl der Sicherheit zu entwickeln. Im vorliegenden Horoskop wirkt dieser Mechanismus vom inferioren Luftelement aus, was zur Folge hat, daß der Betreffende möglicherweise zwanghaft versuchen wird, den eigenen Anforderungen zu genügen. Paul wird um ein logisches Verständnis bemüht sein und nach Erklärungen suchen, was er — in erster Linie mit seinem superioren Gefühl — wahrnimmt und erfährt.

4. In der Anlage sind das fixe und das kardinale Kreuz betont, wobei der Mond im Brennpunkt steht. Deshalb ist Paul im ersten Teil seines Lebens höchstwahrscheinlich genötigt, den eigenen inneren (zwanghaften) Forderungen seines im Unbewußten wirkenden Mondes zu gehorchen. Dies wird ihm jedoch, je älter er wird, immer leichter fallen, da der Mond, die Umstände betreffend, im veränderlichen Kreuz steht.

5. Das veränderliche Kreuz ist, auf die Häuser bzw. Umstände bezogen, am stärksten betont, das kardinale Kreuz dagegen spielt kaum noch eine Rolle. Die starke kardinale Anlage, deretwegen äußere Impulse für Paul ungemein wichtig sind, verlagert sich auf veränderliche und fixe Häuser. Wenn wir alle diese Faktoren zusammen betrachten, kommen wir zu folgendem Schluß: Obwohl einer der stärksten Faktoren des Unbewußten, der Mond, sich auf das veränderliche Kreuz verlagert und dadurch eine Rolle im Prozeß der inneren und äußeren Anpassung der Psyche spielt, wird er doch immer stark an das Unbewußte gebunden bleiben (bedingt durch seine Position im inferioren Element). Das kardinale Kreuz verschwindet, bezogen auf die Lebens-Umstände, fast völlig, so daß sich die veränderliche Energie stärker in Richtung des fixen Kreuzes bewegen und die ursprüngliche Anlage des Mondes — die Bindung an das Unbewußte — erneut betont wird.

Die Besetzung der Elemente und Kreuze gibt uns die Möglichkeit, die Punkte und Aspekte herauszuarbeiten, auf die wir in einem Horoskop besonders achten müssen, weil hier aufgrund von Spannungen Reaktionen zu erwarten sind. In Pauls Horoskop ist es unter anderem der Mond, der — trotz seiner Stellung im inferioren Element — eine Schlüsselposition einnimmt. Bei der weiteren Interpretation werden wir deshalb besonders auf ihn und auf seine Aspekte achten müssen, auch deshalb, weil der Mond Herrscher des stark betonten Zeichens Krebs ist. Obwohl die Besetzung der Elemente ansonsten ziemlich spannungsfrei ist, dominiert der Mond aufgrund seiner Rolle als Herrscher zumindest zeitweise das Bewußtsein und damit das Element Wasser. Es kommt gewissermaßen zu einem zeitweiligen Austausch der Bewußtseinsfunktion.

Das Element Feuer könnte in diesem Horoskop auf verschiedene Weise als Vermittler zwischen Luft und Wasser fungieren — von der Anlage, insbesondere aber von den Umständen her. Auf der Grundlage der Besetzung der Elemente und Kreuze können wir zusammenfassend sagen, daß Paul vom Gefühl her lebt, während er glaubt, alles sehr abstrakt und logisch zu betrachten. Doch gerade sein Bedürfnis nach Logik resultiert aus der permanenten Suche nach Werten, die er in erster Linie vom Gefühl aus entwickelt. Obwohl Peter in gewisser Weise ein logisch vorgehender Mensch ist, läßt nicht das exakte Denken ihn Inkonsequenzen aufspüren, sondern sein Gefühl dafür, wo etwas «nicht stimmt» (dies ist die Kombination zwischen Wasser als superiorer Funktion und Feuer als Hilfsfunktion des Bewußtseins). Sein anfänglich vorhandenes Bedürfnis, sich an der Außenwelt zu orientieren (das kardinale Kreuz), verlagert sich allmählich auf die Anpassung an das, was er selbst für notwendig hält. Innere Werte werden stets eine wichtige Rolle spielen (das in der Anlage und den Umständen stark betonte fixe Kreuz), während die Flexibilität hinsichtlich der psychischen Energieprozesse mit fortschreitendem Alter zunimmt.

Das Konkret-Stoffliche wird in seinem Leben keine große Rolle spielen: Das Element Erde hat in diesem Horoskop kaum Einfluß. Das bedeutet jedoch nicht, daß Paul ein asketisches Leben führen wird — hier ist lediglich angezeigt, daß ihn die wahrnehmbare stoffliche Form als solche nicht besonders interessiert. Diese ist für ihn nur im Zusammenhang mit seinem Bedürfnis nach Würdigung seiner Gefühle (Wasser) wichtig. Das Element Erde wird, je stärker er sein Element Feuer entwickelt, von selbst in unbewußtere Schichten zurücksinken (es handelt sich ja um das dem Element Feuer entgegengesetzte Element). Als unbewußte Funktion kann sie durch Reaktionen des Unbewußten zum inneren Gleichgewicht beitragen und Paul über den Weg der Konfrontation auf den Boden der Tatsachen zurückholen. Dies stellt ein günstiges Gegengewicht dar sowohl zur theoretisierenden Tendenz des Mondes als auch zum Mangel des Elements Feuer an erdbezogener Verankerung.

Elemente und Kreuze in Beziehung zu Lebensphasen

In den vorangegangenen Kapiteln haben wir wiederholt gesehen, daß die Besetzung von Elementen und Kreuzen die Entwicklungsprozesse innerhalb der individuellen Psyche wiedergeben. Diese Entwicklung steht in engem Zusammenhang mit den Lebensphasen. Natürlich kann ein Astrologe nie exakt angeben, in welchem Jahr bestimmte Veränderungen bei einem Menschen eintreten werden. Man kann jedoch sowohl in der Psychologie als auch in der Astrologie eindeutig abgegrenzte Lebensabschnitte unterscheiden, in denen sich innere Veränderungen im Menschen vollziehen. Zeiten wie die Pubertät und die Wechseljahre sind bekannte Beispiele für Lebensphasen mit charakteristischen Entwicklungen, die jeder Mensch durchlebt.

Diese Lebensphasen müssen wir auch in die Horoskopdeutung einbeziehen. Wenn wir das Horoskop eines dreijährigen Kindes deuten sollen, in dessen Anlage das Element Luft stark vertreten ist, können wir kaum von einer stark entwickelten Denkfunktion sprechen. Es hat zu diesem Zeitpunkt ja noch kaum eine Entwicklung stattgefunden. Hingegen können wir sagen, daß dieses Kind sich im Laufe des Lebens immer stärker mittels der Denkfunktion orientieren wird. Das Denken wird am Anfang noch ziemlich einfach und ungelenkt verlaufen, doch mit zunehmendem Alter werden infolge der sich allmählich entwickelnden Differenzierung viele ursprüngliche und archaische Züge verschwinden. Es ist jedoch auch möglich, daß die Anlage — also die Planeten in den Luftzeichen — zwar stark ist, daß jedoch kaum oder gar keine Planeten in den Lufthäusern — also in den Lebens-Umständen — zu finden sind. Dieses Kind wird dann früher oder später erfahren, daß es mit der an sich gut entwickelten Denkfunktion nicht überall zurechtkommt, und infolge dieser Erfahrung werden andere Funktionen beziehungsweise andere Elemente stärker in den Vordergrund treten als in diesem Fall. Irgendwann im Leben wird sich — mit allen damit verbundenen Chancen und Schwierigkeiten — dieses Problem bemerkbar machen. In keinem Horoskop gibt es eine «ideale» Besetzung der Elemente und Kreuze. Im Leben jedes Menschen gibt es «etwas», womit sich dieser früher oder später auseinandersetzen und für das er eine Lösung finden muß.

Eine der wichtigsten Phasen im Leben des Menschen sind die Wechseljahre, die Krise der Lebensmitte, die gewöhnlich zwischen

dem 42. und 45. Lebensjahr eintritt. Astrologisch gesehen bilden dann Saturn im Transit, Uranus im Transit und die sekundäre Progression des Mondes jeweils eine Opposition zu ihrer Radixstellung. Die Formen und Inhalte des Lebens sind dann reif für größere Veränderungen. C. A. Meier sagt hierzu:
»Früher oder später, normalerweise in der sogenannten Lebensmitte, wird sich das Rad der Funktionen zu drehen beginnen. Was bisher den Hauptakzent hatte, wird langsam unwichtiger, und das bisher Verachtete kommt zu seinem Recht.«[2]
Es sind die unbewußten, zur inferioren Funktion gehörenden Faktoren, die sich dann meist nicht länger verdrängen lassen und sich zwingend äußern. Daß dies mit Krisenerscheinungen einhergehen kann, braucht wohl nicht näher erläutert zu werden.

Astrologisch gesehen geschieht folgendes: In der ersten Lebenshälfte ist vor allem die Anlage (die Planeten in den Zeichen) für das Individuum bestimmend. Am stärksten ist dies in der Jugend der Fall; vor allem die Zeit der Pubertät spielt dabei eine wichtige Rolle, da die Entwicklung des Ichs in dieser Zeit im Mittelpunkt steht. Astrologisch gesehen verlagert sich dann der Schwerpunkt auf die Sonne. Allmählich macht sich jedoch auch der Einfluß der Planeten in den Häusern bemerkbar. Das Individuum sammelt immer mehr Erfahrungen, verarbeitet und begreift immer mehr, und unwillkürlich fließt ein Teil der Lebensumstände in den inneren Lern- und Anpassungsprozeß mit ein.

Der Einfluß der Planeten in den Häusern wird in den meisten Fällen vor dem Erreichen des 30. Lebensjahres intensiver. Dann haben sowohl der Mond in seiner sekundären Progression als auch Saturn im Transit einmal das Horoskop umrundet und sind wieder da angekommen, wo sie zum Zeitpunkt der Geburt standen. In der Astrologie wird dies als die erste Wiederkehr von Mond und Saturn bezeichnet. Von diesem Zeitpunkt an erkennt sich der Mensch anhand der Geschehnisse und seiner Erfahrungen immer mehr, und er versteht seine Lebensumstände immer besser, was zu einer permanenten Selbstkonfrontation führt. Er kann viel über seine unbekannten Seiten, die Teil seiner eigenen unbewußten Wesenszüge sind, lernen, wenn er darauf achtet, wie er (in einem spontanen Impuls) auf das reagiert, was von außen kommt. Diese Phase erreicht ungefähr in der Lebensmitte ihren Höhepunkt. Sowohl die Anlage als auch die Lebens-Umstände kommen dann voll zum Ausdruck, und die Erfahrung lehrt, daß Anlage und Umstände, was die Elemente betrifft, zu dieser Zeit zu verschmelzen beginnen. Die Anlage an sich verliert niemals ihre Gültigkeit, sie wird jedoch in vielen Fällen nuanciert.

Aus diesem Sachverhalt folgt: Wenn wir das Horoskop eines Jugendlichen betrachten, der gerade die Schule verlassen hat, werden wir das eine oder andere darin auf einem elementareren Niveau besprechen und vor allem auch auf die möglichen Entwicklungstendenzen eingehen müssen. Geht ein Mensch schon auf die Lebensmitte zu und hat er somit bereits ein gewisses «fortgeschrittenes» Stadium erreicht, so hat sich bei ihm das, was wir soeben *Entwicklungstendenzen* genannt haben, sicherlich zumindest zum Teil schon konkretisiert. Wir haben es dann mit einer weiter fortgeschrittenen Differenzierung zu tun, bei der die unbewußten Reaktionen schon mit ins Spiel gekommen sind. Liegt im Horoskop beispielsweise eine starke Erdbesetzung vor, so können wir darauf vertrauen, daß die bis zu diesem Augenblick kaum zur Geltung gekommenen Feuercharakteristiken nun deutlicher hervortreten werden, was Veränderungen im Bewußtsein mit sich bringen müßte. Solche Veränderungen sind um so wahrscheinlicher, je weniger das in der Anlage stärkste Element in den Umständen, also in den Häusern, vertreten ist. Es ist dann sehr gut möglich, daß diese Person eine Hilfsfunktion stark entwickelt oder diese sogar zu ihrer superioren Funktion macht. Im Extremfall kann sich jemand sogar zum entgegengesetzten Typus entwickeln, allerdings mit folgender Einschränkung: Wenn sich das inferiore Element zum superioren entwickelt, kann es sich zwar bis zu einem gewissen Grad differenzieren, es wird aber niemals ganz die archaischen und ursprünglichen Züge abstreifen, die es im Unbewußten besaß. Häufig kommt es auch vor, daß ein Mensch von einer ihm eigentlich nicht wesenseigenen Funktion aus gelebt hat. In diesem Fall ist die Chance groß, daß in den Krisenjahren der Lebensmitte eine Verlagerung auf die seinem Wesen entsprechende Funktion geschieht. Vor allem bei einer unausgewogenen Elementenbesetzung kann es zu derartigen radikalen Veränderungen kommen.

In diesem Prozeß spielen auch die Kreuze eine wichtige Rolle. Für einen Menschen mit einem starken kardinalen Kreuz ist immer das zentral, was sich außerhalb von ihm selbst befindet. Wie wir wissen, ist das Bewußtsein solcher Menschen auf die Anpassung an die Forderungen der Außenwelt gerichtet. Innere Bedürfnisse werden ignoriert, vernachlässigt oder gar nicht erst wahrgenommen. Wenn sich dann die Lebensmitte, die Zeit des Übergangs, ankündigt und das Unbewußte seine Ansprüche geltend macht, kann jemand mit einem in der Anlage und in den Umständen starken kardinalen Kreuz in große Schwierigkeiten geraten (auch wenn er dies seiner Umwelt gegenüber möglichst zu verbergen sucht).

Für jemanden mit einem starken fixen Kreuz kommt es nicht zu dieser Entwicklung — dieser Mensch setzt sich ja (bewußt oder unbewußt) schon sein ganzes Leben lang mit den Forderungen auseinander, die sein Inneres und sein Unbewußtes an ihn stellen. Auf diese Weise hat er sich schon von Kindesbeinen an in einem gewissen Maß mit sich selbst konfrontiert; er ist schon daran gewöhnt, in welchem Ausmaß sich das Unbewußte seinem Bewußtsein aufdrängen kann. Für ihn wird die Lebensmitte eine andere Art von Veränderung bringen. Natürlich muß dies im Zusammenhang mit den Elementen gesehen werden.

Das veränderliche Kreuz kann sich in verschiedene Richtungen entwickeln. Da mit diesem Kreuz vor allem das Schaffen von Übergängen verbunden ist — also von progressiv nach regressiv und umgekehrt —, kann es passieren, daß jemand mit dieser Konstellation seine tatsächliche psychische Energierichtung übersieht. Möglicherweise bemerkt dieser Mensch nicht einmal, daß er sich in einer Krise befindet — im nachhinein wird ihm dann zumeist bewußt, daß ja wohl doch «eine Menge los gewesen sein muß...». Wenn das veränderliche Kreuz in einem Horoskop besonders stark ist, ohne daß eine nennenswerte Besetzung der kardinalen und/oder der fixen Zeichen vorliegt, wird die Verlagerung von einem Element auf ein anderes wahrscheinlich reibungslos verlaufen, jedoch erst später wirklich erfahren oder bewußt erkannt werden. Im positiven Falle wird der Mensch mit starker veränderlicher Anlage (Zeichen) und einer ebensolchen Betonung der Umstände (Häuser) sich selbst und anderen gegenüber objektiv bleiben können, was dazu führt, daß schwierige Zeiten nicht schwerer genommen werden als sie ohnehin sind.

Beim Untersuchen und Deuten des Horoskops müssen wir immer den Lebensabschnitt einbeziehen, in dem der Betreffende sich befindet. Unter Berücksichtigung dieses Faktors gibt die Besetzung der Elemente und Kreuze dann Auskunft über:

1. Die Anlage einer Person: Planeten in den Zeichen;
2. wie sehr der Mensch dieser Anlage in den Lebens-Umständen Form zu geben vermag: Planeten in den Häusern;
3. die Art der Verarbeitung: Besetzung der Kreuze in der Anlage;
4. wie sehr er den Gegensatz zwischen bewußt und unbewußt erfährt:

die Besetzung der Elementenpaare;

5. wie sehr sich dies mit zunehmendem Alter verändert: die Elementenbesetzung der Häuser im Vergleich zur Elementenbesetzung der Zeichen;

6. wie stark die Spannung ist, die durch die unterschiedliche Besetzung der Zeichen und Häuser entsteht;

7. wie sich der Verarbeitungsprozeß in frühen Jahren abspielt: die Besetzung der Kreuze in der Anlage;

8. wie der Verarbeitungsprozeß sich weiter auskristallisiert, verfeinert und entwickelt: die Besetzung der Häuserkreuze (die Lebens-Umstände betreffend);

9. wie die Verarbeitungsprozesse und Bewußtseinsfunktionen (beziehungsweise die Kreuze und die Elemente) einander im Laufe des Lebens unterstützen oder behindern können.

Bei diesen Prozessen steht in der Kindheit das Instinktive im Vordergrund. Mit dem einsetzenden Lernprozeß kristallisiert sich das Bewußtsein immer mehr aus, bis dieser Prozeß im Alter von ungefähr 30 Jahren gewissermaßen eine Art Zwischenresultat hervorbringt. Elemente und Kreuze können jedoch für das Bewußtsein erst in der Krise der Lebensmitte ihre volle Bedeutung entfalten: Anlage und Erfahrungen verschmelzen erst dann, wodurch sich eine neue Persönlichkeit entwickeln kann.

Natürlich gibt es auch zu dieser Regel Ausnahmen. Wenn jemand bereits in jungen Jahren bestimmte, mit tiefgreifenden Erfahrungen einhergehende Progressionen verarbeiten mußte, so werden möglicherweise die altersbezogenen Entwicklungsprozesse schon vorweggenommen, auch wenn die zugrundeliegenden allgemeinmenschlichen Prozesse immer spürbar sein werden.

Die Besetzung der Elemente und Kreuze im individuellen Horoskop muß immer unter Einbeziehung der persönlichen Struktur und der Erfahrungen des Individuums gedeutet werden. Wenn wir dies alles in Betracht ziehen, werden wir die Probleme eines Menschen, der während seiner Lebensmitte eine Krise durchlebt, schon anhand dieser Besetzung verstehen können. Auch in anderen Lebensphasen können wir auf diese Weise oft das Wesen der Problematik erkennen, doch müssen wir immer die Lebensphase berücksichtigen und die Rolle der Elemente und Kreuze unter diesem Gesichtspunkt untersuchen.[3]

Kapitel 6

Die persönlichen Faktoren und die Besetzung der Elemente und Kreuze

Das Schloß

Beim Ermitteln der Besetzung der Elemente und Kreuze spielen die sehr persönlichen Faktoren Sonne, Mond, Merkur und Aszendent eine wichtige Rolle — die Grundstruktur des Horoskops steht in direktem Zusammenhang mit diesen Bestandteilen der Psyche. Zugleich ist aber nicht außer acht zu lassen, was diese Faktoren für sich allein betrachtet bedeuten. Insofern muß berücksichtigt werden, ob zwischen den für sich betrachteten planetarischen Funktionen und ihrer Stellung im Horoskop Übereinstimmung oder ein Widerspruch herrscht. Das Horoskop ist ungemein komplex, und am äußeren Verhalten und an der äußeren Erscheinung eines Menschen ist längst nicht immer zu erkennen, was in seinem Inneren vorgeht. Jemand kann ausgeglichen wirken, sich aber in einem großen Zwiespalt befinden. Es kann vorkommen, daß ein äußerlich problembeladen wirkender Mensch mit keinerlei inneren Konflikten zu kämpfen hat. Ein Horoskop kann viel über Schein und Wirklichkeit enthüllen.

Die Beziehung zwischen dem, was jemand nach außen hin repräsentiert, und dem, was nach dem Horoskop in ihm verborgen liegt, illustriert folgendes Beispiel. Stellen wir uns das Horoskop einmal als ein großes, uns unbekanntes Schloß vor, zu dem wir unterwegs sind. Beim Näherkommen sehen wir in der Ferne als erstes den großen Turm, dessen Spitze eine Fahne ziert. Diese symbolisiert das MC (die Himmelsmitte bzw. die Spitze des 10. Hauses). Dieser Punkt zeigt im Horoskop unser Selbstbild an, das, womit wir uns identifizieren — also die Fahne, die wir hissen — und den mit unserem Selbstbild zusammenhängenden sozialen Status.

Je näher wir dem Schloß kommen, desto mehr sehen wir von seinem Äußeren, bis wir schließlich dicht davor stehen und im Begriff sind einzutreten. Das Schloß können wir nur über die Zugbrücke und das Eingangsportal betreten, die dem Ausgangs- und Endpunkt des Horoskops, dem Aszendenten, entsprechen. Unseren ersten Eindruck vom Schloß erhalten wir durch den Anblick dieser Zugbrücke — so wie der erste Eindruck, den wir von einem Menschen bekommen, seinem Aszendenten (und seinem gesamten 1. Haus) entspricht. Die Zugbrücke kann mit vielen Eisenspitzen versehen sein, mit Fußangeln, Falltüren und ähnlichem, wodurch sie einen abweisenden Eindruck vermittelt. Das muß jedoch noch nicht heißen, daß das ganze Schloß so aussieht - die Zugbrücke ist eben nur ein Teil des Schlosses. Es ist sehr gut möglich, daß sich hinter der abschreckenden Zugbrücke ein allerliebstes, romantisches Schlößchen befindet, in dem wir uns sehr wohl fühlen würden. Wenn uns dies klar wird, sehen wir die Zugbrücke (den Aszendenten) mit völlig anderen Augen. Dennoch kann uns deren Anblick einen gehörigen Schrecken einjagen.

Der Aszendent zeigt die natürliche Verhaltensweise einer Person, die Art, in der sie sich gewöhnlich nach außen hin präsentiert und in der sie auf neue Impulse und Eindrücke reagiert. Mit dem Aszendenten meine ich hier nicht nur die Spitze des 1. Hauses, sondern auch die Aspekte zu dieser. Bestehen zum Aszendenten viele kritische Aspekte, kann es sein, daß der betreffende Mensch «schwierig» wirkt, obwohl ansonsten im Horoskop vielleicht Ausgeglichenheit und Harmonie vorherrschen. Umgekehrt ist es ebenfalls möglich, daß viele harmonische Aspekte zum Aszendenten bestehen, so daß jemand, dessen Horoskop ansonsten durch starke Konflikte gekennzeichnet ist, auf uns den Eindruck eines «unproblematischen» Menschen macht. Unser Urteil auf die «erste Bekanntschaft mit dem Aszendenten» zu stützen kann deshalb trügerisch sein.

Wir dürfen allerdings auch nicht vergessen, daß die Zugbrücke für das Schloß eine sehr wichtige Funktion erfüllt — dies gilt hinsichtlich des Horoskops auch für den Aszendenten. Der Aszendent steht zweifellos mit bestimmten Charakterzügen — wenn auch nicht mit allen — in Beziehung. Die Planeten, die Aspekte, die Beziehungen der Häuser untereinander usw. bestimmen das Aussehen des restlichen Schlosses. Es kann sich herausstellen, daß sich im Inneren des Bauwerks viele geschmackvoll und gemütlich eingerichtete Zimmer befinden, daß dieses aus mehreren in sich abgeschlossenen Teilen besteht oder ähnliches. Vielleicht sind auch Keller mit Mäusen oder Ratten vorhanden:

Die Planeten im inferioren Element können mit verborgenen und unangenehmen Zügen einhergehen.

So, wie wir das Innere des Schlosses erkunden, lernen wir auch das Horoskop kennen. Es wird sich zeigen, inwieweit Aszendent und Himmelsmitte tatsächlich mit den übrigen Zügen der Person übereinstimmen — ob sich «die Flagge mit der Ladung deckt» (ein holländisches Sprichwort; Anm. d. Übers.).

Es geht also darum, ob der Aszendent mit der allgemeinen Tendenz des Horoskops bei der Besetzung der Elemente und Kreuze übereinstimmt bzw. dieser zuwiderläuft. Jemand mit einer starken Erdbetonung und einem starken fixen Kreuz wird auf andere, wenn er einen Zwillingsaszendenten besitzt, keinen entsprechenden Eindruck machen. Hinter der leichten und «flüchtigen» Art des Aszendenten — gemäß der Zwillinge — verbirgt sich dann ein ruhiger und stabiler Charakter, der — gemäß dem fixen Kreuz — sich hauptsächlich an seinen eigenen Normen orientiert. Doch wird in diesem Fall der Aszendent (der die natürliche und unmittelbare Verhaltensweise eines Menschen repräsentiert) dem Charakter etwas mehr Beweglichkeit verleihen, die als Gegenpol zu den starken regressiven Neigungen von Nutzen sein kann. Andererseits kann er aber auch zu Schwierigkeiten führen, weil infolge dieser Dualität zwei widersprüchliche Charakterzüge zu vereinen sind: Zum einen besteht das Bedürfnis, Erfahrungen in einer gewissermaßen wiederkäuenden Art zu verarbeiten, während zum anderen ein ständiger Hunger nach neuen Erlebnissen vorhanden ist, ohne daß die alten bereits verarbeitet wären (Zwillinge).

Der Aszendent nimmt innerhalb des Horoskops eine besondere Stellung ein: Zum einen symbolisiert er die Art und Weise, wie unsere Psyche nach außen tritt sowie den Eindruck, den wir infolgedessen auf andere machen. Der Aszendent ist ein wichtiger Teil unseres Charakters — oft ist er uns so selbstverständlich, daß wir erstaunt und ungläubig sind, wenn Menschen aus unserer näheren Umgebung uns auf diese Charakterzüge hinweisen. Erst wenn wir uns selbst eine Weile genau beobachtet haben, werden wir diese Züge an uns bemerken.

Die inneren Verhaltensmuster, die der Aszendent anzeigt, spiegeln sich andererseits auch in unseren Reaktionen auf physische Gegebenheiten. Der Aszendent gibt daher sowohl unsere direkten Reaktionsmuster auf Nicht-Stoffliches — beispielsweise auf Erfahrungen und Ereignisse — wieder als auch unsere Reaktionsweise auf direkt greifbare Umstände wie Klima und ähnliches.

Die vier Funktionstypen und die Rolle der Sonne

Über die Wichtigkeit der Sonne im Horoskop gibt es unterschiedliche Meinungen. Manche halten sie nicht für bedeutungsvoller als andere Horoskop-Faktoren. Andere räumen ihr eine besondere Stellung ein, da sie unser Wesen und unser Ich am direktesten widerspiegelt. Früher oder später wird die Sonne zur Geltung kommen, wie «versteckt» sie im Horoskop auch stehen mag. «Versteckt» steht sie in einem Haus, in dem sie sich nicht ihrem Wesen gemäß entfalten kann, beispielsweise im 12., was noch verstärkt wird, wenn sie zudem noch aspektlos ist. In einem solchen Fall kann die betreffende Person ihre eigene Art und ihr Wesen in den Lebens-Umständen (Häusern) kaum zum Ausdruck bringen, obgleich sie diese Wesenzüge sehr deutlich in sich spürt.

Meiner Erfahrung nach spielt die Sonne im Horoskop eine sehr wichtige Rolle. Sie symbolisiert den Punkt, zu dem wir früher oder später unbewußt zurückkehren wollen, wenn wir den Weg, der von ihr vorgegeben ist, verlassen haben. Vom Verlassen des «Sonnenweges» kann man zum Beispiel bei den sogenannten «abgewandelten Typen» sprechen, die sich an dem Element orientieren, das ihrem superioren entgegengesetzt ist (oft handelt es sich dabei um das Element, in dem die Sonne steht). In der Psychologie wurde das Problem des «gestörten Typus» von Marie-Luise von Franz folgendermaßen beschrieben: *»Manche Menschen haben Schwierigkeiten, ihren eigenen Typus herauszufinden. Dies ist oft auf die Tatsache zurückzuführen, daß sie 'abgewandelte' Typen sind. Das ist eine nicht sehr häufige Erscheinung, die dann auftritt, wenn sich jemand normalerweise zu einem Fühl- oder Intuitionstypus entwickelt hätte, aber durch die ihn umgebende Familienatmosphäre zur Entwicklung einer anderen Funktion gezwungen wurde. Angenommen, ein Junge wird als Fühltypus in eine intellektuell ehrgeizige Familie hineingeboren. Die Umgebung wird Druck auf ihn ausüben, auch ein Intellektueller zu werden, und seine ursprünglichen Anlagen zum Fühltypus werden behindert oder verachtet werden. In solch einem Fall wird er gewöhnlicherweise nicht gerade ein Denktypus werden: Das wäre ein Schritt zu weit. Aber er wird möglicherweise die Empfindung oder die Intuition entwickeln, eine der Hilfsfunktionen, um so wenigstens relativ besser an seine Umgebung angepaßt zu sein; seine Hauptfunktion ist einfach 'unmöglich' in dem Milieu, in dem er aufwächst.«*[1]

Peters Horoskop (Horoskop 3) ist hierfür ein Beispiel. Peter wuchs in einer Familie auf, die ein nach christlichen Normen rechtschaffenes Leben führte, in der eine Karriere im sozialen Sektor als edles Streben galt. Peter, in dessen Horoskop Sonne und Aszendent im Element Feuer stehen, hatte mit dieser Lebenseinstellung schon früh Schwierigkeiten. Er hatte ein ausgeprägtes Bedürfnis nach innerer Freiheit und nach Selbstausdruck, aber aufgrund seines Mondes im Element Erde auch ein Bedürfnis nach Sicherheit und Geborgenheit, was im Widerspruch zu seiner Feuer-Sonne stand. Die in den Vordergrund tretenden Erde/Wasser-Umstände spiegeln in seinem Fall die Umgebung seiner Kinderjahre wider, deren Milieu von Gefühl, Tradition und Sicherheit als einem Stützpfeiler der Familie geprägt war. Peter konnte aufgrund seiner Lebens-Umstände seine «feurigen» Wesenzüge nicht völlig entfalten, obwohl er von seinen Eltern viel Unterstützung erfuhr.

Als er im Alter von zwölf Jahren mit der Möglichkeit konfrontiert wurde, sich zum Missionar ausbilden zu lassen, ließ er sich von seiner Umgebung überzeugen und trat in ein Priesterseminar ein. Er vermißte seine Familie (Mond im Stier), doch freute er sich zugleich über die Möglichkeiten und die Perspektiven, die die Ausbildung ihm bot (Feuer in der Anlage). Sein Ansehen in seiner Umgebung stieg stark, und er gehörte von diesem Zeitpunkt an zu den «erwachsenen Männern». Doch war dies nicht das, was er eigentlich suchte, und nach einigen Jahren brach er die Ausbildung ab, um ein Universitätsstudium zu beginnen. Zum großen Kummer seiner Eltern wandte er sich gleichzeitig auch von der Kirche ab.

Während seiner Studienjahre lebte er seine in der Anlage so stark vertretenen Feuer-Wesenszüge aus: Die Sonne läßt sich nun einmal nicht «verdrängen», und schon gar nicht, wenn auch andere Faktoren, wie zum Beispiel der Aszendent, sich im gleichen Element befinden. Bei Peter jedoch nimmt die Bedeutung der Sonne allmählich ab, und das Element Wasser tritt stärker in den Vordergrund, was unter anderem in Peters Bedürfnis nach künstlerischer Betätigung zum Ausdruck kommt. Auch Erde spielt inzwischen eine stärkere Rolle, obwohl Peter sich mit ihr schwertut, da sie sein inferiores Element ist. Sein unbewußtes Bedürfnis nach Sicherheit ist groß und wird eine immer größere Rolle in seinem Leben spielen (starke Erd-Umstände). Wir können deshalb sagen, daß seine Erziehung und die Umgebung seiner Kindheit unbewußt in ihm weiterwirken — hätte er starke Feuer-Umstände, würde sich seine Kindheit völlig anders auswirken. Sein angeborener Charakter war für diese Erfahrungen offen, die seine weitere Entwicklung begründeten. Daß das Element Erde in seiner Psyche eine so große Rolle spielt, wird auch durch das fixe Kreuz noch unterstrichen, durch welches das inferiore Element ständig an die Oberfläche kommt.

Im vorigen Kapitel wurde bereits auf die Tatsache hingewiesen, daß dieses Horoskop einen tiefen potentiellen Wechsel in sich birgt. Tatsächlich hat in der Jugend schon ein Umschwung stattgefunden, nämlich der von einer traditionellen und christlichen zu einer nonkonformistischen und konfessionell ungebundenen Lebensweise, die für Peter die Loslösung von seinem Elternhaus bedeutete. Doch wird der «Kampf» zwischen Feuer und Erde immer wieder neu auflodern. Vielleicht tritt erneut eine Periode ein, in der das Element Erde für Peter wichtiger wird als das Feuerelement, wobei wahrscheinlich das Element Wasser eine unterstützende Rolle einnehmen wird. Dieser potentielle Umschwung braucht nicht von Dauer zu sein: Peter balanciert gewissermaßen zwischen den Elementen und hält mittels einer starken Hilfsfunktion — Wasser — das Gleichgewicht.

Marie-Luise von Franz sagt über den abgewandelten Typus noch folgendes:

»Solche abgewandelten Typen haben Vor- und Nachteile. Der Nachteil ist, daß sie nicht von Anfang an ihre Hauptfunktion richtig entwickeln können; sie bleiben darum immer etwas unter dem Niveau, das sie erreicht hätten, wenn sie sich in einseitiger Richtung hätten entwickeln können. Andererseits sind sie verfrüht zu etwas gezwungen worden, was sie in der zweiten Lebenshälfte sowieso hätten tun müssen.«[2]

Die heftige Konfrontation mit der inferioren Funktion, die das Hauptthema der Krise um das 42. bis 45. Lebensjahr darstellt, wird Peter noch einmal vor die Situation stellen, die er schon lange kennt: Er ringt schon sein ganzes Leben lang mit jener Dualität, die gleichzeitig die Quelle seiner Kreativität ist. Vielleicht wird es zu diesem Alter zu einem erneuten zeitweiligen Umschwung kommen, aber aller Wahrscheinlichkeit nach werden sich dadurch keine neuen bzw. schwerwiegendere Probleme ergeben als die, die er bereits kennt (das gilt aber nicht für jeden!). Das Feuerelement wird weiterhin von Bedeutung für Peter sein — in seiner neuen, musikalischen Tätigkeit, die er nach der Universität aufnahm, sucht er ständig nach neuen Möglichkeiten und Ausdrucksweisen. Wahrscheinlich wird aber im Laufe der Zeit das Stürmische abnehmen — an seine Stelle werden Erd- und vor allem Wasser-Charakteristiken treten. Peters Beispiel zeigt stellvertretend für viele, wie wichtig die Position der Sonne in der Elementenbesetzung ist. Und je unausgeglichener die Besetzung der Elemente ist, desto stärker wird die Bedeutung der Sonne, wobei es keine Rolle spielt, ob sie nach traditionellen Maßstäben «gut» oder «schlecht» steht, ob sie aspektiert oder unaspektiert ist oder dergleichen mehr.

Bewußtsein

Ein Begriff wie *Bewußtsein* kann in der heutigen Zeit viel Verwirrung stiften, wenn er nicht klar definiert wird. *Bewußtsein* nimmt heute immer mehr die Bedeutung von Einsicht bzw. Erweiterung der Einsicht an, und viele Menschen halten es für sehr positiv, «bewußt zu leben» und «bewußt zu sein». In der Psychologie hatte *Bewußtsein* jedoch ursprünglich eine Bedeutung, die nur wenig mit dem heute umgangssprachlich gebrauchten Begriff gemein hat. Vielleicht sollten wir den Begriff *Bewußtsein* der Psychologie vorbehalten und ansonsten besser von *Bewußtheit* sprechen.

C. G. Jung versteht unter *Bewußtsein*:

» ... die Bezogenheit psychischer Inhalte auf das Ich, soweit sie als solche vom Ich empfunden wird. Beziehungen zum Ich, soweit sie von diesem nicht als solche empfunden werden, sind unbewußt.«[3]

Die Psyche besteht aus zwei einander ergänzenden Bereichen mit gegensätzlichen Eigenschaften: dem Bewußtsein und dem Unbewußten. Unser Ich steht mit beiden Bereichen in Beziehung; alle Erfahrungen sowohl unserer äußeren als auch unserer inneren Welt müssen über das Ich erfolgen, damit sie wahrgenommen werden können. Das Bewußtsein wird von C. G. Jung weiterhin beschrieben als:

» ... die Funktion oder Tätigkeit, welche die Beziehung psychischer Inhalte zum Ich unterhält.«[4]

Unter *Ich* versteht Jung:

» ... einen Komplex von Vorstellungen, der mir das Zentrum meines Bewußtseinsfeldes ausmacht und mir von hoher Kontinuität und Identität mit sich selber zu sein scheint.«[5]

Demnach hat unser Bewußtsein die Funktion, Informationen an unser Ich weiterzugeben, das dabei in relativ konstanter Weise bestimmte Fakten als für sich wichtig und brauchbar ansieht und andere als nutzlos abtut. Es kann sein, daß das Ich einige der vom Bewußtsein vermittelten Sachverhalte als unangenehm empfindet und nicht «sehen» will; diese werden dann verdrängt und verschwinden aus dem Bewußtsein ins Unbewußte. Dort können sie ein Eigenleben führen und gelegentlich ins Bewußtseinsfeld eindringen, wo sie unser Bewußtsein sowohl empfindlich stören als auch zur Korrektur eines allzu einseitigen Ichs beitragen können.

Jolande Jacobi wies schon früh auf die mögliche Verwirrung bezüglich des Begriffs «Bewußtsein» hin:

»Im gewöhnlichen Sprachgebrauch wird 'Bewußtsein' oft mit 'Denken' verwechselt, obwohl das unzulässig ist; denn es gibt ein Bewußtsein des Fühlens, des Willens, der Angst wie überhaupt aller anderen Lebenserscheinungen auch. Ebensowenig darf der Begriff 'Leben' mit 'Bewußtsein' gleichgesetzt werden, was leider auch oft geschieht, da zum Beispiel in einem Menschen, der schläft oder ohnmächtig wurde, zwar noch das Leben, aber kein Bewußtsein mehr vorhanden ist. Es gibt verschiedene Grade des Bewußtseins. Etwas 'wahrzunehmen' ist ein Bewußtseinsakt, der jedoch das Wahrgenommene nicht 'verarbeitet', das heißt gleichsam 'passiv' bleibt im Gegensatz zum Akt eines bewußten, Stellung nehmenden, verstehenden, verarbeitenden Vorgehens.«[6]

C. A. Meier hat in seinem Lehrbuch *»Bewußtsein«* die gleiche Begriffsverwirrung anhand eines anschaulichen Beispiels durchleuchtet, das ich hier des Zusammenhangs wegen ungekürzt wiedergebe:

»Wir gelangen also hier zu einer Paradoxie: Bewußtheit sei das Produkt einer Synthese zwischen Bewußtsein und Unbewußtem. Dies erinnert an einen Sprachgebrauch, der sich im analytischen Jargon eingebürgert hat und oft zu Mißverständnissen führt: Man pflegt gerne zu sagen, es sei jemand «sehr unbewußt», womit man genau meint, er handle nur nach ausschließlich bewußten Argumenten. Aber analytisch gesehen bedeutet dies, er lasse seine unbewußten Hintergründe nicht in die Diskussion ein, so daß der common sense hier gerne sagt, dieser Mensch handle sehr betont nach bewußten Gesichtspunkten, sei also sehr bewußt. Die analytische Psychologie ist aber gerade darauf aus, dem Menschen auch seine unbewußten Motivationen bewußt zu machen und ihn erst dann zu einer Entscheidung kommen zu lassen, wenn dies gelungen ist. Erst dann würde ein solches Individuum nach unserem Sprachgebrauch das Epitheton 'bewußt' wirklich verdienen, also erst dann, wenn er sich dem so bewußt gewordenen Konflikt ausgesetzt und dann entschieden hat.«[7]

Wenn wir den Begriff *Bewußtsein* auf diese Weise verwenden, können wir besser verstehen, daß die astrologische Funktion des Mondes, der doch so eng mit dem Unbewußten verwoben ist, für das Bewußtsein eine wichtige Rolle spielen kann. Der Mond symbolisiert sehr persönliche Wesenszüge, er repräsentiert alle unbewußten erlernten Verhaltensmuster, die Teil unserer Vergangenheit und unserer Kindheit sind. Er zeigt an, wie wir uns verhalten, um uns gut zu fühlen, und er spiegelt die Haltung wieder, mit der wir uns am wohlsten fühlen. Diese Haltung entspringt, wie man in den verschiedensten Astrologiebüchern nachlesen kann, dem Unbewußten. Wenn also mittels der Funktion des Bewußtseins etwas in das Blickfeld unseres Ichs rückt, erhält dieses ein viel besseres Bild von der eigenen Psyche, als wenn die vom Mond symbolisierten Wesenszüge verborgen blieben — vorausgesetzt, das Ich akzeptiert dies auch als Bestandteil seiner selbst.

Nehmen wir an, in einem Horoskop wäre das Zeichen Zwillinge besonders betont, was eine starke Bezogenheit auf die Umgebung bedeutet. Eine Person mit dieser Betonung will an der Umwelt teilhaben, viel über sie wissen, alles mitmachen, reden usw. — kurzum: Geschäftigkeit und Lebendigkeit in der Umgebung sprechen diesen Menschen stark an. Steht in einem solchen Fall der Mond aber im Zeichen Fische, so ist dies ein Hinweis darauf, daß der Mensch sich (unbewußt) im Grunde wohl fühlt, wenn er sich in Ruhe und Stille zurückziehen kann, um kurz «Atem schöpfen zu können» und eine Weile nicht aktiv beteiligt zu sein, so sehr letzteres auch Bestandteil seines Charakters sein mag. Diesen inneren Zwiespalt kann der Mensch als sehr störend erleben, und möglicherweise identifiziert er sich nur mit einer der beiden Seiten. Das vergrößert jedoch die Spannung, da beide Inhalte an seiner Psyche «zerren» und um Anerkennung kämpfen. Schafft er sich keine Freiräume, um sich von Zeit zu Zeit für eine Weile in seine eigene innere Erfahrungswelt zurückzuziehen, verleugnet sein Ich die vom Mond repräsentierten Charakterzüge — er ist sich demzufolge seiner selbst weniger *bewußt,* als wenn er die andere Seite seines Charakters ebenfalls anerkennen und akzeptieren würde. Das Erkennen seiner «Mondseite» kann die Bewußtheit vergrößern und zu einem ausgewogeneren Selbstbild führen.

Vielleicht erscheint es einigen Lesern auf den ersten Blick paradox, daß auch unbewußte Wesenszüge zur Erweiterung unseres Bewußtseinsfeldes beitragen können. Es wird jedoch einleuchten, daß zur Erweiterung und Vertiefung des Bewußtseins das ins Bewußtsein integriert werden muß, was uns zuvor nicht bewußt war. Mit «Erweiterung» ist gemeint, daß Anteile integriert werden, mit denen das Ich sich ohne Schwierigkeiten identifizieren kann; «Vertiefung» bedeutet, daß Anteile bewußt gemacht werden, die das Ich zuvor nicht akzeptieren oder begreifen konnte oder wollte.

Im Gesamtzusammenhang betrachtet wird die Funktionsweise der Elemente vielleicht noch klarer: Das Bewußtsein leitet Informationen an unser Ich weiter, welches diese filtert: Sie werden verarbeitet, vergessen oder verdrängt. Wie das Bewußtsein innere und äußere Informationen an unser Ich weiterleitet, wird durch die Elemente symbolisiert, während die Art des anschließenden Verarbeitungs- oder Verdrängungsprozesses von den Kreuzen angezeigt wird. Die im vorigen Unterkapitel behandelte Sonderstellung der Sonne wird im Zusammenhang mit der Theorie über das Bewußtsein noch deutlicher: Die Sonne repräsentiert im Horoskop das Ich.

Der Planet, der alles verbindet — sowohl Fakten, Informationen, Menschen und Objekte der Außenwelt als auch das, was in der Innenwelt vorgeht —, ist Merkur. Auch er wird den persönlichen Planeten zugerechnet. In der Beziehung zwischen Bewußtsein und Unbewußtem fällt ihm eine spezielle Rolle zu: Er gewährleistet den Austausch von Inhalten und Informationen zwischen den beiden Teilbereichen. Merkur kann eine Verbindung zwischen Sonne und Mond und zugleich den Kontakt zur Außenwelt herstellen. Dies gibt dem Element, in welchem dieser Planet steht, die Möglichkeit, auf subtile Weise auf die Organisationsstruktur unseres Bewußtseins einzuwirken. Es fällt auf, daß bei großen Konflikten zwischen Sonne und Mond — wenn die Sonne im superioren und der Mond im inferioren Element steht — das Merkur-Element besonderes Gewicht erhält. Unter anderem ist dies in Peters Horoskop (Horoskop 3) der Fall. Sonne im Widder und Mond im Stier bilden hier eine Feuer/Erde-Dualität, wobei Merkur in den Fischen das Element Wasser in den Vordergrund treten läßt, und zwar in viel stärkerem Maße als beispielsweise Venus — die man ebenfalls noch zu den persönlichen Planeten rechnet — es bezüglich des Elements Luft zu tun vermag.

Es ist sehr schwierig, in diesem Zusammenhang eindeutige Regeln aufzustellen, die auf jedes Horoskop anwendbar sind. Jedes Horoskop besitzt seine eigene und einzigartige Konstellation, die ihre eigene und einzigartige, nuancierte Deutung erfordert. Außer Frage steht jedoch, daß in der Besetzung der Elemente und Kreuze die Sonne, der Mond, Merkur und der Aszendent besonders beachtet werden müssen.

Kapitel 7

Fragen und Antworten zu drei Übungshoroskopen

Wenn zwei Menschen zum gleichen Zeitpunkt und am gleichen Ort geboren werden, sind ihre Horoskope identisch. Man könnte dann von «Zeit-Zwillingen» sprechen. Das Leben solcher Menschen weist für gewöhnlich starke Übereinstimmungen auf. Es kann auch vorkommen, daß zwei Menschen zwar zur gleichen Zeit, jedoch an verschiedenen Orten zur Welt kommen. Liegen die Geburtsorte weit auseinander, beispielsweise in unterschiedlichen Erdteilen, so wird auch die Häusereinteilung sehr unterschiedlich ausfallen, obwohl die Planetenstände gleich sind. Die folgenden drei Beispielhoroskope illustrieren dies:

Es handelt sich hier um die Horoskope dreier Menschen, die am gleichen Tag an drei verschiedenen Orten zur Welt kamen, zu unterschiedlichen Ortszeiten zwar, jedoch zur gleichen Greenwich-Zeit. Bei der Geburt in Amsterdam war Waage der Aszendent, bei der Geburt in New York Löwe, während der in Djakarta Geborene einen Steinbock-Aszendenten aufweist.

Schaut man in astrologische Nachschlagewerke, findet man zunächst für alle drei genau das gleiche: Sonne in Krebs bedeutet dies, Mond in Waage jenes usw. (Damit die Unterschiede der drei Horoskope deutlicher werden, habe ich den Mond absichtlich um ein ganzes Zeichen in das folgende Haus vorgerückt.)

Die Aspekte, die die Planeten miteinander bilden, stimmen ebenfalls bei allen überein. Unterschiedlich bei zur gleichen Zeit, jedoch an verschiedenen Orten Geborenen sind die Aspekte zum Aszendenten und zur Himmelsmitte sowie die Positionen der Planeten in den Häusern, die die Erfahrungsbereiche darstellen. Das bedeutet — trotz vieler gemeinsamer Charakterzüge — eine unterschiedliche Entwicklung dieser Menschen. Ihre Erfahrungsbereiche unterscheiden sich, und damit auch ihre Entwicklungsmöglichkeiten und ihre Schwierigkeiten. Aufgrund dieser Unterschiede treten im einen Horoskop bestimmte Planeten in den Vordergrund, die im anderen keine große Rolle spielen, wie aus der Besetzung der Elemente und der Besetzung der Häuser ersichtlich wird.

Diese drei Beispielhoroskope stimmen also in ihren Planetenständen überein; sie unterscheiden sich in der Häusereinteilung. Alle benötigten Informationen sind in den Horoskopkreisen eingezeichnet. Wir wollen versuchen, für diese drei Horoskope folgende Fragen zu beantworten:

1. Welche Besetzung der Elemente und Kreuze liegt in den drei Fällen vor?
2. Gibt es große Unterschiede zwischen den Horoskopen?
3. Wie sähe eine kurze Deutung der Elementenbesetzung und der Besetzung der Kreuze von Horoskop A aus?
4. Wie verhält sich dies bei Horoskop B?
5. Wie verhält es sich bei Horoskop C?

Frage 1: Welche Besetzung der Elemente und Kreuze liegt in den drei Fällen vor?

Ein Planet, der mit einem* gekennzeichnet ist, wird — entsprechend der Regel aus Kapitel 2 — zum nächsten Haus gerechnet.

Horoskop A:

Elemente	in den *Zeichen*	in den *Häusern*	gesamt
Feuer	☿ ♃ ♆	♇ ☽ ♂* ♀ ☉	8
Erde	♄	♅ ☿ ♃	4
Luft	♂ ♀ AS ♇ ☽	♆ ♄	7
Wasser	☉ MC ♅		3

Kreuz	*Zeichen*	*Häuser*	gesamt
Kardinal	☉ MC AS ♇ ☽	♇ ☽ ☿ ♃	9
Fix	☿ ♃ ♅	♅ ♄	5
Veränderl.	♂ ♀ ♄ ♆	♆ ♂* ♀ ☉	8

HOROSKOP A

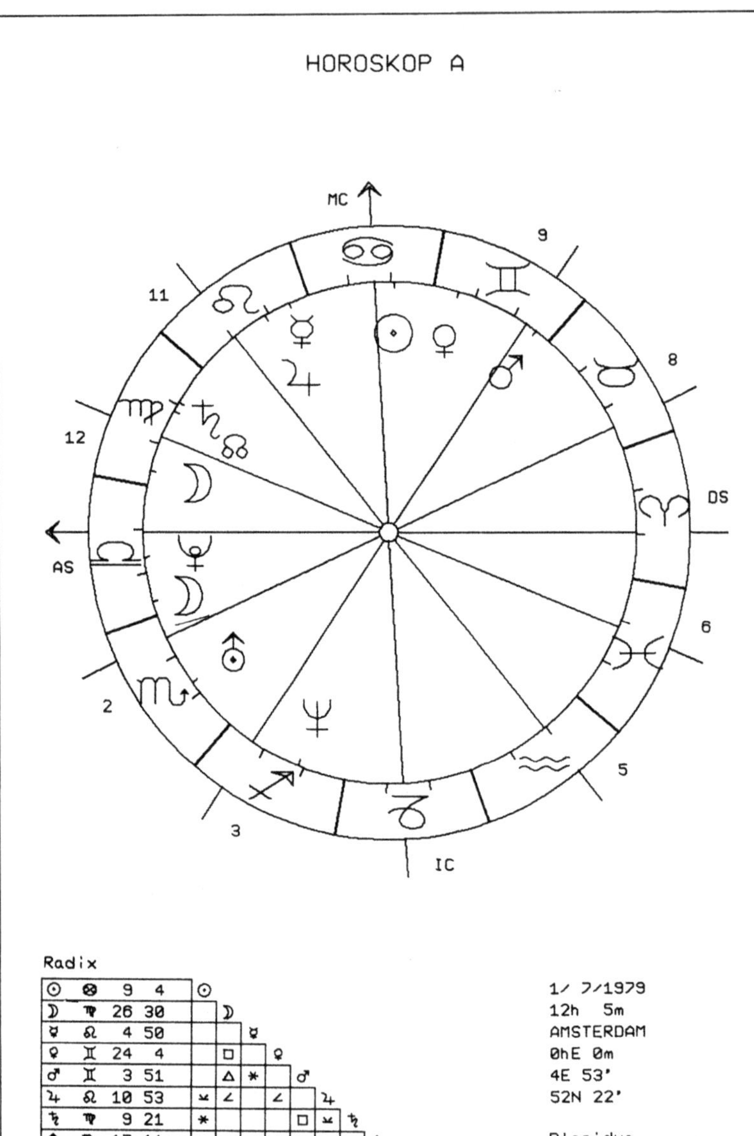

Radix

					☉	☽	☿	♀	♂	♃	♄	♅	♆	♇	☊
☉	♋	9	4		☉										
☽	♍	26	30			☽									
☿	♌	4	50				☿								
♀	♊	24	4			□		♀							
♂	♊	3	51			△	✱		♂						
♃	♌	10	53		⚺	∠		∠		♃					
♄	♍	9	21		✱				□	⚺	♄				
♅	♏	17	11	r								♅			
♆	♐	18	35	r			⚼	☍				⚺	♆		
♇	♎	16	28									⚺	✱	♇	
☊	♍	11	37	r	✱					⚺	☌				☊
AS	♎	10	31		□					✱	⚺				
MC	♋	13	53		☌										

1/ 7/1979
12h 5m
AMSTERDAM
0hE 0m
4E 53'
52N 22'

Placidus
2. ♏ 5 27
11. ♌ 19 26
3. ♐ 6 43
12. ♍ 18 11

Die Position des Mondes wurde in der Zeichnung um 30° vorgeschoben (Erläuterung siehe Text).

Horoskop B:

Elemente	in den *Zeichen*	in den *Häusern*	gesamt
Feuer	☿ ♃ AS MC ♆	♃ ♆	7
Erde	♄	♄	2
Luft	♂ ♀ ♇ ☽	♇ ♂ * ♀	7
Wasser	☉ ⛢	☽ * ⛢ ☉ ☿	6

Kreuz	***Zeichen***	***Häuser***	gesamt
Kardinal	MC ☉ ♇ ☽	♃ ☽ * ⛢	7
Fix	☿ ♃ AS ⛢	♄ ♆ ♂ ♀	8
Veränderl.	♂ ♀ ♄ ♆	♇ ☉ ☿	7

Horoskop C:

Elemente	in den *Zeichen*	in den *Häusern*	gesamt
Feuer	☿ ♃ ♆	♂ ♀ ♇	6
Erde	♄ AS	☉ ☽ * ⛢	5
Luft	♂ ♀ ♇ ☽ MC	☿ ♃ ♆	8
Wasser	☉ ⛢	♄	3

Kreuz	***Zeichen***	***Häuser***	gesamt
Kardinal	☉ ♇ ☽ MC AS	☿ ♃ ☽ * ⛢	9
Fix	☿ ♃ ⛢	♂ ♀ ♄ ♆	7
Veränderl.	♂ ♀ ♄ ♆	☉ ♇	6

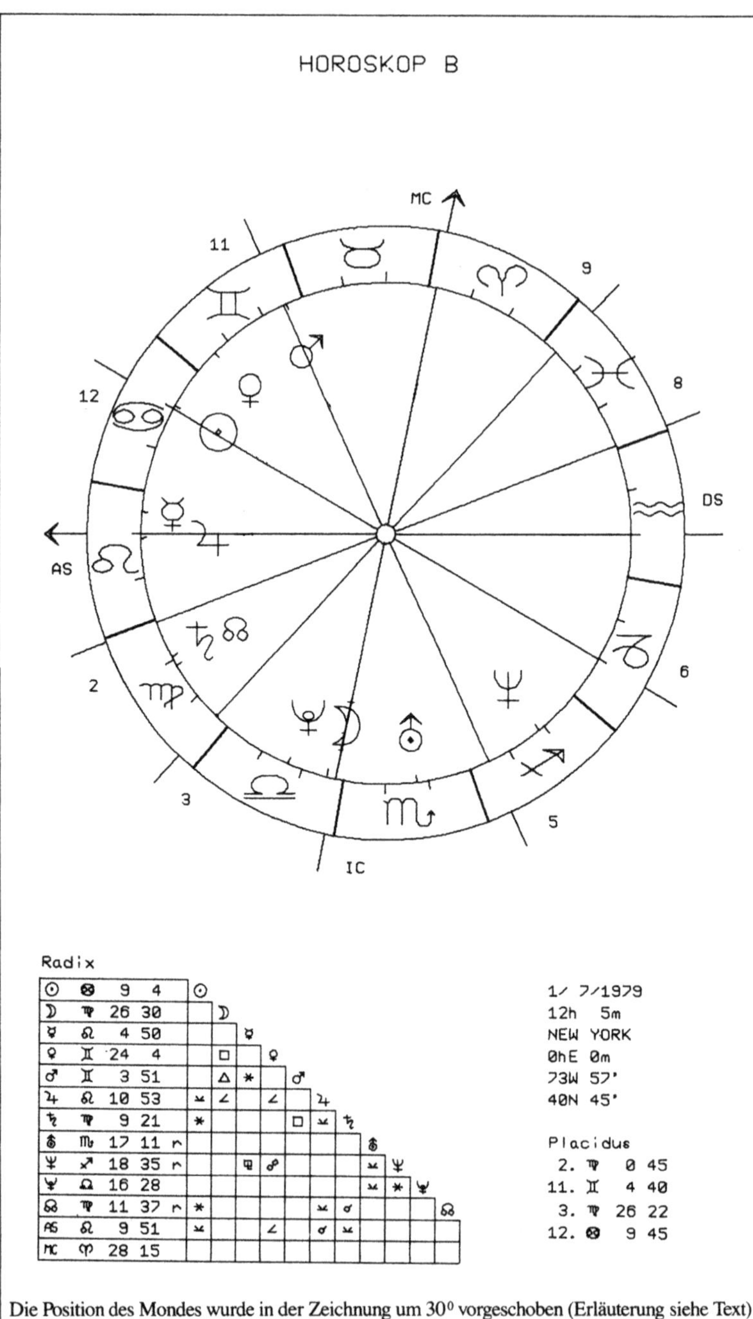

					☉	☽	☿	♀	♂	♃	♄	♅	♆	♇	☊
☉	♋	9	4												
☽	♍	26	30												
☿	♌	4	50												
♀	♊	24	4			□									
♂	♊	3	51			△	*								
♃	♌	10	53		⚺	∠		∠							
♄	♍	9	21		*				□	⚺					
♅	♏	17	11	r											
♆	♐	18	35	r			⚼	☍				⚺			
♇	♎	16	28									⚺	*		
☊	♍	11	37	r	*					⚺	☌				
AS	♌	9	51		⚺			∠		☌	⚺				
MC	♈	28	15												

Die Position des Mondes wurde in der Zeichnung um 30° vorgeschoben (Erläuterung siehe Text).

HOROSKOP C

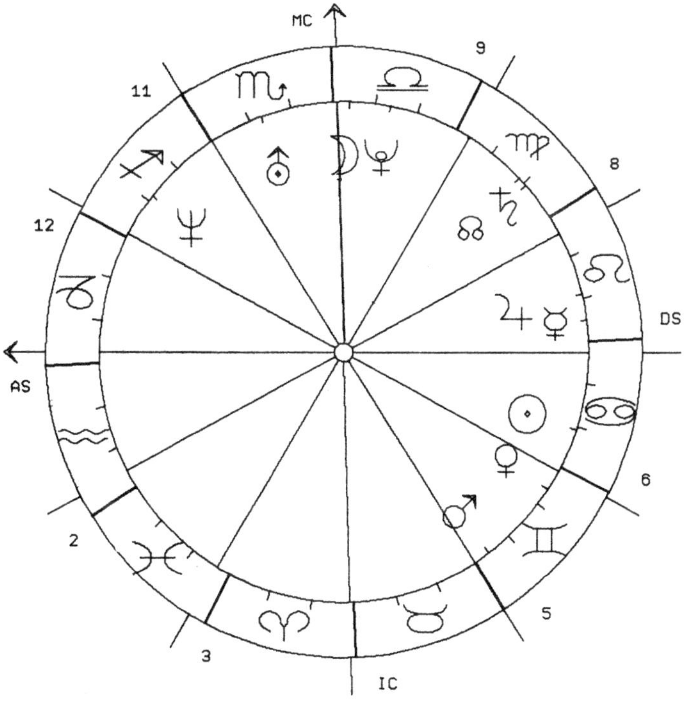

MC 9 11 8 12 DS AS 6 2 5 3 IC

Radix

☉	♋	9	4		☉										
☽	♍	26	30			☽									
☿	♌	4	50				☿								
♀	♊	24	4			□		♀							
♂	♊	3	51			△	⚹		♂						
♃	♌	10	53		⚺	∠		∠		♃					
♄	♍	8	21		⚹				□	⚺	♄				
♅	♏	17	11	r								♅			
♆	♐	18	35	r			⚼	☍				⚺	♆		
♇	♎	16	28									⚺	⚹	♇	
☊	♍	11	37	r	⚹					⚺	☌				☊
AS	♑	27	18			△									
MC	♎	29	4												

1/ 7/1979
12h 5m
DJAKARTA
0hE 0m
106E 49'
6S 10'

Placidus
2. ♒ 25 42
11. ♏ 29 57
3. ♓ 26 48
12. ♐ 28 54

Die Position des Mondes wurde in der Zeichnung um 30⁰ vorgeschoben (Erläuterung siehe Text).

Frage 2: Gibt es große Unterschiede zwischen den Horoskopen?

Beim Vergleichen der Besetzung der Elemente in Horoskop A, B und C zeigen sich deutliche Unterschiede. In bestimmten Punkten stimmen die drei Horoskope natürlich überein: Die Planeten stehen in den gleichen Zeichen und ergeben bei allen drei Horoskopen die gleiche Besetzung der Elemente in der Anlage. Unterschiedlich sind jedoch Aszendent und Himmelsmitte. In Horoskop B ist beispielsweise das Element Feuer stark betont, da MC und Aszendent — was die Anlage betrifft — in diesem Element stehen, was bei A und C nicht der Fall ist. Horoskop B weicht daher schon hinsichtlich seiner Anlage stark von den anderen beiden ab.

Beim Vergleich der Lebens-Umstände (die Planeten in den Häusern) fallen die Unterschiede noch deutlicher ins Auge. So besteht für A nur eine geringe Möglichkeit, dem Element Wasser (in dem die Sonne steht!) in den Lebens-Umständen Ausdruck zu verleihen. Hier kann aber das sich stark entwickelnde Element Feuer von Hilfe sein, da es nicht mit dem Element Wasser disharmoniert. Das ebenfalls in der Anlage starke Element Luft hat — wie das Wasserelement — wenig Ausdrucksmöglichkeiten, was die Umstände betrifft. Die Dualität Wasser/Luft, die bei der Anlage eine wichtige Rolle spielt (um so mehr, als die beiden zentralen außengerichteten Punkte Aszendent und MC damit verbunden sind), verschwindet bei den Umständen fast gänzlich, um einer Feuer-Gesamtheit zu weichen, die durch Merkur in einem Erdhaus wieder einen dualistischen Charakter erhält.

Bei B ist das Element Feuer in der Anlage stark vertreten, da in diesem außer Merkur auch der Aszendent und die Himmelsmitte stehen. Aber auch hier spielt die Dualität Luft/Wasser eine Rolle, wenn auch eine weniger ausgeprägte als bei A, wo auch Aszendent und MC an dem Konflikt beteiligt waren. Im Vergleich zu A gibt es für B keinen großen Gegensatz, was die Lebens-Umstände angeht: Wasser ist stark betont, Feuer und Luft sind etwas schwächer, Erde bleibt im Hintergrund. Das Charakterbild von B wird sich mehr und mehr zu dem eines reinen Gefühlsmenschen (Wasser) hin entwickeln, wobei Feuer eine Hilfsfunktion zufällt.

Bezüglich des Horoskops von C stellt sich die Situation wieder völlig anders dar. Da Erde in der Anlage einen starken persönlichen Faktor — den Aszendenten — enthält, ist sie hier von Bedeutung. Weder bei A noch bei B kommt das Erdelement in der Anlage derart stark zum Ausdruck, und der Unterschied wird noch größer, wenn wir auch die Umstände (Häuser) in Betracht ziehen. Während C kaum eine Chance hat, sein Wesen (Sonne) in den Lebens-Umständen auszudrücken (nur Saturn steht in einem Wasserhaus), erfährt das Erdelement hier eine noch stärkere Betonung; letzteres harmoniert zudem mit dem Sonnenzeichen. Die ursprüngliche Dualität zwischen Wasser und Luft verlagert sich zum Teil auf die Umstände, in denen die Dualität zwischen Feuer und Erde eine noch größere Rolle spielt; diesmal dominiert jedoch Erde (im Gegensatz zu Horoskop A). Der Planet Merkur nimmt eine problematische Position ein. Er steht in seiner Anlage in Feuer und kommt in Luft-Umständen zum Ausdruck, was eigentlich eine günstige Kombination für diesen Planeten darstellt. Die Grundlage des Horoskops ist jedoch die Spannung zwischen Luft und Wasser, wobei Erde eine Hilfsfunktion übernimmt, gleichzeitig aber auch als «Fluchtweg» dienen kann. In solch einer Situation wird Merkur durch seine Position in einem Luft-Haus an der elementaren Spannung in diesem Horoskop beteiligt.

All das erscheint in einem anderen Licht, wenn wir auch die Besetzung der Kreuze einbeziehen. Schon anhand der Besetzung der Elemente haben wir große Unterschiede entdeckt; die Besetzung der Kreuze zeigt an, wie diese unterschiedlichen Haltungen innerlich verarbeitet werden.

Die Horoskope A und C weisen ein starkes kardinales Kreuz auf, das von der Anlage her jeweils außer Sonne und Mond auch den Aszendenten und das MC beherbergt. Beide Horoskope deuten demnach auf einen Verarbeitungsprozeß hin, der in der Anlage stark auf Anpassung an äußere Normen und Werte gerichtet ist. In beiden Horoskopen finden wir bezüglich der Umstände die Sonne in einem veränderlichen Haus — das veränderliche Häuserkreuz ist bei A aber stärker betont als bei C. Die in der Anlage in veränderlichen Zeichen stehenden Planeten sind — die Lebens-Umstände betreffend — bei A ebenfalls in veränderlichen Häusern zu finden, in Horoskop C jedoch nur in fixen Häusern. Deshalb ist Horoskop C im allgemeinen fester in seinem kardinalen Kreuz als Horoskop A, in dem die Übergänge fließender sind und größere Flexibilität gegeben ist.

In Horoskop B sehen wir eine ziemlich gleichmäßige Besetzung der Kreuze, wobei das kardinale und das fixe Kreuz von der Anlage her mit persönlichen Faktoren besetzt sind. Weil der Mond sich auch bezüglich der Umstände im kardinalen Kreuz befindet, bleibt dieses Kreuz stark; zum fixen Häuserkreuz kommen noch Venus und Mars, die allerdings von geringerer Wichtigkeit als Sonne, Mond, Merkur,

Aszendent und Himmelsmitte sind. Die Position von Sonne und Merkur in veränderlichen Häusern verstärkt die Bedeutung dieses Kreuzes mit zunehmendem Alter, so daß sich in Haltung und Ausdruck eine wachsende Flexibilität entwickeln kann; andererseits erzeugt jedoch der fixe Aszendent (großen) Widerstand.

Zusammenfassend können wir sagen: Die Besetzung der Kreuze ist in Horoskop B am gleichmäßigsten, wodurch sich mehr Facetten der Persönlichkeit entwickeln können. Auf der anderen Seite entstehen dabei aber auch auf sehr subtile Weise Spannungen. Das starke kardinale Kreuz steht dem ebenfalls wichtigen fixen Kreuz gegenüber, so daß das sich entwickelnde veränderliche Kreuz viel Energie investieren muß, um zwischen den beiden eine Balance herzustellen.

Frage 3: Kurze Deutung von Horoskop A

Bezüglich der Anlage handelt es sich hier um einen Gefühlsmenschen, der jedoch — bedingt durch mangelnde Ausdrucksmöglichkeiten in den Häusern — die vom Gefühl bestimmte Beurteilung und Würdigung von Situationen nur schwer zum Ausdruck bringen kann. Außerdem wird der Drang zu gefühlsmäßigem Erleben (Sonne) stark von Impulsen des Luftelements (Mond, Aszendent) beeinflußt, weshalb wir es hier mit einem sehr labilen Gleichgewicht zu tun haben. Die vom Gefühl ausgehende Einschätzung von Situationen steht ständig im Widerspruch zu dem Bedürfnis, alles auch mental zu begreifen, Ereignisse und Situationen zu überdenken usw. Der Gegensatz zwischen Sonne und Mond vereinigt sich bezüglich der Umstände im Element Feuer, weshalb dieses Element eine wichtige Rolle für das Bewußtsein spielen wird, wahrscheinlich schon in jungen Jahren: Bedingt durch das labile Gleichgewicht in der Anlage gewinnen die Häuser schon früh Geltung. Sowohl emotionale als auch intellektuelle Bedürfnisse können in den Feuer-Umständen befriedigt werden: die Suche nach Möglichkeiten, die Jagd nach Zukunftsträumen, das starke Verlangen, alles zu erleben, das Bedürfnis, alles zu verstehen usw. Die intuitive Seite des Charakters kann sich infolgedessen gut entwickeln. Das Wasserelement ist dafür bekannt, daß es Situationen oder Ereignisse intuitiv erfaßt bzw. nachempfindet. Durch die Unterstützung des Feuerelements wächst hier das Verständnis für das Warum solcher Ereignisse und für weitere Entwicklungen. Die praktische Seite spielt dabei eine untergeordnete Rolle: Erde ist kaum entwickelt, obgleich sich das Denken (Merkur) in einem Erdhaus entfalten muß. Letzteres kann, in Verbindung mit dem starken kardinalen Kreuz, dem Bewußtsein eine gewisse Zielgerichtetheit geben, wobei das veränderliche Kreuz für die nötige Flexibilität sorgt, wenn dies erforderlich ist.

Merkur in einem fixen Zeichen hat in diesem Horoskop mit Schwierigkeiten zu kämpfen, da er in dieser Festigkeit mit dem Unbewußten verbunden ist, das durch die regressive Bewegung das Bewußtsein beeinflussen kann. Er steht hier für ein Bedürfnis nach Tiefgang, sowohl im Denken als auch bei Kontakten, doch da er sich im kardinalen Kreuz befindet, ist dem nicht unbedingt immer Erfolg beschieden. Die Stellung Merkurs in einem Feuerzeichen ist für dieses Horoskop eine gute Ausgangsposition; allerdings kommt er hier in einem Erdhaus zum Ausdruck: Auch hier liegt also eine starke Dualität vor.

Zusammenfassend läßt sich sagen:

— Es besteht eine Dualität in der Anlage zwischen Wasser und Luft, wodurch es zu einem Gleichgewicht kommt.
— Das Element Feuer sorgt für einen guten Ausgleich; es wird immer mehr an Bedeutung gewinnen.
— Wegen des stark besetzten kardinalen Kreuzes weist die Kombination der Elemente auf eine nach außen gerichtete Tendenz hin: Anpassung an die Anforderungen der Umgebung.
— Das stärker werdende veränderliche Kreuz erleichtert diese Anpassung und schafft reibungslose Übergangssituationen.

Es gibt jedoch auch einige hinderliche Faktoren:

— Das für das Wesen so wichtige Element Wasser verfügt über keine Ausdrucksmöglichkeiten, was ein quälendes Gefühl des «Nicht-verstanden-Werdens» erzeugen kann. Dies mag übrigens ein starkes Stimulans dafür sein, sich mittels der «Feuer-Auswege» Geltung zu verschaffen.
— Der Planet Merkur ist der Mittelpunkt verschiedener Gegensätze: Er bewegt sich von fest zu kardinal und von Feuer zu Erde. Sowohl sein Bedürfnis nach Tiefgang (fest) als auch sein Bedürfnis nach einer Vielfalt von Möglichkeiten und seine großen Zukunftsträume werden ihm innerhalb dieser Struktur stark zu schaffen machen.

Frage 4: Kurze Deutung von Horoskop B

Hier liegt — wie bei A — eine Dualität zwischen Luft und Wasser vor. In diesem Fall wird der Gegensatz jedoch nicht durch ein starkes Feuerelement — die Lebens-Umstände betreffend — aufgelöst, da Wasser auch in diesen dominiert. Das Element Feuer ist zwar in der Anlage mit Merkur, Aszendent und Himmelsmitte stark vertreten; es ist jedoch bezüglich der Lebens-Umstände eher schwach gestellt. Hier ist die Suche nach Möglichkeiten und nach dem, was hinter den Erscheinungsformen steht, also kein geeigneter Weg, die Dualität zu bewältigen, wie es bei A der Fall war. Feuer ist hier ein viel wesentlicherer Bestandteil der Psyche. Die Umstände, die diese Person in ihrem Leben erfahren wird, sind durch das Element Wasser geprägt, sie befinden sich völlig in Übereinstimmung mit ihrer Sonne. Der Mond, der in einem Luftzeichen steht, wird, wie auch der aus dem Element Feuer kommende Merkur, in einem Wasserhaus seinen Ausdruck finden.

Alles in diesem Horoskop weist somit darauf hin, daß Wasser sich schon bald als überlegene Funktion herauskristallisieren wird, obwohl es sich von seiner Anlage her in einem labilen Gleichgewicht mit Luft befindet. Luft nimmt deshalb automatisch die inferiore Stellung ein, und die Besetzung des Elements Feuer in der Anlage läßt vermuten, daß Feuer sich wahrscheinlich ohne weiteres als erste Hilfsfunktion herausbilden wird.

Da die Planeten in den Kreuzen sehr gleichmäßig verteilt sind, werden die Verarbeitungsprozesse ziemlich reibungslos verlaufen: Die Person wird in jeder Situation wissen, wann sie «abbremsen» muß und wann sie wieder «Gas geben» kann. Das kardinale Kreuz dominiert leicht, so daß wir auf einen Gefühlsmenschen schließen können, der sehr starke Impulse braucht und sich an diese anpaßt: Das erklärte Ziel ist die Außenwelt; dieser Mensch vermag sich mittels der Außenwelt Gestalt zu geben.

Durch die Kombination des vorherrschenden Wasserelements mit dem leicht dominierenden kardinalen Kreuz gelangen wir automatisch zum Zeichen Krebs, dem Wasserzeichen des kardinalen Kreuzes. Aus diesem Grund müssen wir das gesamte Horoskop «in Richtung Krebs» deuten, obwohl sich nur die Sonne in diesem Zeichen befindet (sie steht «versteckt» im 12. Haus).

Von den drei hier beschriebenen Horoskopen hat B die Grundstruktur, die am besten zum Sonnenzeichen paßt. Das ist ein großer Vorteil für das Gefühlsleben, in welchem weniger Unsicherheiten erfahren werden. Doch unter der Oberfläche liegt alles, was im Element Luft verborgen ist, wie Venus und Mars, und diese Planeten können starke Reaktionen des Unbewußten hervorrufen. Die relative Harmonie, die im Bewußtsein herrscht, muß nicht unbedingt für die gesamte Psyche gelten. Das Gleichgewicht wirkt sich positiv auf das Bewußtsein aus; nachteilig ist jedoch die zunehmend stärkere Tendenz, in einer bestimmten Haltung zu erstarren, weshalb sich das Unbewußte öfter zur Wehr setzen und für Bewegung sorgen wird. Die Art dieser Aktivität können wir von den Planeten, die in den Luftzeichen stehen, herleiten.

Frage 5: Kurze Deutung von Horoskop C

Auch hier liegt in bezug auf die Elemente wieder die Dualität zwischen Wasser und Luft vor, in geringerem Maße auch ein Gegensatz zwischen Feuer (Merkur) und Erde (Aszendent). Es handelt sich also um eine doppelte Polarität in der Anlage, wobei sehr schwer abzusehen ist, welches Element sich durchsetzen wird. Die Lebens-Umstände betreffend ist dies ziemlich eindeutig: Die Erdhäuser enthalten Sonne und Mond und sind damit am stärksten betont. Doch stehen nur Saturn und Aszendent in der Anlage in diesem Element, wodurch es nicht sogleich zum superioren wird. Aufgrund der Betonung bezüglich der Umstände könnte Erde diese Funktion jedoch im Laufe des Lebens übernehmen. Das Element Wasser kann sich, die Umstände betreffend, nur schwer äußern; dem Luftelement gelingt dies etwas besser, was dazu führt, daß die Spannung zwischen der so wichtigen Sonne und dem Element Luft auch in die Lebens-Umstände hineinspielt — was die Wahrscheinlichkeit vergrößert, daß sich Erde schon bald zum «Fluchtelement» entwickelt. Anders ausgedrückt: Dieser Charakter neigt dazu, aus der Dualität des Fühlens-Denkens die Empfindung als Hauptfunktion zu entwickeln und Fühlen und Denken als Hilfsfunktionen zu benutzen — was bei dieser Besetzung der Weg des geringsten Widerstandes ist.

Das eigene Wesen (Wasser) kommt nur schwer zu seinem Recht, was wie bei A unbestimmte Gefühle des «Nicht-verstanden-Werdens» erzeugen kann. Die Gefühle brauchen dabei vom Bewußtsein überhaupt nicht in Worten ausgedrückt zu werden; sie können wie ein Nebel durch die Erlebniswelt dieses Menschen schweben und Handeln und Denken beeinflussen. Denken aus dem Luftelement heraus muß hier zwanghafte Züge tragen und sich in unkontrollierten Anwandlungen äußern; dem kann das Element Erde jedoch einen Riegel vorschieben bzw. zumindest abbremsend wirken.

Spielte Saturn in den vorangegangenen Horoskopen nur eine sehr untergeordnete Rolle, so wird dieser Planet hier, bedingt durch die Betonung des Erdelements und die mögliche Entwicklung desselben zum superioren Element, sehr wichtig: Saturn kommt hier besser als alle anderen Planeten zum Ausdruck, um so mehr, als er nicht in einem Element steht, das — wie bei A und B — Teil des Unbewußten ist. Horoskop C ist deshalb viel stärker auf das Konkrete ausgerichtet, das Materielle und das Praktische. Es zeichnet sich auch durch eine viel größere Zielgerichtetheit aus als die beiden anderen Horoskope — allerdings auch durch einen Mangel an intuitiven Fähigkeiten, die beispielsweise bei A vorhanden waren.

Anhand der Kreuze sehen wir, daß die Verarbeitungsprozesse vor allem mittels der progressiven und der veränderlichen Energierichtung stattfinden. Das fixe Kreuz spielt insgesamt gesehen erst etwas später eine Rolle. Das auf die Außenwelt gerichtete kardinale Kreuz entwickelt sich zwar etwas reibungsloser, da die Sonne in einem veränderlichen Haus zum Ausdruck kommt, doch kann dies nicht verhindern, daß dieser Prozeß problematischer als beispielsweise bei B verläuft. Das veränderliche Kreuz geht in erster Linie mit der progressiven Energie einher, doch auf subtile Art und Weise wird sich das fixe Kreuz immer bemerkbar machen: Die von ihrer Anlage her veränderlichen Planeten müssen sich in fixen Häusern äußern. Das verleiht diesem Horoskop zwar eine gewisse Stabilität, was aber auch mit sich bringt, daß die Flexibilität geringer als bei den anderen beiden Horoskopen ist. Dies wird noch durch die Besetzung der Elemente unterstrichen, weil die Stabilität der Erde den anderen beiden Horoskopen eine größere Festigkeit verleiht.

Aus dem Vorangegangenen ist zu erkennen, daß auch exakt zur gleichen Zeit Geborene durchaus von sehr unterschiedlichem Charakter sein können, weil es in ihrer Grundstruktur, nämlich den Elementen und den Kreuzen, Unterschiede gibt. Kind A wird alle Möglichkeiten im Leben als einen Ausweg für die innere Dualität willkommen heißen, Kind B wird wahrscheinlich lange Zeit Gefühlen und Träumen verhaftet bleiben, aus denen es mit seiner starken Wasser-Anlage seine eigene Welt erschafft, und Kind C dürfte dem Leben praktisch und konkret gegenüberstehen, wobei es zwar vom Gefühl ausgehen, jedoch eine größere Zielgerichtetheit zeigen wird als die beiden anderen.

Bei diesen drei unterschiedlichen Horoskopen mit gleichen Planetenständen und -aspekten ist daher eine intensive Analyse der Grundlagen erforderlich. Nur so kann man feststellen, ob bestimmte Aspekte beim einen Horoskop stärker zum Tragen kommen als beim anderen. Dem Sextil zwischen Sonne und Saturn dürfen wir im Licht der Elemente und der Kreuze deshalb in Horoskop C eine stärkere Bedeutung beimessen als in Horoskop A, um in dieser Hinsicht nur ein Beispiel zu nennen.

Jedes Individuum ist einzigartig, und die Besetzung der Elemente und Kreuze in einem Horoskop zeigt an, in welcher Richtung wir die gewöhnlich allgemein gehaltene Deutung der Aspekte und Planetenstände interpretieren müssen, um sie inhaltlich mit dem Einzigartigen und Individuellen jedes Menschen in Einklang zu bringen.

Anmerkungen

ANMERKUNGEN ZU KAPITEL 1 (Seite 11 - 41)

1 Dr. Jolande Jacobi: »Komplex, Archetypus, Symbol in der Psychologie C. G. Jungs« (Komplex). Zürich 1957, S. 190 - 191
2 Dr. Jolande Jacobi, »Komplex«, a. a. O., S. 192
3 Carl Gustav Jung: »Symbolik des Geistes« (Symbolik). Zürich 1953, 2. Auflage, S. 399
4 Vgl. Stephen Arroyo: »Astrologie, Psychologie und die vier Elemente«. München 1982 (Hugendubel Verlag), insb. S. 103 - 110. Reinbek 1990 (Rowohlt Verlag).
5 Dr. W. A. Koch: »Deine Farbe, dein Charakter. Farbentyp und Menschenkunde«. Neuenkirchen/Saar 1967, 2. Auflage, S. 18 - 22
6 Carl Gustav Jung: »Psychologische Typen« (Typen). Olten 1971 (Walter-Verlag), Gesammelte Werke Band 6, S. 470
7 Dr. Jolande Jacobi: »Die Psychologie von C. G. Jung« (Psychologie). Frankfurt (Fischer Taschenbuch), S. 21 - 22
8 Jung, »Typen« a. a. O., S. 470 - 471
9 Jung, »Typen«. A. a. O., S. 481
10 Vgl. Carl Gustav Jung: »Seelenprobleme der Gegenwart«. Zürich 1950, 5. Auflage, S. 125
11 Vgl. Marie-Louise von Franz und James Hillman: »Zur Typologie C. G. Jungs: Die inferiore und die Fühlfunktion« (Typologie). Fellbach-Oeffingen 1980, S. 11
12 Toni Wolff: »Studien zu C. G. Jungs Psychologie« Zürich 1959, I, S. 86
13 Erich Neumann: »Ursprungsgeschichte des Bewußtseins«. Frankfurt (Fischer Taschenbuch 42 042); insb. Teil II: Die psychologischen Stadien der Persönlichkeitsentwicklung
14 Vgl. Franz/Hillmann: »Typologie«. A. a. O., S. 58
15 Vgl. Jacobi: »Psychologie«. A. a. O., S. 23
16 Ebenda, S. 26
17 Siehe Franz/Hillman: »Typologie«. A. a. O., S. 24
18 Jacobi: »Psychologie«. A. a. O., S. 25
19 ebenda, S. 25 - 26
20 Jung: »Typen«. A. a. O.
21 Ebenda, S. 1
22 Vgl. June K. Singer: »Boundaries of the Soul. The Practice of Jung's Psychology«. London 1973, S. 166 - 167
23 Jung: »Typen«. A. a. O., S. 4
24 Ebenda, S. 4
25 Vgl. Singer: »Boundaries«. A. a. O., S. 167
26 Siehe Dr. med. Kurt von Sury: »Wörterbuch der Psychologie und ihrer Grenzgebiete«. Olten 1974. 4., neu bearbeitete Auflage, S. 101 - 102
27 Dr. Jolande Jacobi: »Psychologie«. A. a. O., S. 27
28 Wolff: »Studien«. A. a. O., S. 298 - 403.
29 Jung: »Typen«. A. a. O., S. 480. Eine umfassende Beschreibung dieses Typus findet sich auf den Seiten 398 - 403, 433 - 438 und 480 - 482.
30 Ebenda, S. 435
31 Ebenda, S. 395. Eine vollständige Beschreibung des Empfindungstypus findet sich auf den Seiten 393 - 398, 428 - 433 und 463 - 465.
32 Ebenda, S. 396

33 Ebenda, S. 432
34 Ebenda, S. 376. Siehe des weiteren Seite 370 - 385, 413 - 421 und 457 - 458.
35 Ebenda, S. 417
36 Ebenda, S. 385. Siehe auch S. 385 - 390, 421 - 426 und 467 - 470.
37 Ebenda, S. 385
38 Zitiert nach dem »Wörterbuch der Psychologie«. A. a. O., S. 172 - 173
39 A. E. Thierens: »Cosmologie. Elementen der practische astrologie«. Amsterdam ohne Jahr, 2. Auflage, S. 60
40 Siehe hierzu auch Singer: »Boundaries«. A. a. O., S. 166

ANMERKUNGEN ZU KAPITEL 2 (Seite 42 - 85)

1 Immanuel Kant: »Anthropologie«, Paragraph 5; zitiert nach: Psychologischer Club Zürich: »Die kulturelle Bedeutung der Komplexen Psychologie«. Festschrift zum 60. Geburtstag von C. G. Jung, Berlin 1945. Teil I: Toni Wolff: »Einführung in die Grundlagen der Komplexen Psychologie« S. 52
2 Ausspruch Goethes am 5. 8. 1810, zitiert nach T. Wolff, a.a.O., S. 54
3 Wolff: »Studien«, A. a. O. S. 81.
4 C. A. Meier: »Bewußtsein. Lehrbuch der Komplexen Psychologie C. G. Jungs«, Bd. III; Olten 1975, S. 133 - 134
5 Ausführliche Beschreibungen der vier Typen finden sich unter anderem in den folgenden Werken: Franz/Hillmann: »Typologie«. A. a. O. Liz Greene: »Kosmos und Seele«, Frankfurt, Wolfgang Krüger Verlag. C. G. Jung: »Typen«. A. a. O. E. C. Whitmont: »The Symbolic Quest. Basis Concepts of Analytical Psychologie« Princeton 1969, Kap. VIII
6 Eine ausführliche Analyse findet sich bei: Karen M. Hamaker-Zondag: »Psyche en Astrologisch Symbool« Amsterdam 1978, Kap. VI S. 128.
7 Eine übersichtliche Darstellung der Theorie der Funktionen ist in den bereits angeführten Büchern von Toni Wolff, C. A. Meier, E. C. Whitmont und Franz zu finden.
8 C. A. Meier: »Bewußtsein«, A. a. O., S. 138
9 Wolff: »Einführung«. A. a. O.
10 »Unter dem individuellen Aspekt steht der Schatten für das 'persönliche Dunkel', als die Personifikation der während unseres Lebens nicht zugelassenen, verworfenen, verdrängten Inhalte unserer Psyche, unter dem kollektiven Aspekt für die allgemein-menschliche dunkle Seite in uns, für die jedem Menschen innewohnende strukturelle Bereitschaft zum Minderwertigen und Dunkeln. ... Die Begegnung mit dem Schatten fällt vielfach mit der Bewußtmachung des Funktions- und Einstellungstypus, zu dem man gehört, zusammen.« (Aus: Jacobi: »Psychologie«. A. a. O. G. Jung«, S. 171 f.
11 Die Begriffe Anima und Animus kann man wie folgt veranschaulichen: Jeder Adam trägt seine Eva (= Anima) in sich und jede Eva ihren Adam (= Animus). Und jeder von ihnen sucht auf der Erde die Begegnung mit dem Mitmenschen, der der eigenen Eva oder dem eigenen Adam gleicht, um geistig im Gleichgewicht zu bleiben. (Ausspruch von C. G. Jung, zitiert in: B. Vievegoed: »De levensloop van de mens«. Rotterdam 1978, S. 90
12 »Das Selbst ist nicht nur der Mittelpunkt, sondern auch der Umfang, der Bewußtsein und Unbewußtes einschließt; es ist das Zentrum der psychischen Totalität, wie das Ich das Bewußtseinszentrum ist.« (C. G. Jung: »Psychologie und Alchemie«, S. 69)

13 Franz/Hillman: »Typologie« A. O., S. 80 f.
14 E. C. Whitmont: »Symbolic Quest« A. a. O., S. 153
15 Ebenda, S. 154 - 155
16 »Franz/Hillmann: »Typologie«. A. a. O., S. 17.

ANMERKUNGEN ZU KAPITEL 3 (Seite 86 - 99)

1 C. G. Jung: »Über die Psychologie des Unbewußten«. Zürich 1948, S. 137. Zitiert nach: Jacobi: »Psychologie«. A. a. O., S. 58
2 Jacobi: »Der Weg zur Individuation« Olten 1971, S. 142
3 Jung: »Gut und Böse« Zürich 1963, S. 674
4 Vgl. Jung: »Erinnerungen, Träume, Gedanken« Olten 1971
5 Vgl. Saswitha: »Swabhawat« 3. Auflage 1976, Kapitel II
6 Jacobi: »Psychologie«. A. a. O., S. 59
7 »Der Sinn erzeugt die Eins. Die Eins erzeugt die Zwei. Die Zwei erzeugt die Drei. Die Drei erzeugt alle Dinge. Alle Dinge haben im Rücken das Dunkle und streben nach dem Licht...« Lao-Tse: Tao Te King (42), in der Übersetzung von Richard Wilhelm
8 Vergleiche Richard Wilhelm: »Wandlung und Dauer. Die Weisheit des I Ging«. Jena 1931, Eugen Diederichs Verlag. (vergriffen)
9 Wilhelm: »Wandlung und Dauer«. A. a. O.
10 Wilhelm: »Wandlung und Dauer«. A. a. O.
11 Eine ausführlichere Erklärung der Bedeutung der Trigramme findet sich im angeführten Buch von Richard Wilhelm (siehe Fußnote 8) und in den folgenden zwei Werken von E. H. Gräfe: »Die acht Urbilder des I Ging« Oberursel 1969 (2. Auflage), sowie: »Die Weltformel. Das Geheimnis des I Ging entdeckt« Oberursel 1973
12 Wilhelm: »Wandlung und Dauer«. A. a. O.
13 Wilhelm: »Wandlung und Dauer«. A. a. O.
14 C. G. Jung zitiert in: Jacobi: »Psychologie«. A. a. O., S. 57
15 Jung: »Typen«. A. a. O., S. 490
16 Jacobi: »Psychologie«. A. a. O., S. 57
17 C. G. Jung: »Über psychische Energetik«. Zürich 1948, S. 66
18 C. G. Jung zitiert in: Wolf: »Studien«. A. a. O., S. 194
19 Dr. Gerhard Adler: »Entdeckung der Seele. Von Sigmund Freud und Alfred Adler zu C. G. Jung«. Zürich o. J., Rascher Verlag, S. 145 - 150
20 Vgl. Jacobi: »Psychologie«. A. a. O., S. 61 - 62
21 C. Aq. Libra: »Astrologie, haar techniek en ethiek«. Amersfoort 1923, 3. Auflage, S. 42
22 Dr. Olga von Ungern-Sternberg: »Grundlagen kosmischen Ichbewußtseins. Die seelengestaltende Macht des Tierkreises im Herakles-Mythos«. Freiburg i. Br. 1977, S. 165 - 167
23 R. C. Jansky: »Selected Topics in Astrology«. Calif. 1974, Van Nuys, S. 28
24 Ungern-Sternberg: »Grundlagen« A. a. O., S. 165 - 167
25 C. Aq. Libra: »Astrologie«. A. a. O., S. 42
26 Margaret E. Hone: »The Modern Textbook of Astrology«. London 1970, 4., überarbeitete Auflage, S. 42
27 Heinrich Kündig: »Das Horoskop. Die Berechnung, Darstellung und Erklärung« Zürich 1950, S. 171 - 172

ANMERKUNGEN ZU KAPITEL 4 (Seite 100 - 128)

1 Vgl. Wolff: »Studien«. A. a. O. S. 174.
2 Nähere Informationen über die Lebensphasen ist folgenden Büchern zu entnehmen: Hamaker-Zondag: »Psyche«. A. a. O., S. 206 - 254. B. Lievegoed: »De levensloop van de mens«, Rotterdam 1978. C. G. Jung: »Seelenprobleme der Gegenwart«, Zürich 1931, (Rascher Verlag). A. Ruperti: »Kosmische Zyklen«, Hamburg, (Verlag Hier & Jetzt).
3 Der Begriff des kollektiven Unbewußten ist ausführlich erörtert in C. G. Jung: »Die Archetypen und das kollektive Unbewußte«, Gesammelte Werke Bd. 1, Olten, (Walther Verlag).
4 Vgl. Wolff, A.a.O., S. 190.
5 Ebenda, S. 188.
6 Vgl. ebenda, S. 183.
7 Vgl. ebenda, S. 189.
8 Ebenda, S. 190.
9 Dieses Unterkapitel basiert hauptsächlich auf folgenden Quellen: Wolff: »Studien«, Teil 3: »Der psychologische Energiebegriff«, S. 172 - 213, und C. G. Jung: »Die Dynamik des Unbewußten«, Gesammelte Werke Bd. 8, (Walther Verlag) Olten.
10 H. Kündig: »Horoskop« A. a. O., S. 171 - 172.
11 Auf die Deutung der Kreuze wird auch in den folgenden, bereits angeführten Werken eingegangen: R. C. Jansky: »Selected Topics in Astrology«; M. E. Hone: »The Modern Textbook of Astrology«, S. 42; C. Aq. Libra: »Astrologie, haar techniek en ethik«, S. 42. S. Arroyo: »Astrologie, Psychologie und die vier Elemente«.

ANMERKUNGEN ZU KAPITEL 5 (Seite 129 - 149)

1 C. G. Jung: »Energetik«. A. a. O., S. 38 - 39
2 C. A. Meier: »Bewußtsein«. A. a. O., S. 140
3 Literatur über die Lebensabschnitte ist in Anmerkung 2 von Kapitel 4 aufgeführt. Hinzugefügt werden kann hier noch M. Robertson: »Critical Ages in adult life. The transit of Saturn«, 1976.

ANMERKUNGEN ZU KAPITEL 6 (Seite 150 - 159)

1 Franz/Hillman: »Typologie«. A. a. O., s. 10
2 Ebenda, S. 10
3 Jung: »Typen«. A. a. O., S. 451
4 Zitiert in: Jacobi: »Psychologie«. A.a.O., S. 25
5 Ebenda, S. 25
6 Ebenda, S. 25
7 C. A. Meier: »Bewußtsein«. A. a. O., S. 16

Besetzung der Elemente und Kreuze

Elementeverteilung

Elemente	in den ***Zeichen***	in den ***Häusern***	gesamt
Feuer			
Erde			
Luft			
Wasser			

Kreuzverteilung

Kreuz	***Zeichen***	***Häuser***	gesamt
Kardinal			
Fix			
Veränderl.			

Aus: »Elemente und Kreuze« von Karen Hamaker-Zondag, Neue Erde GmbH, Saarbrücken.

Hier kann man sich zum **Neue Erde-Newsletter** anmelden:
newsletter.neueerde.de/anmeldung

NEUE ERDE im Buchhandel

Neue Erde ist ein kleiner unabhängiger Verlag, und der unabhängige Buchhandel ist unser natürlicher Partner. Wir unterstützen die Initiative »buy local«.

Sollte es Lieferschwierigkeiten bei den Büchern von NEUE ERDE geben, lassen Sie immer im VLB (Verzeichnis lieferbarer Bücher) nachsehen, im Internet unter **www.buchhandel.de**

Alle lieferbaren Titel des Verlags sind für den Buchhandel verfügbar.

Sie finden unsere Bücher auch auf unserer Homepage **www.neue-erde.de.**

Kontakt:

NEUE ERDE GmbH
Cecilienstr. 29 · 66111 Saarbrücken
info@neue-erde.de